Sitar · Hoffmann

Burgen und Schlösser

P. Gerfried Sitar

Burgen und Schlösser

Ausflüge zu Burgen und Schlössern
in Österreich und Südtirol

Mit Fotos von Anna Hoffmann
und Hannes Bohaumilitzky

NP
BUCHVERLAG

Bildnachweis

Umschlagmotiv: Burg Hochosterwitz in Kärnten
Hintere Umschlagseite: Interieur in der Salzburger Residenz
Klappe: Motiv aus dem Garten von Schloss Wolfsberg

Alle Bilder, mit Ausnahme der Aufnahmen von Hannes Bohaumilitzky auf der vorderen Umschlagseite, sowie auf den Seiten 74, 76/77, 79, 137, 138, 142/143, 162,166/167, 218 und 224, stammen von Anna Hoffmann.

Die Deutsche Bibliothek – CIP-Einheitsaufnahme

Sitar, Gerfried P.:
Burgen und Schlösser: Ausflüge zu Burgen und Schlössern in Österreich und Südtirol / Gerfried Sitar. Mit Fotos von Anna Hoffmann und Hannes Bohaumilitzky. St. Pölten ; Wien ; Linz: NP Buchverl., 2001
ISBN 3-85326-179-5

www.np-buch.at
verlag@np-buch.at

Layout und Einbandgestaltung:
Werbebüro G. Linecker, Ottensheim

Gesamtherstellung:
Niederösterreichisches Pressehaus
Druck- und Verlagsgesellschaft mbH
A-3100 St. Pölten, Gutenbergstraße 12

ISBN 3-85326-179-5

Inhalt

Vorwort

Mächtig überragen die Zeugen einer langen Geschichte die Täler unseres Landes. Die Burgen und Schlösser, einst Symbole der Macht und des Einflusses, sind heute Spiegel der Kultur und wichtige Denkmäler lebendig erhaltener Tradition. Österreich und Südtirol sind reich an diesen stummen Zeugen, die einst Mittelpunkte und Verwaltungszentren großer Landstriche waren.

Heute, im 3. Jahrtausend, entdeckt der Mensch die Schönheit dieser Gebäude neu. Die Lust nach Abenteuer und Erlebnis, aber auch das Interesse an Kunst und Architektur lassen Burgen und Schlösser zum Ziel interessanter Ausflüge werden. Ob man sich dabei auf eine Reise ins Mittelalter begibt oder den Glanz der Barockzeit erlebt, man wird überrascht sein, wie sehr sich die alten Mauern den Bedürfnissen unserer Zeit angepasst haben und wie modern die Historie des Landes geschildert wird.

Wer sich auf den „Geist“ der Prachtbauten einlässt, der wird vielleicht etwas vom Hauch der Geschichte verspüren, der nach wie vor in den Zimmern und Sälen weht. Er wird aber auch das Anliegen verstehen, dass es Aufgabe und Auftrag aller ist, diese Geschichtsdokumente zu erhalten, um sie auch nachfolgenden Generationen weiterzugeben.

Gerfried Sitar
Mitglied des Vorstandes der Via Imperialis

Burg Altpernstein

Oberösterreich

Die Zeit der Gründung der Burg lässt sich nur ungefähr festlegen, vermutet wird aber, dass sie um das Jahr 1000 erbaut wurde. Da die damalige Fliehburg auf dem Georgenberg dem Ansturm der Ungarn (907–955) wohl nicht standgehalten hat, erklärt sich so der Bau einer neuen Wehranlage gut 400 Meter über dem Kremstal. Erst hundert Jahre später gibt es in den Chroniken des Stiftes Kremsmünster historisch handfeste Beweise für die Existenz von Pernstein.

Als eine der mächtigsten Herrscherpersönlichkeiten auf der Burg wird 1147 Pillung von Pernstein genannt. Nach einem rasch aufeinander folgenden Wechsel von verschiedensten Herrschergeschlechtern kam für Pernstein die Zeit der **Jörger**, eines aufstrebenden Rittergeschlechts, das bereits seit dem 13. Jahrhundert in Oberösterreich ansässig war. Namentlich Helmhard (1530–1549) führte viele Erneuerungen an der Burg durch. Für 37.500 Gulden konnte er sie schließlich erwerben. In Helmhards Herrschaftszeit wuchs auch die Wirtschaft der Gegend stark an, vor allem die Sensenindustrie blühte durch die Erfindung des Breithammers auf.

Unter den Jörgern entstanden der **Marmorbrunnen** (1607) im Burghof (übrigens einer der kleinsten Burghöfe in ganz Österreich) und auch das **Verlies** der Burg, um das sich viele Geschichten und Sagen ranken, die Zauberei und Zauberprozesse zum Inhalt haben. Unter anderen soll auf Altpernstein auch der berühmte Zauberer Jackl eingesperrt gewesen sein.

Die Jörger waren auch offen für religiöse Erneuerungen. Schon seit den Anfängen der Reformation vertraten sie den Protestantismus und pflegten mit Martin Luther selbst Kontakt. Schließlich sollte die Unterdrückung des Protestantismus auch zum Untergang der Jörger und deren politischer Macht führen.

Noch während Karl Jörger auf der Flucht war, brachte der bayrische Statthalter **Adam Graf Herbersdorff** 1623 die Burg an sich. Unter seiner Herrschaftszeit ging Pernstein durch einen blutigen Bauernkrieg, in dem sich Herbersdorff durch seine Härte und Unmenschlichkeit hervortat („Frankenburger Würfelspiel"). Auf Pernstein hinterließ er aber ein Zeugnis seines Kunstsinnes. Die barocke Umgestaltung der Kapelle erfolgte auf sein Betreiben hin. Noch heute sind sein Wappen und das seiner Gemahlin Maria Salome von Prysing über dem Altarraum der Kapelle zu sehen.

Nach dem Tod Herbersdorffs verkaufte dessen Witwe Pernstein an das Stift Kremsmünster, das zu dieser Zeit vom Abt Anton von Wolfradt geleitet wurde. Die Verwaltung der Burg erfolgte durch Pfleger.

Immer mehr verlor Pernstein an politischer und wirtschaftlicher Wichtigkeit. Übrig blieb von der Erinnerung an eine reiche und schillernde Vergangenheit nur die verträumte Zierde der Landschaft. Die Verehrung des gotischen Gnadenbildes in der Kapelle erfuhr dafür um die Mitte des 19. Jahrhunderts eine Blütezeit.

Die **Wallfahrten** zur „Lieben Frau von Pernstein" genossen unter der Bevölkerung einen sehr hohen Stellenwert.

In der kleinen Gastwirtschaft war (und ist) die Bewirtung der Gäste einfach, aber umso herzlicher. Bald wurde damit die Burg zum Mittelpunkt der Geselligkeit und Veranstaltungsort verschiedener Tagungen, was die Jahresversammlung des Oberösterreichischen Forstvereins im Jahre 1865 bezeugt. Besonders die Blüte des Sensenschmiedehandwerks im 19. Jahrhundert hat dazu viel beigetragen.

Bis 1946 war die Burg von den Förstern, die im Dienste des Stiftes standen, und deren Familien bewohnt und bewirtschaftet. Heute ist sie ein Bildungshaus der Diözese Linz.

Von Linz oder Salzburg kommend: Autobahn A 1 – Voralpenkreuz (Richtung Graz) – durch Kirchdorf – bei der Abzweigung Micheldorf Nord links – anschließend rechts – 300 m nach der Ortstafel Micheldorf links auf die Burg. Die Abzweigung Altpernstein mitten in Kirchdorf nicht benützen!
Burg Altpernstein, 4563 Micheldorf, Tel. 07582/63 535-0,
Fax: 07582/36 535-32; burg@dioezese-linz.at

Di–So, 9–18 Uhr, Mo auf Anfrage

Burgstüberl

Kultur und Geschichte entlang der oberösterreichischen „Eisenstraße", z. B. das Sensenschmiedemuseum in Micheldorf; Stift Kremsmünster, Stift Schlierbach; Wanderwege – z. B. die Rinnerberger Klamm oder der Hausberg „Hirschwaldstein"; Startplatz zum Paragleiten und Drachenfliegen, Freibad Micheldorf, Hallenbad Kirchdorf

Schloss Ambras

Tirol

Etwas außerhalb von Innsbruck liegt, eingebettet in die reizvolle Landschaft der Tiroler Berge, das berühmte Schloss Ambras. Schon von weitem ist die Silhouette des Schlosses, das eng mit der Geschichte des Landes Tirol verwoben ist, unverkennbar.
(Abb. Seite 33, 34)

Schon lange vor der Stadtgründung Innsbrucks, 1180, hatte Ambras überregionale Bedeutung als fester Sitz der Andechser Grafen. Als Meinhard I. von Görz-Tirol 1253 das Schloss samt Besitz erwarb, blieb es im Eigentum des jeweiligen Landesfürsten, der auf der Festung Burghauptleute einsetzte.

Die herausragendste Persönlichkeit der Geschichte des Schlosses Ambras ist allerdings **Erzherzog Ferdinand II.** (1529–1595), der zweite Sohn Kaiser Ferdinands I. Seine Idee war es, nach dem Ideal der Renaissance eine repräsentative Anlage zu errichten, die gewissermaßen als Gegenstück zur Innsbrucker Hofburg gelten sollte. Andererseits war wohl der Gedanke ausschlaggebend, hier für seine illegitime Ehefrau Philippine Welser einen repräsentativen Aufenthaltsort zu schaffen. Obwohl diese Verbindung mit der Augsburger Patriziertochter in den Augen des Adels als unstatthaft galt, war die ebenso schöne wie kluge Frau in der Bevölkerung äußerst angesehen, und noch heute besteht der historische rote Faden zu dieser Persönlichkeit. 1572 errichtete der Erzherzog nach dem Umbau des Hochschlosses und des Spanischen Saales ein eigenes Museum in Ambras, das Modell für viele andere Sammlungen Europas wurde. Zu dieser Zeit wurde der Typus der so genannten **Kunst- und Wunderkammern** geboren, der in sich Kostbarkeiten aus aller Welt vereinte. Neben einer umfangreichen Bibliothek entstanden vier Rüstkammern. Dass Ferdinand II. ein weit vorausblickender Geist war, zeigen die rekonstruierten Konzepte, die der Erzherzog seinen Sammlungen zu Grunde legte.

Schon zu Lebzeiten Ferdinands galt Schloss Ambras als Zentrum und Pilgerstätte von kunstinteressierten Gelehrten und Fürsten aus ganz Europa. Ab 1615 gab es in Ambras sogar regelmäßige Führungen, die durch die verschiedenen Sammlungen und Schauräume geleiteten. Wie bei italienischen Sammlungen waren die Objekte nach Materialien geordnet; die Schränke bildeten optische Einheiten, deren Komposition durch Bemalung von Wänden und Schaffung von Hintergründen optimiert wurde.

Mit dem Ende der Tiroler Nebenlinie der Habsburger kamen viele der Sammelstücke in der zweiten Hälfte des 17. Jahrhunderts nach Wien. Ebenso wurden 1806 im Zuge der Napoleonischen Kriege die verbliebenen Gegenstände nach Wien gebracht, wo sie im Unteren Belvedere aufgestellt wurden. Heute noch sind Prunkstücke wie das Salzfass des Benvenuto Cellini im Kunsthistorischen Museum, die berühmte Federkrone des Montezuma im Völkerkundemuseum oder das Ambraser Heldenbuch in der Österreichischen Nationalbibliothek vorhanden.

Ab 1880 erlebte Schloss Ambras den Rücktransport vieler Objekte, die heute in der so genannten Kunst- und Wunderkammer zu besichtigen sind. Neben dem Sammeln von Kunstobjekten galt das Interesse Ferdinands von Tirol vorzüglich der **Rüstungs- und Waffensammlung**. Das Bemühen zielte vordergründig darauf ab, bedeutende Feldherrn umfassend darzustellen. In der ersten Rüstkammer sind heute noch Harnische in originalen Schränken aus der Heldenrüstkammer ausgestellt. An Größe werden alle vom Harnisch des Bartlmä Bon, dem Hofriesen auf dem Wiener Turnier von 1560, überragt. Wie damals ist auch heute die über 2,60 Meter große Gliederpuppe der Träger der kostbaren Rüstung. Die zweite Rüstkammer widmet sich der Selbstdarstellung Ferdinands II. und umfasst Harnische des Erzherzogs und des Innsbrucker Hofes. Ferdinand liebte höfische Feste und großartige Turniere, von denen einige Turnierrüstungen zeugen. Gebrauchswaffen des österreichischen Kaiserhauses aus dem 17. Jahrhundert bilden das Inventar der dritten Rüstkammer. Besonders hervorzuheben ist in diesem Raum die 1576 vom italienischen Hofmaler Giovanni Batista Fontana geschaffene Decke. Thematisch bezieht sich diese äußerst qualitätsvolle Arbeit auf eine astronomische Himmelsdarstellung, die bereits in Italien mehrere Vorbilder hatte: die Decke in der Sala del Mappa Mondo im Palazzo Farnese in Rom (1573) oder die Decke, die Giulio Romano ab 1524 für die Sala di Venti im Palazzo del Te in Mantua gemalt hatte. Der 43 Meter lange **Spanische Saal** ist ein weiterer Glanzpunkt auf einer Wanderschaft durch das Areal des Schlosses. Ganzfigurige Porträts der Tiroler Landesfürsten erinnern hier in Freskomalerei an die Geschichte des Landes.

Dass Erzherzog Ferdinand eine Vorliebe für den Baustil seiner Zeit hatte, zeigt die gesamte Umgestaltung des Hochschlosses im Stil der Spätrenaissance. Da Schloss Ambras später kaum bewohnt wurde, hat sich der Charakter der Zeit des ausgehenden 16. Jahrhunderts erhalten. Der Sammeltätigkeit des Erzherzogs ist eine **Gemäldegalerie** zu verdanken, die 1976 hier aufgestellt wurde. 300 Habsburger-Porträts aus der Hand berühmter Meister wie Hans Purkmair, Lukas Cranach, Peter Paul Rubens und Diego Velázquez hängen hier an den Wänden.

Ein Rundgang durch die Galerie des Schlosses Ambras gleicht einem Gang durch die Geschichte und schafft Begegnung mit Persönlichkeiten, die Jahrhunderte bestimmten. Die Zusammenschau der in Ambras vorhandenen Sammlungen nährt heute die Ahnung, dass zu Lebzeiten Ferdinands das Schloss ein Mittelpunkt der Kultur und des gesellschaftlichen Lebens gewesen ist. Das Zusammenwirken der wilden und zerklüfteten Tiroler Berge, des kernigen Klimas und der kulturellen Exklusivität schafft in Ambras einen Schnittpunkt zwischen Gestern und Heute. Jeder Besuch wird so zu einem Rendezvous mit dem Geist einer aufgeschlossenen Zeit.

Kunsthistorisches Museum Schloss Ambras,
Schlossstraße 20, 6020 Innsbruck,
Tel. 0512/34 84 46, Fax: 0512/36 15 42;
margot.rauch@khm.at; www.khm.at

VIA IMPERIALIS
Burgen • Schlösser • Stifte Österreichs

täglich außer Di, April–Okt. 10–17 Uhr, mit und ohne Führung;
Dez.–März 14–17 Uhr, Führung um 14.30 Uhr und nach Vereinbarung

Restaurant-Café Schloss Ambras, Schlossstraße 20, 6020 Innsbruck,
Tel. 0512/39 71 09
Hotel-Restaurant Grünwalderhof, 6082 Patsch, Tel. 0512/37 73 04

Ständige Ausstellung: drei Rüstkammern, Kunst- und Wunderkammer; Ambraser Schlosskonzerte im Juli/August, Sonderführungen und Sonderausstellungen; Sehenswertes in Innsbruck: Maximilianeum, Goldenes Dachl, Innsbrucker Nordkettenbahnen, Innsbrucker Festwochen der alten Musik

SCHLOSS ANIF

SALZBURG

Heute hat die Stadt Salzburg längst den ehemals in einer weiten Landschaft gelegenen Park mit dem Teich und dem berühmten Wasserschloss eingeholt. Direkt an der Südabfahrt der Tauernautobahn gelegen, gehört das neugotische Schloss Anif zu den bedeutendsten Sehenswürdigkeiten Salzburgs.

(Abb. Seite 36)

Ursprünglich war das Anwesen im Besitz der **Salzburger Fürsterzbischöfe**, deren Reichtum allein durch die beeindruckende Zahl ihrer Schlösser und Burgen, nämlich 60, dokumentiert wird.

Urkundlich wird Anif erstmals im 16. Jahrhundert erwähnt, wobei aber eine frühere Bautätigkeit auf diesem Landflecken nicht auszuschließen ist. Der Kern des Baues ist heute noch spätmittelalterlich, wobei das äußere Erscheinungsbild auf eine wesentlich spätere Entstehungszeit schließen ließe. 1693 bis 1803 wurde der herrschaftliche Bau von den Fürstbischöfen von Chiemsee als Sommersitz verwendet. Nachdem die geistlichen Herrschaften nach dem Reichsdeputationshauptschluss verlustig gingen, wurde auch Anif zum Verkauf angeboten und schließlich von **Alois Graf Arco-Stepperg** erworben.

Graf Arco, der aus München stammte, war ein weit gereister Mann. Vor allem seine Aufenthalte in England inspirierten ihn zum Studium der **Tudorgotik**. Als er Anif erworben hatte, reifte in ihm der Plan, seinen Besitz nach englischen Vorbildern umzugestalten. Er beauftragte den Architekten Heinrich Schönauer mit der Planung des Umbaus. Nach zehnjähriger Bautätigkeit, von 1838 bis 1848, entstand das Schloss schließlich so, wie es sich heute präsentiert. Nach der Fertigstellung des Baus ließ Graf Arco seinen Wohnsitz prachtvollst ausstatten. Über dem Tor ließ er folgende Inschrift anbringen:

Dieses Haus hab ich erbaut.
Hab dabei sehr viel Stein verhaut.
Habe manches gut und
schlecht erdacht.
Und zehn Jahr damit zugebracht.

Obwohl hier scheinbar ein Schlussstrich unter die Geschichte des Schlosses gesetzt wurde, findet man dennoch Spuren, die an die geistliche Obrigkeit erinnern. Am Hauptbau ist hofseitig ein Wappen Erzbischof Johann Ernst Thuns aus 1693 zu erkennen. Ebenso hat sich im Erdgeschoß ein spätgotisch gekehltes Türgewände erhalten, das in die erste Hälfte des 16. Jahrhunderts zu datieren ist.

Graf Arco ließ den Bau im Süden aufstocken und einen Kapellenturm errichten. Im Nordwesten erfolgte der Anbau eines dreigeschoßigen Flügels, dessen drittes Geschoß erst am Beginn des 20. Jahrhunderts vollendet wurde. Eine neugotische Säulenhalle birgt als Besonderheit eine Marmornymphe aus der Hand des bedeutenden Bildhauers Ludwig Schwanthaler um 1840. Aus dieser Zeit stammen auch der Bildersaal, die Portale und Fenstergewände sowie die neugotischen Dachaufbauten. Im Schloss befanden sich eine wertvolle Bildersammlung des 18. und 19. Jahrhunderts und eine einheitliche Innenausstattung, die nach englischen Vorbildern angefertigt wurde.

Die Chronik des Hauses weiß zu berichten, dass an diesem Ort 1918 König Ludwig III. von Bayern auf seinen Thron verzichtete.

Anif bei Salzburg

Schlosswirt zu Anif, Tel. 06246/72 175

Stadt Salzburg mit diversen Sehenswürdigkeiten und kulturellen Veranstaltungen

Schloss Artstetten

Niederösterreich

Der stimmungsvolle Sonnenuntergang über einem der romantischsten Schlösser Niederösterreichs lässt die zwiebelbekrönten Türme langsam in der Dämmerung versinken. Unweigerlich lässt dieses Bild an Prinzen und Prinzessinnen denken und nicht zuletzt deshalb wurde Schloss Artstetten immer wieder zum reizvollen Hintergrund großer Filmprojekte gewählt.

Der Gedanke an „blaues Blut in alten Mauern“ ist nicht abwegig, denn heute noch wird das Schloss von Nachfahren **Erzherzog Franz Ferdinands** bewohnt, der als Thronfolger Österreichs in Sarajevo ermordet wurde. Seine Gebeine und die seiner Gemahlin ruhen in der Gruft der dem Schloss angegliederten Kirche. Diese Begräbnisstätte wurde im Laufe der Jahrzehnte zu einem Pilgerzentrum, das jährlich von tausenden von Menschen besucht wird.

Urkundlich wird eine Burg erstmals 1259 erwähnt, und sehr wahrscheinlich hatte dieser Bau eine Wehrfunktion inne, die dem Schutz der umliegenden Gehöfte und Ländereien dienen sollte. Mehrfach wechselten die Besitzer. Zwischen 1560 und 1592 erfolgte der Umbau der Festung zu einem Renaissanceschloss. Teile des alten Mauerwerkes wurden in die Neukonzeption integriert.

Ein Werk des Topografen **Matthäus Vischer** aus 1672 zeigt das Schloss in diesem baulichen Zustand. Es handelt sich dabei um ein lang gestrecktes, über zwei Geschoße reichendes Gebäude, dessen eine Ecke von einem Rundturm abgeschlossen wird. Ein zweiter Turm befindet sich etwas aus der Mitte der Hauptachse verschoben. Die Kirche hat einen gesonderten Platz, während das gesamte Areal von einer Mauer umfriedet wird.

Ende des 17. Jahrhunderts erfolgte die Schließung des Baues zu einem Vierkanter, dessen Trakte einen Innenhof einschlossen. Heute noch präsentiert sich das Schloss nach außen sehr schlicht. Sparsame Segmentierungen der Fassade schaffen klare Linien. Im 18. Jahrhundert wurde die bestehende Kirche in das Gesamtbauwerk integriert. Etwa ein Jahrhundert später erfolgten die Aufstockung und die Eindeckung der Ecktürme mit Kegeldächern. Dass in dieser Zeit das Flanieren hoch in Mode geraten war, erklärt die Anlage des großzügigen Schlossparkes, der heute noch zu den schönsten Parkanlagen des niederösterreichischen Raumes zu zählen ist.

Am 14. Juni 1823 erwarb Kaiser Franz I. von Österreich das Schloss.

1889 schenkte Erzherzog Karl Ludwig seinem ältesten Sohn Franz Ferdinand das Schloss mitsamt der umliegenden Güter. **Franz Ferdinand** kümmerte sich vorerst um den Ausbau der Schlösser von Konopischt, Chlumetz und Blühnbach. Als die Baumaßnahmen in diesen Häusern abgeschlossen waren, wandte sich der Erzherzog Artstetten zu und begann mit dem Einziehen von Flachdecken und der Neugestaltung der Beletage. Auf reges Interesse bei den Besuchern auf Schloss Artstetten stößt heute das Badezimmer, das ebenfalls unter Erzherzog Franz Ferdinand eingerichtet wurde. Im Norden entstand ein neuer Trakt, der mit einem neuen Hof und zwei weiteren Zwiebeltürmen ausgestattet war. In diesem Teil sollten die Bibliothek und das Archiv untergebracht werden sowie die Einrichtung von Verwaltungsräumen.

Heute ist Artstetten eine **Gedächtnisstätte für den Thronfolger**, der ein bemerkenswerter Mann gewesen ist. Seine Reisen und seine Vorlieben werden im Schlossmuseum dokumentiert, wo neben einer Vielzahl von persönlichen Gegenständen auch zahlreiches Bildmaterial, das den Erzherzog und dessen Gemahlin Sophie von Hohenberg zeigt, zu sehen ist. Franz Ferdinand war ein moderner Geist, der sich als Thronfolger vor allem um eine Vitalisierung der Geschäfte bemühte und daher innerhalb des Hofstaates nicht immer auf Zustimmung stieß. Am 28. Juni 1914 wurden er und seine Gemahlin vom Serben Gavrilo Princip ermordet.

An der Planung der **Gruft** in Artstetten war Franz Ferdinand maßgeblich selbst beteiligt. Von 1909 bis 1910 wurden die Pläne des Architekten Ludwig Baumann verwirklicht. Wie Kaiser Franz Joseph, so neigte auch Franz Ferdinand zu Bescheidenheit und Einfachheit, was durch den Stil der Artstettner Gruft dokumentiert ist. Zu Jahresbeginn 1915 erfolgte eine neue Planung, die eine Neuschöpfung der Sarkophage beabsichtigte. Diese entstanden 1916/1917 aus Untersberger Marmor.

Schloss Artstetten; 3661 Artstetten 1,
Tel. 07413/83 02-21, Fax: 07413/83 02-15

VIA IMPERIALIS
Burgen • Schlösser • Stifte Österreichs

1. April–2. Nov., täglich 9–17.30 Uhr,
abends und im Winter nach Voranmeldung

Hotel-Restaurant Zum Schwarzen Bären, 3644 Emmersdorf 2, Tel. 02752/71 249
Heuriger Hold, Nussendorf 12, 3661 Artstetten, Tel. 07413/84 76

Ständige Ausstellungen, Erzherzog-Franz-Ferdinand-Museum, Schlosskapelle;
Kombinationskarten mit Stift Melk, Schloss Schallaburg, Schloss Weitra

5

Schloss Belvedere

Wien

Längst hat die Stadt den großen Schlosspark mit seinen prachtvollen Bauten, dem Unteren und Oberen Belvedere, umschlossen. Der große Held über die Türken, Prinz Eugen von Savoyen, war Besitzer dieser imposanten Anlage, die keineswegs den Vergleich mit den Schlössern des Kaiserhauses zu scheuen brauchte.
(Abb. Seite 36)

„Er war klein, hässlich, mit leicht aufgeworfener Nase mit weiten Nasenflügeln und einer so kurzen Oberlippe, dass er den Mund nicht schließen konnte." So beschreibt die Herzogin von Orléans den Kriegshelden nach ihrer ersten Begegnung in Versailles. Und ausgerechnet dieser als so hässlich beschriebene Prinz ließ sich auf der Decke seines Palais als Apoll darstellen. Vielleicht um seine körperliche Benachteiligung vergessen zu lassen, überdauerte dieses Bild die Jahrhunderte und schildert ihn als Heros und Beschützer der Künste und Schönheiten. Obwohl **Prinz Eugen** für die französische Armee als untauglich galt, wurde er dennoch einer der größten Heerführer Europas. 1697 schlug er bei Zenta die Türken und konnte dank seiner militärischen Geschicklichkeit Ungarn für die Monarchie zurückgewinnen.

Am Beginn des 18. Jahrhunderts war Prinz Eugen am Höhepunkt seiner Laufbahn und wollte als Akzent seiner politischen wie gesellschaftlichen Bedeutung ein Bauwerk entstehen lassen, das seinen Rang nach außen hin dokumentierte. Für die Ausführung seiner Vorhaben wählte er **Johann Lukas von Hildebrandt**, der als großer Rivale Fischer von Erlachs bereits 1697/98 am Bau des Winterpalastes des Prinzen mitwirkte. Zwischen 1714 und 1716 entstand das **Untere Belvedere**, das sich entlang des Rennwegs erstreckt. Das **Obere Belvedere** wurde zwischen 1721 und 1723 nach Plänen Hildebrandts zu Stein. Durch ein monumentales Portal, das eher die Form eines Triumphbogens annimmt, gelangt man in den Ehrenhof des Palastes. Die allegorischen Figuren der Stärke und der Weisheit sowie das Wappenkreuz des Prinzen zieren die Einfahrt. Vom Hof aus hat man einen faszinierenden Blick auf die **Orangerie**, in der das Museum für mittelalterliche Kunst untergebracht ist, und auf die Barockfassade des Unteren Belvedere. Der Mittelbau wird von Pilastern, Statuen und Attikabalustraden geschmückt.

Heute ist innerhalb des **Unteren Belvedere** das **Barockmuseum** untergebracht. Die hervorragenden Werke vorzüglicher Künstler sind in den eindrucksvollen Räumlichkeiten geschmackvoll präsentiert. Die Höhepunkte innerhalb einer Besichtigung des Unteren Belvederes stellen die Marmorgalerie, das Gold- oder Spiegelkabinett mit seinen vergoldeten Rokokoschnitzereien und der Groteskensaal mit den eigentümlichen Fresken von Jonas Drendwett dar. Zu den humoristischen Schwerpunkten innerhalb der Sammlung zählen die Köpfe mit den Fratzengesichtern von Franz Xaver Messerschmidt (1736–1783). Der Künstler Messerschmidt nützte sein Medium, um seine Kritiker mit entstellten und teilweise sehr stupid wirkenden Gesichtszügen zu porträtieren.

Wesentlich prachtvoller ist das **Obere Belvedere** ausgestattet, das aus lang gestreckten, harmonisch miteinander verbundenen Gebäudeteilen besteht. Die Besonderheit wird durch die eigenartige Dachlandschaft geprägt, die an die Silhouette türkischer Zelte erinnert. Durch ein prachtvoll gestaltetes Schmiedeeisentor, das von zwei Wappen tragenden Löwen flankiert wird, gelangt man zum Schloss. Der Zugang ist allerdings auch über die Parkterrassen, die sich bis zum Unteren Belvedere erstrecken, möglich. Um den Effekt der Grazilität und der Vielschichtigkeit des Gebäudes zu betonen, wurde unmittelbar davor ein gewaltiges Wasserbassin angelegt, in dem sich das Gebäude spiegelt. Der orientalische Touch ist einerseits wohl aus der Beziehung des Bauherrn zu den Türken zu verstehen, andererseits stellt er eine architektonische Besonderheit dar, die Schloss Belvedere schon zu Lebzeiten des Prinzen in den Mittelpunkt des gesellschaftlichen Lebens rückte. Das orientalisch anmutende Ambiente wurde durch prachtvolle Maskenbälle und fantastisch inszenierte Feuerwerke betont. Die Pavillons, die an den Seitenflügeln den Abschluss des Gebäudes bilden, sind von Kuppeln bekrönt und erinnern in ihrer Art an die großen Moscheen in Istanbul. Der Schmuck der Fassaden nimmt an den Werken arabischer Goldschmiedekunst Anleihen. In der mächtigen Eingangshalle wird das Gewölbe von vier riesigen Atlanten getragen. Seit 1953 beherbergt das Obere Belvedere die **Österreichische Galerie** mit Gemälden des 19. und 20. Jahrhunderts. Ebenso befindet sich hier der große barocke Saal, der mit rosa Marmor verkleidet ist und dessen Decke von Carlo Carlone die Apotheose des Prinzen Eugen darstellt. Der berühmte **Marmorsaal** hatte für die Geschichte Österreichs große Bedeutung, denn hier unterzeichneten 1955 die Außenminister Frankreichs, Großbritanniens, der Sowjetunion, der Vereinigten Staaten und Österreichs den Staatsvertrag.

In der Österreichischen Galerie bieten Gemälde von Hans Makart, Friedrich von Amerling, Ferdinand Georg Waldmüller und Rudolf von Alt einen repräsentativen Querschnitt durch die Malerei des 19. Jahrhunderts. Der zweite Stock widmet sich dem 20. Jahrhundert und zeigt Werke von Klimt, Schiele, Kokoschka und anderen.

Nach dem Tod des Prinzen Eugen gingen sämtliche Besitzungen des Feldherrn an seine Nichte, die Tochter seines älteren Bruders. Auf dem Kaufweg gelangte das Schloss schließlich in den Besitz der Habsburger. Eine Zeit lang war hier die Kunstsammlung der Habsburger untergebracht, die sich heute im Kunsthistorischen Museum befindet.

Der bedeutendste Bewohner nach Prinz Eugen war der Thronfolger Franz Ferdinand, der von 1894 bis zu seiner Ermordung 1914 im Belvedere residierte.

Besonders hervorzuheben sind in der gewaltigen Anlage des Schlossareals die **terrassenförmigen Gärten**, die vom Unteren zum Oberen Belvedere führten und zu Beginn des 18. Jahrhunderts vom Franzosen Dominique Girard entworfen wurden. Riesige Rasenflächen, weitläufige Blumenrabatten und mehrere Wasserbecken mit unzähligen Statuen, von denen die Sphingen besonders hervorzuheben sind, lassen eine Komposition erstehen, die von der Großzügigkeit und Lebenslust der barocken Gesellschaft zu berichten weiß.

Oberes Belvedere: Wien, 3., Prinz-Eugen-Straße 27, Tel. 01/79 557-0
Unteres Belvedere (Eingang Rennweg 6a)

Unteres und Oberes Belvedere, Di–So 10–17 Uhr, im Sommer bis 18 Uhr, Do 21 Uhr

Kunsthistorisches Museum, Österreichische Nationalbibliothek, diverse Naturwissenschaftliche Museen, Heeresgeschichtliches Museum, Historisches Museum der Stadt Wien, Hermesvilla, Hofburg, Schloss Schönbrunn, Stephansdom, Hundertwasserhaus, Parlament, Staatsoper, Karlskirche; Konzerte, Musicals, Veranstaltungen aller Art, Prater, Heurigenbesuch etc.

BURG BERNSTEIN

BURGENLAND

Spätestens seit der Verfilmung des „Englischen Patienten" ist die Burg Bernstein ein Begriff. Über dem Tauchental gelegen, ist die Anlage nicht nur ein Dokument großzügiger Baukultur des Mittelalters, sondern auch ein Musterbetrieb österreichischer Gastlichkeit.

Bereits um 1200 stand auf dem Felsen eine Burg, die immer wieder zum Mittelpunkt kriegerischer Auseinandersetzungen wurde. Die Lage im ungarischen Grenzgebiet sprach der Burg eine wichtige Position zu, die in der Mächtigkeit der Festung heute noch erahnbar ist. Die erste urkundliche Erwähnung Bernsteins erfolgte 1249. Der Name der Feste leitet sich von der Lage an der Bernsteinstraße ab, die hier vorüberzog.

Nach dem Sieg König Bélas IV. von Ungarn über den letzten Babenberger, Friedrich den Streitbaren von Österreich, 1235/36, musste der Herzog die kurz vorher eroberte Burg wieder an Ungarn abtreten. Ein vielfacher Besitzerwechsel begleitet die wechselvolle Geschichte der Anlage. Nach der Übernahme der Burg durch die Familie Kaniszai 1388 ging man daran, das Bauwerk weitläufig auszubauen und einen runden Wehrturm zu errichten, der nach den neuesten Erkenntnissen der Waffenkunde ausgestattet wurde. Die verheerenden Türkenbelagerungen im 16. und 17. Jahrhundert wurden erfolgreich abgewehrt, wenngleich auch das Umland in starke Mitleidenschaft gezogen wurde. Nach der glücklichen Verteidigung gegen die Türken 1532 erfolgte ein neuerlicher Ausbau der Festung, der sich bis 1590 hinzog. Bastionen entstanden, starke Wehrtürme und eine feste Mauer, die allen Angriffen trotzen sollte.

Nicht kriegerische Mächte konnten dem Bauwerk zusetzen, wohl aber die Mächte der Natur. Ein Blitzschlag vernichtete 1536 Teile der Anlage. 1617 traf ein Blitz den Pulverturm, dessen Explosion die Innenburg fast zur Gänze zerstörte. Im Stil der Zeit (Frühbarock) wurden die Gebäude wieder errichtet.

Mitte des 17. Jahrhunderts gelangte die Burg Bernstein für den Zeitraum von fast 200 Jahren in den **Besitz der Familie Batthyány**. In dieser Zeit blühte das kulturelle Leben auf Bernstein, das sich nicht nur in den schönen Künsten ausdrückte, sondern auch durch die Baufreudigkeit der Besitzer.

Adam Graf Batthyány ließ zwischen 1645 und 1650 den **Rittersaal** errichten, der heute noch als schönster Raum des Hauses gilt.

Der 14 Meter lange Saal im Osttrakt der Burg trägt die Handschrift des italienischen Baumeisters Philiberto Lucchese. Italienisch muten auch die grazilen Stuckaturen an, die in Reliefdarstellung Szenen aus der griechischen Mythologie zeigen. Die berühmten Metamorphosen des Ovid standen Pate für einige der Szenen, die vor allem durch ihren dynamischen Charakter beeindrucken. In diesem Raum wird deutlich, dass dieser Teil der Burg auf den Fundamenten mittelalterlicher Bausubstanz errichtet wurde. Heute steht der Rittersaal als Speisesaal des Hotelbetriebes in Verwendung und bietet die ehrwürdige Kulisse für Empfänge und lukullische Events.

1892 gelangte die Burg in den Besitz der Familie Almásy. Heute ist Burg Bernstein ein Hotelbetrieb, der seinen Gästen neben dem idyllischen Ambiente der Befestigungsanlage mit dem sehenswerten Burggarten vor allem ein gepflegtes Kulinarium bietet.

A 2 Südautobahn, aus Richtung Graz oder Wien, jeweils Exit 111 Oberwart/Lafnitztal; aus Richtung Oberpullendorf: Bundesstraße B 50
Hotel Burg Bernstein, 7437 Bernstein, Tel. 03354/63 82 (Mo–Fr 10–12 Uhr), Fax: 03354/65 20

Mai–Mitte Oktober, täglich 10–17 Uhr

Burgrestaurant im Rittersaal

Edelserpentin-Schleifereien, Felsenmuseum mit Schaubergwerk, Wallfahrtskirche Mariä Himmelfahrt; Wanderwege rund um Bernstein, Radtouren

Schloss Bruck

Tirol

Inmitten der grandiosen Bergwelt der Lienzer Dolomiten steht das Wahrzeichen der kleinen Stadt Lienz – Schloss Bruck. Der Name dieses imposanten Bauwerks, dessen Bergfried von weitem die Reisenden auf der sich nach Matrei hinziehenden Felbertauernstraße grüßt, leitet sich von einer Brücke ab, die hier über die Isel führt.

(Abb. Seite 37)

Schon in der Zeit der Römer lag dieses Gebiet an einer wichtigen Handelsader, die es vor den Übergriffen herumziehender Barbaren zu schützen galt. Archäologische Grabungen ergaben, dass sich am heutigen Standort der Burg bereits eine römische Befestigung befand. Das gegenwärtige Schloss geht zurück auf die Zeit, als die **Görzer Grafen** in ihrer Macht erstarkten. Zwischen 1252 und 1277 wurden die Pläne einer **Residenzburg** verwirklicht. Zum ältesten Bestand des Schlosses zählen der gewaltige zinnenbekrönte Bergfried, der weiß gefasste, gebrochene Bering (= Ringmauer), der Südost-Trakt mit Palas und die angeschlossene Burgkapelle. Der Bergfried ist an so unzugänglicher Stelle positioniert, dass er den Burgbewohnern als Zufluchtsort dienen konnte.

Wenn man den Innenhof betritt, so führt eine zweiarmige Treppe zum Turm. Unschwer lässt sich erkennen, dass diese Freitreppe nicht original ist, sondern später hinzugefügt wurde. Ursprünglich dürfte der Zugang, um militärischen Zwecken gerecht zu werden, relativ klein gewesen sein. Das Prinzip des „Mannsloches" wird im Konzeptionsgedanken der meisten mittelalterlichen Burganlagen aufgegriffen. So war es einer relativ kleinen Burgbesatzung möglich, das Bauwerk effizient gegen heranstürmende Angreifer zu verteidigen. Aus der ersten Zeit des Baues hat sich eine romanische Säule mit Knospenkapitellen erhalten, die in einem Fenster des Turmes positioniert ist. Auch an anderen Bauteilen lassen sich romanische Elemente erkennen, die auf die Erbauungszeit zurückzudatieren sind.

An die wuchtige Ringmauer schließen der ehemalige Wohnbereich mit Rittersaal und Kapelle sowie der saalartige Nordwesttrakt an. Das kunsthistorisch bemerkenswerte Herzstück der Anlage bildet die **mittelalterliche Kapelle**. Das Besondere daran ist die Doppelstöckigkeit, die auf die große Bedeutung des Adelsgeschlechtes der Görzer Grafen verweist. Mitte des

15. Jahrhunderts wurde das Kreuzrippengewölbe eingebracht und ein polygonaler Läuteerker eingefügt. Die Farbigkeit der Fresken verleiht dem Raum ein herrschaftliches Gepräge. Die berühmten Tiroler Meister Nikolaus Kenntner und Simon von Thaisten schufen den prächtigen **Freskenschmuck**. Durch die umlaufende hölzerne Galerie erhält das Bauwerk seinen einmaligen Charakter. Das Zentralfresko der Apsis von **Nikolaus Kenntner** zeigt den Gnadenstuhl mit einer Datierung aus 1452. Etwa 40 Jahre später entstand unter der Regentschaft Leonhards von Görz (1462–1500) die restliche Freskierung durch **Simon von Thaisten**. Die zwischen 1490 und 1496 entstandenen Fresken sind in ihrer Farbgebung einmalig und erwecken den Anschein, als ob sie eben erst vollendet worden wären. Dargestellt sind Szenen aus dem Leben Jesu und Mariens, ein Nothelferzyklus sowie der heilige Florian und der heilige Alexius. Kaum ein freies Fleckchen Wand ist zu sehen, alles ist überzogen mit einem dichten Netz von gemalten Architekturelementen. Zweimal sind sogar die Stifter dargestellt, Leonhard von Görz-Tirol und dessen Gemahlin Paola von Gonzaga. Die Vollendung der Kapelle erlebte Meister Simon nicht. Erst nach mehreren Jahrzehnten konnte der Lienzer Maler André Peuerweg das Werk mit einem Passionszyklus abschließen.

Hervorzuheben ist neben dieser Meisterleistung mittelalterlicher Wandmalerei vor allem der um 1500 von Kaiser Maximilian I. gestiftete **Görzer Altar**.

Nach dem Aussterben der Görzer Grafen übernahm Kaiser Maximilian I. die Burg, welche aber schon ein Jahr später an die **Wolkensteiner** überging. Unter ihrer Regentschaft wurde aus Bruck ein geschlossener Gebäudekomplex, so wie er sich heute präsentiert. Aus dieser Zeit datieren auch die Einwölbungen des Turmes und des Nordwesttraktes. Zu Beginn des 16. Jahrhunderts erhielt der Torbau ein Rondell. Allein diese baulichen Maßnahmen lassen deutlich werden, dass die Zeiten unsicher waren. Ende des 15. Jahrhunderts standen die Türken in Kärnten und drohten auf Osttirol überzugreifen. Man bemühte sich in dieser Zeit besonders um eine Befestigung der Anlage. Mauern wurden angefügt und Türme stärker befestigt.

Nach einer gewaltigen Verbesserung der militärischen Erfordernisse trat am Ende des 16. Jahrhunderts der Wunsch nach Wohnkultur und Lebensqualität an deren Stelle. Eine Neukonzipierung des Innenbereiches war unausweichlich geworden. Um das Leben im Schloss so angenehm wie möglich zu gestalten, wurde eine Neuaufteilung der Räume notwendig.

Als die Grafen von Wolkenstein sich zu Beginn des 17. Jahrhunderts entschlossen, ihre Residenz in die Stadt Lienz zu verlegen, verlor Bruck allmählich seine Bedeutung als Repräsentationsobjekt. Scheinbar hatten sich die Wolkensteiner durch den aufwändigen Umbau der Liebburg in Lienz finanziell vollkommen übernommen, sodass sie bald darauf aus wirtschaftlichen Gründen die Herrschaft abtraten.

1653 traten an ihre Stelle die **Damen des adeligen Stiftes von Hall** in Tirol. Sie wohnten allerdings nicht selbst hier, sondern entsandten ihre Beamten, die die Verwaltung der Güter übernahmen. Der Rittersaal hatte seine eigentliche herrschaftliche Bedeutung verloren und diente nun als Gerichtssaal. Ebenso wurden das Verlies und der Turm durch das Landesgericht genützt. Nachdem Joseph II. Ende des 18. Jahrhunderts die Aufhebung des Haller Damenstiftes verfügte, kam Schloss Bruck in staatliche Verwaltung. In der Folge wechselten die Besitzer mehrfach, ehe das Gebäude in den Besitz der Stadt überging.

Gegenwärtig beherbergt Schloss Bruck ein **Heimatmuseum** mit beachtenswerten Exponaten. Das Hauptaugenmerk der Sammlungen gilt allerdings dem weit über die Landesgrenzen hinaus bedeutenden heimischen Künstler **Albin Egger-Lienz**. Zahlreiche seiner Werke sind in ständigen Ausstellungen im Schloss zu bewundern. Aber auch das Schloss selbst, der Rittersaal und die Kapelle sind heute für den Besucher geöffnet und zeigen beeindruckende Objekte regionaler Kunst aus mehreren Jahrhunderten. Sehenswert ist die aus dem 13. Jahrhundert stammende Balkendecke mit typischen romanischen Ornamenten. Durch die raffinierte Anordnung der Fenster erreicht der Raum eine besonders attraktive Lichtwirkung.

Wer sich auf Spurensuche nach der Vergangenheit und glanzvollen Tagen begeben möchte und dabei an Lienz vorüberkommt, der sollte es nicht verabsäumen, dieses Juwel der Baukunst zu besuchen.

Schloss Bruck, Schlossberg 1, 9900 Lienz, Tel. 04852/62 580, Fax: 04852/62 580-4; museum@stadt-lienz.at; www.stadt-lienz.at/schlossbruck

VIA IMPERIALIS
Burgen • Schlösser • Stifte Österreichs

Palmsonntag–1. Nov., Vor- und Nachsaison Mo geschlossen, Di–So 10–17 Uhr, Juni–Sept., tägl. 10–18 Uhr; Winteröffnung auf Anfrage

Parkhotel Tristachersee, 9900 Lienz, Tel. 04852/67 666
Hotel-Gasthof Pfleger, Hochpustertal, 9913 Anras, Tel. 04846/62 44

Archäologisches Juwel Aguntum, Osttiroler Ausstellungsstraße; mit den Lienzer Bergbahnen auf die Sonnenhänge der Alpensüdseite; Streichelzoo für Kinder auf der Moosalm; schöner Rad fahren – gemütliche Fahrradausflüge von Lienz aus; Lienzer Stadtfest am 2. Wochenende im August; Advent in Lienz

Schloss Burgau

Steiermark

Der Reichtum an Schlössern und Burgen der Steiermark wird im berühmten Werk Vischers festgehalten. Die Kupferstiche schildern eindrucksvoll die Befestigungsanlagen, die zum Schutz gegen die ständige Bedrohung aus dem Osten errichtet wurden. Auch Burgau stellte innerhalb dieser Phalanx einen wichtigen Eckpfeiler dar.

Obwohl die Frühzeit der Burg, die im 12. Jahrhundert anzunehmen ist, in der Dunkelheit der Geschichte verschwindet, dürfte die „Burg in der Au" aber schon damals eine wichtige Rolle gespielt haben. Die erste schriftliche Nennung erfolgte 1367 unter den Herren von Puchheim. Die Bedeutung dieses Bollwerkes unterstreicht die Verleihung des Gerichtes „mit Stock und Galgen". Daraus wird ersichtlich, dass sich die zur Herrschaft gehörigen Besitzungen über ein weites Territorium ausdehnten.

Ab der Mitte des 15. Jahrhunderts erfolgte die Administration durch die **Herrschaft Seggau**. In dieser Zeit erlebte die Festung den Durchzug der Truppen des gefürchteten Volksrebellen Andreas Baumkircher. Der damalige Besitzer Seyfried von Pollheim geriet durch die drohenden Einfälle der Ungarn in finanzielle Schwierigkeiten und musste das Schloss im November 1498 um zweihundert Gulden verpfänden. Im Jahre 1500 erhielt Erhard von Pollheim wegen seiner ausgezeichneten Leistungen im Kampf gegen die Türken die Herrschaft als freies Eigen geschenkt und ging daran, die Befestigungsanlagen auszubauen. Und er tat gut daran, denn 1529 und 1532 erschütterten die Türkeneinfälle das Land, sie konnten in Burgau erfolgreich abgewehrt werden. Der **Pollheimer** ließ den Bergfried abtragen und die Mauern verstärken, die nun die Vorburg mit dem Wohnschloss verbanden. Zwei neue Wehrtürme entstanden an der Südfront, und ein tiefer Wassergraben wurde angelegt, der jeglichem Angreifer die Eroberung der Festung unmöglich machen sollte.

Am Ende der ersten Hälfte des 16. Jahrhunderts waren die wirtschaftlichen Umstände sehr trist, sodass die Herrschaft 1559 verpfändet werden musste. In der Folge gelangte sie in den Besitz der Familie Trauttmansdorff. Die kriegerischen Übergriffe der ungarischen Soldaten konnten im ersten Drittel des 15. Jahrhunderts der Festung Burgau keinen Schaden zufügen. 1704 bedrängten die Kuruzzen das Land und verwüsteten die Gegend. Burgau blieb zum Großteil verschont. Das Geschick des Burgauer Bürgermeisters brachte die Verhandlung mit den Aufständischen auf eine gute Basis. 1749 zog ein neues Adelsgeschlecht in Burgau ein, die **Grafen Batthyány**. Der letzte private Besitzer von Burgau, Ludwig Fürst Batthyány, galt als Anführer des ungarischen Aufstandes gegen die Habsburger und wurde 1849 hingerichtet. Seit 1870 besitzt die Marktgemeinde Burgau das Schloss, das heute ein bedeutendes **Kulturzentrum** beherbergt.

Das Schloss besteht aus einer zweigeschoßigen, hufeisenförmig konzipierten Vorburg. Wie es der Vorstellung einer Burg entsprach, so besaß auch dieser Wehrbau eine Zugbrücke vor dem Portal, die später einer festen Holzbrücke wich. Ein mächtiger Rundturm an der Westecke der Vorburg diente ursprünglich militärischen Zwecken.

Schloss Burgau gehört zu den frühesten Beispielen für den Bau eines vierflügeligen Renaissanceschlosses mit einem Laubenhof. Ab 1624 erfolgte der Ausbau des zweiten Obergeschoßes und der Säulenarkaden an der Süd- und Westseite des Hofes.

Im Inneren des Schlosses ist leider nichts mehr erhalten. Dennoch ist Burgau heute ein wichtiges Dokument steirischer Geschichte und schildert in seinen Mauern die Härte des Lebens im ausgehenden Mittelalter, aber auch das Bemühen des Adels, sich repräsentative Wohnsitze zu errichten.

A 2 Südautobahn, aus Richtung Graz oder Wien, jeweils Exit 126 Sebersdorf/Bad Waltersdorf; via Neudau nach Burgau
Schloss Burgau, 8291 Burgau, Gemeindeamt, Tel. 03383/23 25, Fax: 03383/23 25/25

Geöffnet bei Ausstellungen und Veranstaltungen

Gasthof „Zur Post", Hauptplatz 6, 8291 Burgau, Tel. 03383/23 61
Gasthof-Restaurant „Zum Hirschen", Tel. 03383/22 26

Ausstellungen, diverse Veranstaltungen, jährlich stattfindendes Sommer-Theaterfestival, Konzerte, Theater, Bälle, Galerie zeitgenössischer Künstler, Schlosscafé, Rad- und Wanderwege, Bad Blumau – Hundertwassertherme

9

Churburg

Südtirol

Mächtig und majestätisch überragt die Churburg vor dem bizarren Panorama des Ortlergebirges den Ort Schluderns. Es mag wohl nicht als Übertreibung angesehen werden, wenn man die Churburg als den repräsentativsten Adelssitz des Landes bezeichnet.

Entgegen dem historischen Hintergrund mancher anderen Burgen und Schlösser Südtirols kann die Churburg auf sehr stabile Besitzverhältnisse verweisen. Als der **Bischof von Chur, Heinrich IV. von Montfort**, 1253 seine Auseinandersetzung mit den berühmt-berüchtigten Vögten von Matsch für sich entscheiden konnte, erhielt er das Recht und Privileg, an einem von ihm gewünschten Ort ein Schloss mitsamt Festung zu errichten. Es ist klar, dass der Bischof den Ausgang des Matschertales wählte, in dem die Stammsitze seiner besiegten Widersacher lagen. Die politische Geschicklichkeit der **Matscher** bewirkte aber bereits 1297 die Besitzübernahme der Hälfte der Churburg und die Belehnung mit der anderen Hälfte. Die Burg wird in der Folge der Hauptsitz der Vögte, die selbst nach der verheerenden Niederlage der habsburgischen Truppen in der Schlacht von Calva (1499) die Burg erfolgreich gegen die Schweizer verteidigten. 1504 endete die Linie der Herren von Matsch mit dem Tod des letzten aus diesem Geschlecht. Verwandte der Matscher, die **Familie Trapp**, übernahmen das Erbe und sind bis heute Hüter der Churburg.

Obwohl gleich zu Beginn der Besitzübernahme ein großer Streit um das Erbe entbrannte, bemühten sich die neuen Besitzer um einen gediegenen Ausbau der Anlage. 1537 begann man mit dem Umbau, dessen Ergebnis schließlich das prachtvolle Renaissanceschloss war, das wir heute als Churburg kennen.

Eine architektonische Perle ist zweifellos der reich bemalte dreigeschoßige **Loggienhof**. Die Bögen ruhen auf insgesamt 16 Säulen aus weißem Marmor und sind verschiedenartig gestaltet. Die Innenseite der Kapitelle wird von Wappen der Familie Trapp geschmückt. Die Besonderheit der Figuren, die in die Säulen eingearbeitet sind, setzt sich an den höchst originellen Darstellungen von Tieren, Früchten, Karaffen und Fabelwesen an den Wänden fort. Darüber sind in 24 reich verzierte Kartuschen lateinische Sprüche eingefügt. Eine Besonderheit stellt die **Bemalung der Gewölbe** dar, die einer Vorliebe der Renaissance gerecht wird. In symbolischer Form ist die genealogische Abfolge der Vögte von Matsch und Grafen von Trapp bis 1580 dargestellt. Daher kann angenommen werden, dass die Gewölbemalerei in diesem Jahr entstanden ist. Der Betrachter hat das Gefühl, in eine Laube versetzt zu sein, die von Blättern und Früchten überrankt wird.

Überhaupt wird im gesamten Konzept der Churburg sehr stark auf den allegorischen Charakter gesetzt. Auch das so genannte **Jakobszimmer** folgt diesem Programm, doch ist es durch spätere Veränderungen leider unvollständig geworden. Heute ist das Zimmer gefüllt mit Erinnerungsstücken Jakobs von Trapp (1529–63). Innen befinden sich zwei geschnitzte Prunkportale mit Pilastern, Reliefs, Figuren und Ornamenten. Darüber spannt sich äußerst dekorativ eine prachtvolle, auf geschnitzten Konsolen ruhende Kassettendecke mit symbolischen Reliefschnitzereien. Mitte des 16. Jahrhunderts entstand die kleine Hausorgel, die kunstvolle Intarsienarbeiten und vergoldete Kupferplatten über den Schallöffnungen aufweist. Solche Orgeln aus dieser Zeitperiode sind sehr selten und daher als besonders bemerkenswerte Stücke einzustufen. Neben dieser Orgel ist vor allem eine lebensgroße Holzfigur Jakobs VII. hervorzuheben.

Aus dem romanischen Bestand der alten Burg stammt die eindrucksvolle **Burgkapelle**, die mit einem zweiflügeligen Passionsaltärchen aus 1415 ausgestattet ist. Auf Goldgrund wird das Leben Jesu geschildert. Das Werk ist mit mehreren Adelswappen verziert. Einen besonderen Höhepunkt innerhalb einer Führung durch die Churburg stellt die **Rüstkammer** dar. Sie vermittelt keineswegs den Eindruck eines musealen Ortes, sondern lässt die Geschichte militärischer Großereignisse lebendig werden. Fast alle Rüstungen, die hier zu sehen sind, sind Originale der Burgherren und deren bewaffneter Knechte. Daraus leitet sich auch die Bedeutung dieser Sammlung ab. Einige besondere Rüstungen, die Meisterwerke der Plattnerkunst darstellen, beeindrucken den Besucher. Besonders hervorstechend ist der Harnisch des Ulrich IX. von Matsch, der fast 2,30 Meter groß und 45 kg schwer ist.

Schluderns im Vintschgau

Von 20. März bis 1. Nov. von 10–12 und 14–16.30 Uhr, Mo geschlossen

Zur Alten Mühle, Schluderns, Tel. 0473/61 52 38, Mi Ruhetag

Größte private, im Original erhaltene Waffenkammer; Ausflug in das Matscher Tal zu den Ruinen Ober- und Untermatsch

Burg Clam

Oberösterreich

Die großen und mächtigen Burgen Oberösterreichs erzählen von einer kriegerischen Vergangenheit des Landes. Das dichte Verteidigungsband, das sich nördlich der Donau bis hinauf ins Waldviertel zog, wies an allen herausragenden Stellen Burgen auf, die miteinander mittels Feuerzeichen in Verbindung standen.

Schon 1149 wurde die Burg Clam von **Otto von Machland** errichtet. Das Familienwappen der Machlands ging nach dem Aussterben der Familie 1333 an das Land über und wird seither als Landeswappen von Oberösterreich geführt. Bis 1454 wechselten die Besitzer mehrfach, ehe die **Familie Clam** die Burg erwarb. Urkundlich erscheint diese Familie erstmals in Salzburg um 1280, aber auch in Kärnten, wo sie 1315 nachweisbar ist.

Der hohe Felsen, auf dem die Burg heute steht, war für die damaligen kriegstechnischen Möglichkeiten uneinnehmbar.

Heute betritt man durch das große Burgtor den ersten Hof, dieser ist eingeschlossen von Wirtschaftsgebäuden, Kanzleien, Stallungen und der Wagenburg. Durch ein Renaissanceportal aus dem Jahre 1636 betritt man den zweiten, sehr schmalen Hof. Dieser ist auf der nördlichen Seite durch eine Steinbalustrade abgeschlossen, während sich auf der Südseite der fünfstöckige **Palas** mit 41 Metern Höhe erhebt. 1985 wurde dieser Gebäudeteil einer vollkommenen Restaurierung unterzogen, wobei an den Fenstern Sgraffitiumrahmungen freigelegt wurden. Der dritte Hof öffnet sich durch das große, rote Tor. Die prächtigen Arkaden aus 1581, die den Hof einschließen, verleihen ihm ein besonderes Ambiente. In diesem Hof befindet sich der Glockenturm mit der Zwiebelkuppel, den zwei Glocken und einem Uhrwerk.

Innerhalb der Festung befindet sich ein interessantes **Museum** mit einer überreichen Porzellansammlung, die die Kunst der Porzellanerzeugung in Europa schildert. Daneben ist eine Burgapotheke aus dem Jahre 1603 besonders zu erwähnen.

Burg Clam, 4352 Klam, Tel. 07269/72 17

1. Mai bis 31. Okt., täglich 10–16 Uhr; Sonderführungen gegen Anmeldung

Burgschenke Clam, Tel. 07269/72 69 – im Sommer ab Mittag geöffnet, Mo, Mi Ruhetag; Burgbrauerei Clam, Tel. 07269/67 24, – Frühjahr bis Spätherbst, Mo, Di, Mi Ruhetag

Diverse Veranstaltungen, Reiterhof mit Dressurhalle, Reitwege

Schloss Eckartsau

Niederösterreich

Heute ist Schloss Eckartsau umgeben vom Nationalpark Donau-Auen: Als eines der letzten großen unverbauten Augebiete Europas, durchflossen vom gewaltigen Strom der Donau, wird es nach internationalen Richtlinien geschützt. Als letzter Wohnsitz Kaiser Karls I. und seiner Familie schrieb das Schloss ein Stück österreichische Geschichte.

Die ursprüngliche Burg dürfte in ihren Ausmaßen bescheiden gewesen sein und diente den Rittern von Eckartsau als Stammsitz. Diese Herren von Eckartsau waren dem Hochstift Regensburg lehenspflichtig. Als 1411 der 14-jährige Herzog Albrecht V. an der Besteigung des Thrones gehindert wurde, leitete Konrad von Eckartsau eine kühne Aktion ein. Er entführte den Habsburger und ermöglichte so, seinen Vormündern entzogen, dessen Thronbesteigung. Damit war der Aufstieg des Geschlechtes der Eckartsauer gesichert. Nach dem Aussterben der Familie 1507 ging der Besitz an die Wolkersdorfer und in weiterer Folge an mehrere Adelsgeschlechter über. 1720 erwarb der böhmische Hofkanzler Franz Ferdinand Graf **Kinsky** Schloss und Herrschaft.

Zu dieser Zeit erfolgte der groß angelegte Umbau der mittelalterlichen Wehrburg zum barocken Jagdschloss. Damit wurde dem Streben nach Unterhaltung und ausgelassener Lebensfreude stattgegeben.

40 Jahre später wechselte das Schloss neuerlich seinen Besitzer und kam in den Besitz Kaiser **Franz I.** 1797 erfolgte die Einbeziehung in die K. u. k. Familienfonds und -güter. Der äußerst baufreudige und kunstsinnige Herzog Franz Ferdinand bemühte sich schließlich um eine Revitalisierung des mittlerweile stark baufällig gewordenen Schlosses, wobei auch die ausgedehnten Parkanlagen einbezogen wurden. In Schloss Eckartsau wurde das Buch der Donaumonarchie geschlossen, als von hier aus am 23. März 1919 der letzte Kaiser das Land verließ.

Mit dem Bundesgesetz vom 3. April 1919 wurden sämtliche Familienfondsgüter in staatliches Eigentum übernommen. Nach dem Zweiten Weltkrieg verwüsteten die sowjetischen Besatzungstruppen das Schloss und vernichteten in blinder Zerstörungswut wertvollste Möbel und Einrichtungsgegenstände. Nach dem Abzug der Truppen übernahmen die Bundesforste die örtliche Verwaltung, renovierten das Schloss

und machten es für Besucher zugänglich.
Die äußere Erscheinungsform der Anlage geht im wesentlichen auf die Pläne des Barockarchitekten **Joseph Emanuel Fischer von Erlach** zurück. Der Giebel am Westtrakt wird überragt von einer stattlichen Figurengruppe, die Jagdgöttin Diana und den Griechen Akteon darstellend, von Lorenzo Mattielli. Der mythologische Hintergrund erzählt die Geschichte des Akteon, der zufällig die Göttin der Jagd im Bade erblickte und zur Strafe dafür in einen Hirschen verwandelt wurde. Die Jagdhundemeute hetzte den Hirschen und erlegte ihn schließlich.
Der **Innenhof** gehört einer anderen Epoche an und stammt in seiner heutigen Form von einem der bedeutendsten Architekten der Ringstraßenzeit, dem kaiserlichen Baurat Viktor Siedeck. Er war es, der im Auftrag Franz Ferdinands 1897/98 die Generalsanierung des damals ruinösen Bauwerkes leitete. Einer der schönsten Räume des Schlosses ist das **Stiegenhaus**, das besonders durch seine vornehmen Stuckarbeiten wirkt. Ein Medaillon in der Decke schildert die Falkenjagd und ist ein Werk François Roettiers. In einem zweiläufigen Ansatz führt die Treppe, mit Balustraden eingesäumt, auf den von Doppelsäulen getragenen Zugang zu den Räumlichkeiten des Schlosses. Prachtvoll präsentiert sich der Große Saal, dessen Deckenfresko ein geniales Werk des Barockmalers Daniel Gran ist. Die Thematik der Jagd mit mythologischem Hintergrund klingt ständig durch. Auch hier widmet sich die Deckenmalerei der Göttin Diana. In den Wandnischen sind Figurengruppen zu sehen, die der Rolle Dianas als Beschützerin der Frauen gewidmet sind. Über den beiden Kaminen befinden sich Porträts der Eltern Maria Theresias, Kaiser Karls VI. und Kaiserin Elisabeths. Die beiden Bilder sind Schöpfungen des bedeutenden Künstlers Johann Karl Auerbach. Vom Roten Saal gelangt man über das nördliche Empfangszimmer, den Roten Salon und das Blaue Schlafzimmer in das Goldkabinett. In diesem Zimmer sind die originalen Sandtapezierungen erhalten geblieben – daneben ein offener Kamin mit jagdlicher Dekoration. An den Fensterläden erfreuen Malereien von Jonas Drendwett mit Szenen aus dem Landleben. Links vom Großen Saal führt der Weg über das Südliche Empfangszimmer, den Grauen Saal und das Gelbe Schlafzimmer in das Chinesische Zimmer. Derselbe Künstler wie im Goldkabinett schuf auch hier die Malereien im chinesischen Stil.
Dass Erzherzog Franz Ferdinand der Jagdleidenschaft mit großer Begeisterung frönte, bringt die reiche Sammlung an Jagdtrophäen im Waffengang zum Ausdruck. Wie in den meisten seiner Schlösser ließ

Schloss Ambras – Rüstkammer

Schloss Ambras – Gartenanlage

Schloss Ambras bei Innsbruck

Schloss Anif bei Salzburg

Schloss Belvedere in Wien – Blick zum Oberen Belvedere

Schloss Bruck

Schloss Bruck – Deckenfresko der Schlosskapelle

Schloss Esterházy in Eisenstadt

Schloss Esterházy – Leopoldinentempel im Schlosspark

der Thronfolger auch in Eckartsau ein Badezimmer anlegen. Vom Waffengang gelangt man in das Schreibzimmer, das Speisezimmer und die Bibliothek. Diese stellt eine Besonderheit des Schlosses dar und wurde meisterhaft vom Kärntner Künstler Franz Sereinig mit Eichenvertäfelungen ausgestattet. Hier befindet sich in erster Linie Jagdliteratur, die in stimmungsvollen Schränken untergebracht ist. Das kleine Stiegenhaus führt zur Schlosskapelle, deren Neugestaltung 1722 von Antonio Beduzzi durchgeführt wurde. Die beiden Kuppelgemälde von François Roettiers zeigen die Schlüsselübergabe an Petrus.

Heute ist Schloss Eckartsau zum **Zentrum der Kultur** geworden. Wie damals, so werden auch heute die Prunkräume für kulturelle Veranstaltungen genutzt. Das Interesse an der Zeit der Monarchie führt jährlich eine Vielzahl von Besuchern in das Schloss, die begeistert sind von der Verbindung zwischen Baukunst und Natur.

Forstverwaltung Eckartsau, 2305 Eckartsau, Tel. 02214/22 59, 02214/25 89

1. April–31. Okt., Sa, So, Fei, Führung: 11 und 14 Uhr, für Gruppen gegen Voranmeldung jederzeit

Kulturelle Veranstaltungen; Nationalpark Donau-Auen

12

Schloss Esterházy

Burgenland

Der kulturelle Mittelpunkt der burgenländischen Landeshauptstadt Eisenstadt ist der prachtvolle Bau des Schlosses Esterházy. Die Fürsten von Esterházy galten als bedeutende Mäzene und Förderer der Kunst.

(Abb. Seite 38, 40)

Die Anfänge der ehemaligen Befestigungsanlage sind im 13. Jahrhundert lokalisiert. Damals hatte diese Burg eine wesentliche Schutzfunktion im westungarischen Grenzgebiet inne. Ab 1364 stand die Familie Kanitzsei an der Spitze der Herrschaft und bemühte sich in der Folge um den groß angelegten Ausbau. Vorgesehen war innerhalb dieser Umbaumaßnahmen die Einfriedung des gesamten Areals mit einer quadratischen Mauer. Der Bauzustand der alten Festung lässt sich anhand von archäologischen Ausgrabungen lückenlos rekonstruieren. 1371 brachte die Familie Kanitzsei die Herrschaft Eisenstadt in ihren Besitz und umschloss das gesamte Stadtareal mit einer Mauer. Dadurch entstand das klassische Beispiel einer **Stadtburg**. 1445 übernahmen die Habsburger die Regentschaft und verpfändeten die Festung an die Grafen von Hardegg, später an die Familie Fürst und schließlich an Hans von Weißpriach. Im 17. Jahrhundert trat die **Familie Esterházy** auf den Plan. Seit dem 17. Jahrhundert gilt diese Familie als eine der bedeutendsten und einflussreichsten der gesamten Habsburger Monarchie. Höchste Aufgaben innerhalb des Staatsgefüges zeichneten Mitglieder des Hauses Esterházy aus und sprachen ihnen einen große politische Rolle zu.

Zwischen 1663 und 1672 ließ Paul I. Esterházy die Burg zu einer prachtvollen Residenz ausbauen. Einer der angesehensten Baumeister, **Carlo Martino Carlone**, wurde mit der Konzeption betraut. Obwohl altes Mauerwerk einbezogen wurde, kann davon ausgegangen werden, dass Schloss Esterházy einem Neubau gleichkam. Der quadratische Grundriss der alten Anlage wurde beibehalten. Die Riesenpilasterordnung der Fassaden gehört zu den typischen Stilcharakteren der Baukunst der zweiten Hälfte des 17. Jahrhunderts.

Ursprünglich hatte die Fassade ein vielfärbiges Erscheinungsbild, während heute ein monotoner Gelbton dominiert. Diese einheitliche Farbgebung stammt aus dem 19. Jahrhundert.

Der Meister der genialen Stuckdekorationen ist der Italiener Andrea

Partinaldi, er schuf auch die fratzenhaften Gesichter unter dem Gesims der Hauptfassade sowie jene der Hoffassaden und der Sockel der Pilaster im Schlosshof. Die Büsten an der Hauptfront des Schlosses sind Meisterwerke des Eisenstädter Bildhauers Hans Matthias Meier und wurden aus Lorettosandstein gehauen.

Schon 1680 wurden die ersten Reparaturen notwendig, 1683 standen die Türken das zweite Mal vor Wien und bedrohten das Land. Alle Arbeiten am Schloss Esterházy kamen zum Erliegen. Bald nach Abwendung dieser Gefahr ging man daran, die anstehenden Arbeiten wieder aufzunehmen. Im 18. Jahrhundert waren es vor allem die Innenräume, die einer Veränderung unterzogen wurden. Neue Böden und Öfen zeugen vom Geschmack der Zeit und vom Bemühen, die Wohnräume stilvoll zu gestalten. Die größte Veränderung innerhalb des Schlosses war die Erneuerung des westlichen Stiegenhauses um die Mitte des 18. Jahrhunderts.

Zwischen 1790 und 1794 entstanden die **fürstlichen Stall- und Hauptwachgebäude**, die aus zwei spiegelgleichen gegenüberliegenden Trakten bestehen. Die Vorderfront dieser Anlage wird durch mächtige toskanische Säulen dominiert. Der östliche Trakt diente der Unterbringung der Reit- und Zuchtpferde, während das gegenüberliegende Gebäude als Unterkunft der Wagenburg und der Hauptwache diente. Erst sehr spät wurden die Reste der alten Befestigungseinrichtungen abgetragen, so auch der Wassergraben, der bis zum Ende des 18. Jahrhunderts das Schloss umzog. Damals wurde der Graben zugeschüttet und eine Treppenanlage zum nun tiefer liegenden Schlosspark errichtet. Aus dieser Zeit stammt auch der Portikus mit dem Balkon an der Hauptfassade des Schlosses.

Unter Fürst Nikolaus II. Esterházy kam es neuerlich zu einem gewaltigen Umbau, der vom französischen Architekten **Charles Mareau** geleitet wurde. An der Garten- und Platzseite entstanden neue Räumlichkeiten, allerdings unterschieden sich Plan und Wirklichkeit auch bei Esterházy. Der Bau eines eigenen Theater- und Opernhauses kam nie zur Realisierung. 1803 begannen die Umbauarbeiten an der Gartenseite. Aus dieser Zeit stammt auch der gleiche Abschluss der vier Türme mit Zeltdächern. Ebenso entstand der so genannte Leopoldinensaal. Auch der Haydnsaal wurde konzipiert, der heute als stimmungsvoller Rahmen für größere Veranstaltungen genutzt wird. An der Schmalseite dieses Saales entstanden zwei auf hohen Säulen mit Palmenkapitellen ruhende Emporen für die Musiker.

Ein jähes Ende fand die Verwirklichung der großartigen Pläne in der Besetzung der Stadt durch die Franzosen 1809. Hinzu kam die schlechte wirtschaftliche Lage des Fürsten, die durch die gewaltigen Kriegsabgaben bedingt war. Ende des 19. Jahrhunderts kam es zu einer umfassenden Renovierung der Prunkräume des ersten Stockwerkes.

Nach dem Zweiten Weltkrieg stand das Schloss über einen längeren Zeitraum dem Amt der burgenländischen Landesregierung zur Verfügung.

Später war hier das Landesgericht untergebracht.

Heute ist Schloss Esterházy nicht nur eines der bedeutendsten Baudenkmäler auf der Via Imperialis, sondern hält das Gedenken an große Gönner aus der Familie der Esterházy hoch. Als touristischer Mittelpunkt der Stadt ist das Schloss ein Markenzeichen, das weit über die Grenzen des Burgenlandes hinaus Bedeutung hat.

Fürst Esterházy'sche Privatstiftung
Schloss Esterházy, 7000 Eisenstadt,
Tel. 02682/63 384-16, Fax: 02682/63 384-32;
management@schloss-esterhazy.at;
www.schloss-esterhazy.at

VIA IMPERIALIS
Burgen • Schlösser • Stifte Österreichs

Mo in der Karwoche–30. Sept. täglich 9–17 Uhr, 1. Okt.–11. Nov. täglich 9–16 Uhr, 12. Nov.–Palmsonntag, Mo–Fr 9–16 Uhr

Schlossrestaurant

Esterházy-Museum, Schlosskonzerte, Fürstlich Esterházy'sches Schlossweingut, Landesgalerie, Internationale Haydnfestspiele im September

Schloss Festenburg

Steiermark

Äußerlich erweckt die Festenburg den Eindruck eines wehrhaften Hauses und erzählt Geschichten, die während ihres über 800-jährigen Bestehens hier geschehen sind. Der mächtige Felssporn, auf dem die Anlage errichtet wurde, gewährt einen Blick weithin ins Land der Oststeiermark.

1353 erscheint die alte Trutzburg erstmals auf einer Urkunde. 1416 nahm die Familie Saurau die Festenburg in Besitz. Die Türken belagerten die Festung 1532, konnten sie allerdings nicht einnehmen. Daraus schließt der Historiker, dass es sich bei der Befestigungsanlage um einen sehr massiven Bau gehandelt hat. 1616 gelangte das Anwesen in den **Besitz des Stiftes Vorau**, das heute noch Inhaber der mächtigen Anlage ist.

Ein lang gestreckter Hof bildet den Mittelpunkt der Burg und lässt auf drei Bauperioden schließen. Aus dem Mittelalter stammten der Torbau und ein Zwinger im Norden sowie Reste des Bergfrieds an der höchsten Stelle des Nordostens. Nach der Besitzübernahme durch die Chorherren von Vorau entstand der prächtige Freskenzyklus, der heute als bedeutendste Sehenswürdigkeit der Festenburg gilt. Auftraggeber war Propst Philipp Leisl, der hier während der Kuruzzeneinfälle Zuflucht gefunden hatte. Gleichzeitig versuchte er die Errichtung eines Chorfrauenstiftes, zu der es aber nach Abklingen der Türkengefahr nicht mehr kam.

Durch das gotische Vortor gelangt man in einen kleinen Vorhof, der an den Seiten in barocke Brunnennischen mündet. Darin befinden sich Figuren der enthaupteten heiligen Katharina und Christus, der das Kreuz umfasst. Vom langen, schmalen Burghof gelangt man zum barocken Kapellenkranz. **Cyriak Hackhofer** (1685–1731), berühmt durch die Fresken in der Vorauer Sakristei, schuf auch hier den Schmuck der einzelnen Räumlichkeiten. Zunächst ließ der Propst einen Kalvarienberg errichten. Überhaupt sind die Themen, die Hackhofer hier aufgreift, stark dem Leiden Christi gewidmet. Die kleinen Kapellen, die eine Reihe bilden, tragen aber auch Szenen aus dem Marienleben. Beim Eingang in die Loretokapelle nimmt ein **Freskenprogramm** seinen Anfang, das sich durch die ganze Burg zieht. Am Altar werden Bilder der Heiligen Joachim und Anna, der Eltern Mariens, und die Darstellung Mariä Verkündigung gezeigt. Zwischen Loreto- und Krippenkapelle bildet ein Torbogen das verbindende Element. Auf dem

Altar ist die Anbetung der Hirten im Stall dargestellt, während die Wände drei große Ölbilder mit der Begegnung Maria-Elisabeth, der Opferung im Tempel und dem 12-jährigen Jesus unter den Schriftgelehrten zeigt. Besonders skurril ist eine Anzahl von Idealporträts der Vorfahren Christi. Szenen aus der Katharinenlegende bilden das Pendant zu den vier Darstellungen aus dem freudenreichen Rosenkranz. Im Anschluss an die Krippenkapelle ist die nächtliche Ölberglandschaft mit einem eindrucksvollen Blick auf Jerusalem zu sehen. Der Blick ins Purgatorium, das Fegefeuer, schildert die barocke Angst vor Tod und Strafe. Eine Geiselungsgruppe befindet sich am Treppenabsatz vom unteren zum oberen Hof. Die größte der Kapellen ist die Kreuzkapelle, die mit zwei Altären ausgestattet ist. Beide Altäre sind dem Leidensthema gewidmet. 1717 wurde hier das Herz des Vorauer Propstes Leisl in einer Urne bestattet.

Ein schmaler Stiegenaufgang führt zur Sakristei in die Katharinenkirche, die sich im ehemaligen Rittersaal der Burg befindet. 1709 erhielt Meister Hackhofer den Auftrag zur Ausgestaltung des Raumes und schuf ein grandioses Meisterwerk, das heute die Besucher sehr beeindruckt.

Diese barocken Meisterschöpfungen waren kaum bekannt, erst der berühmte Vorauer Chorherr **Dr. Ottokar Kernstock** (1848–1928) wies 1889 auf ihre Bedeutung hin. Neben Peter Rosegger zählt Kernstock zu den bedeutendsten Dichtern der Steiermark. Zu seinen wichtigsten Schöpfungen gehörte der Text der österreichischen Bundeshymne, der von 1934 bis 1938 in Verwendung stand. Durch sein Engagement wurde die Festenburg generalsaniert. Heute ist die Burg ein beliebtes Ziel kunsthistorisch begeisterter Menschen, die sich hier vor allem in die Welt des barocken Denkens und dessen Ausdruck in der Freskenmalerei entführen lassen.

A 2 Südautobahn, aus Richtung Graz oder Wien, jeweils Exit 100 Pinkafeld; weiter in Richtung Rohrbach und Bruck an der Lafnitz
Burg Festenburg, 8251 Bruck an der Lafnitz, Tel. 03331/22 55 (Pfarramt Festenburg), Tel. 03337/23 51 (Stift Vorau)

Burgführung und Besichtigung der berühmten Freskenzyklen nach Voranmeldung

Hotel-Restaurant „Zur Festenburg“, 8251 Bruck an der Lafnitz 75, Tel. 03331/25 55

Stift und Markt Vorau, Steirische Blumenstraße, Wanderwege, Radwege, diverse Buschenschenken

Burg Forchtenstein

Burgenland

Die berühmte Burg Forchtenstein beherbergt eine der Schatzkammern des Burgenlandes. An den Ausläufern des Rosaliengebirges gelegen, ist die Festung nicht nur ein Beispiel des wehrhaften Burgbaus dieser östlichsten Region Österreichs, sondern auch ein weithin sichtbares Wahrzeichen des Landes. Von hier hat der Besucher einen prachtvollen Ausblick über das gesamte Wulkatal bis hin zu den Ufern des Neusiedler Sees. Die mächtigen Türme grüßen von weitem den Reisenden, der sich dem Ort Forchtenstein nähert.

(Abb. Seite 73)

Schon im 13. Jahrhundert wurde die günstige Lage des Burghügels von den Grafen von Mattersdorf zur Errichtung ihres neuen Herrensitzes genutzt. Mitte des 15. Jahrhunderts besaßen die Habsburger die mächtige Anlage, die sie während der folgenden Jahrhunderte an untertänige Adelige verpfändeten. 1622 erhielt **Nikolaus Esterházy** die Burgen Forchtenstein und Eisenstadt. Schnell gelangten die Esterházys zu einem stattlichen Vermögen und damit zu Einfluss und Macht. Ihre ausgezeichneten diplomatischen Fähigkeiten wurden von den Habsburgern genutzt und die Kaisertreue durch besondere Zuwendungen belohnt. 1625 avancierte Nikolaus Esterházy zum Palatin, dem höchsten Vertreter des Herrschers im ungarischen Königreich.

Nach 1626 begann Graf Nikolaus mit großzügigen baulichen Veränderungen. Einerseits zwang die drohende Türkengefahr zum raschen Handeln, andererseits war es aber auch der Wunsch nach einer angemessenen Residenz, der den Grafen zu den großen Aufwendungen anleitete. Der Sohn Nikolaus Esterházys, Paul, der 1652 das Erbe übernahm, trat in die Fußstapfen seines Vaters. Als ausgezeichneter Diplomat und tüchtiger Soldat galt er als großer Förderer der schönen Künste. Wie seinem Vater wurde auch ihm aufgrund seines ausgezeichneten Lebenswandels der Titel eines Palatin zugesprochen. Für seine Dienste während der Befreiung Wiens von den Türken und die Loyalität zum Kaiserhaus erhob ihn Leopold I. 1687 in den Reichsfürstenstand. Er ist für den Ausbau der Festung zum heutigen Zustand verantwortlich. Vorerst beendete er die Stärkung der Befestigungsanlagen, die noch sein Vater begonnen hatte, und führte die Arbeiten am Hochschloss fort. Nach Plänen des italienischen

Baumeisters Simone Retacco erfolgte der grundlegende Umbau des Palas zu einem „modernen" Wohngebäude. Die prächtigen Wandmalereien des Innenhofes, die von den militärischen Aktivitäten der Palatine Nikolaus und Paul gegen die Türken berichten, wurden geschaffen. In den einzelnen Wandfeldern sind antike Kaiser und Habsburgerherrscher dargestellt.

Der Hof wird dominiert von der Reiterstatue Paul Esterházys, der mit Fürstenhut und Marschallstab dargestellt ist. Die Aufstellung dieses Standbildes bildete 1692 den Abschluss der Bauarbeiten.

In diesen Tagen wurde auch der Grundstein für eine **umfangreiche museale Sammlung** gelegt. Als Vorbild mag wohl die Schatzkammer des Schlosses Ambras zu werten sein, in der nach den Gesichtspunkten internationaler Schausammlungen Kunstgegenstände nach ihren Materialien zusammengestellt wurden. Forchtenstein war nun nicht nur der Aufbewahrungsort des Esterházy'schen Familienschatzes, sondern diente auch als Arsenal der Regimenter. Fürst Paul Esterházy zeichnete sich nicht nur durch besondere Baufreudigkeit aus, sondern schuf in seiner Sammlung auch eine **Kunstkollektion** von europäischem Rang. Solche Schatzsammlungen dienten nicht nur der eigenen Erbauung, sondern repräsentierten auch den Status ihres Besitzers nach außen hin. Der Besucher ist heute fasziniert von der Vielfältigkeit der kleinen Kunstwerke, die in Vitrinen präsentiert werden. Von Elfenbeinarbeiten reicht die Palette über Kostbarkeiten der Gold- und Silberschmiede bis hin zu Kunstgegenständen aus seltenen Edelsteinen. 1998 wurde diese Schatzkammer neu adaptiert. In acht eigens dafür eingerichteten Räumen sind die kostbaren Zimelien, ergänzt durch prunkvolle Möbel, Tafelsilber, Porzellan und einen Teil der umfangreichen Bibliothek, dem Besucher zugänglich. Weitere Räume sind dem militärischen Bereich vorbehalten. Monumentale Schlachtenbilder schildern die Schlagkraft der Esterházy'schen Truppen in den Kriegen des 17. und 18. Jahrhunderts. Von den Auseinandersetzungen mit den Türken kündet die umfangreiche Kriegsbeute, die hier ausgestellt ist: Prunksäbel, Streitäxte und Bögen. Eine besondere Rarität stellt ein türkisches Prachtzelt dar, das den Mittelpunkt eines eigenen Raumes bildet.

Berühmt ist Forchtenstein für sein umfassendes **Zeughaus**. Große Mengen an geordneten Batterieschlossgewehren, Munitionstaschen, Säbeln, Feldflaschen und anderen Ausrüstungsgegenständen bezeugen die Größe und Mächtigkeit der fürstlichen Truppen. Im unteren Geschoß des Zeughausbereiches befinden sich Rüstungen (Harnische und Helme) aus der Zeit des Dreißigjährigen Krieges. Mächtige Lafetten und Mörser geben Auskunft über die Verwendung von Feuerwaffen. So genannte Doppelhakenbüchsen, mit denen zwei Soldaten hantieren mussten, sind hier ebenso zu sehen wie gewaltige Kanonenkugeln.

Eine der größten Attraktionen der Burg stellt der 142 Meter tiefe Brunnen, im Volksmund **„Türkenbrunnen“** genannt, dar. Die Vielschichtigkeit und Spannung, mit der auf dieser Burg Geschichte vermittelt wird, bleibt in Erinnerung.

Ein Stück alten Kulinariums spiegelt die Schlossküche mit ihrem umfangreichen Inventar wider. Töpfe, Pfannen und verschiedenes anderes Geschirr sind Zeugen einer vergangenen Lebenskultur, die, gepaart mit dem Geruch alter Mauern, die Zeit still stehen lässt und für einen Moment das Eintauchen in die Geschichte möglich werden lässt.

VIA IMPERIALIS
Burgen • Schlösser • Stifte Österreichs

Burg Forchtenstein, Privatstiftung,
Melinda-Esterházy-Platz 1,
7212 Forchtenstein, Tel. 02626/81 212,
Fax: 02626/81 511-13; mag.schreiner@burg-forchtenstein.at,
www.burg-forchtenstein.at

1. April–31. Okt., täglich Führungen von 9–16 Uhr,
im Winter auf Anfrage

Burgstüberl, Taverne

Ständige Ausstellungen. Burgbesichtigung mit Fürstlich Esterházy'schen Sammlungen, Kunst- und Wunderkammer, Zeughaus der ehemaligen Esterházy'schen Truppen, Fotoausstellungen, Briefmarkenausstellungen, Lesungen und Konzerte

15

Schloss Frauenstein

Kärnten

Die berühmten Kraiger Schlösser zählen zu den wichtigsten Dokumenten der Kärntner Schlossbaukunst. Innerhalb der Kärntner Burgen- und Schlösserlandschaft nimmt Schloss Frauenstein eine besondere Stellung ein – von vielen wird es als der stilreinste Adelssitz des Landes bezeichnet.

Die Wurzeln des Baues reichen bis ins 12. Jahrhundert zurück, wo Frauenstein dem Typus einer Wasserburg entsprach. In einer Friesacher Urkunde scheint 1197 ein gewisser Gundacharus de Frowensteine als Zeuge auf. Bis 1386 waren die Herren von Frauenstein Besitzer der mächtigen Burg. Danach wechselten die Besitzverhältnisse mehrmals, bis die Burg schließlich kurz vor 1519 in das Eigentum der Welzer von Eberstein überging.

Mehrmals wurde die Feste bis ins ausklingende Mittelalter verändert und den Anforderungen der Zeit angepasst.

1515 entschloss sich der damalige Besitzer Christoph I. Welzer von Eberstein zu einem Generalumbau, bei dem lediglich der romanische Rundturm bestehen blieb. Die Zeit des 16. Jahrhunderts kann generell als eine Periode des Aufbruchs verstanden werden – geistig durch die Gedanken des Humanismus und baulich durch das Aufkeimen der Renaissance in Italien, die stark nach Österreich ausstrahlte. Nicht mehr der Wehrcharakter stand im Vordergrund, sondern die Verpflichtung zu Repräsentation und Hofhaltung.

Keineswegs war der Umbau unter Welzer von Eberstein abgeschlossen, erst sein Enkel, Christoph II., der sich nun „von Frauenstein“ nannte, setzte das Werk fort. Ein Gedenkstein über dem Schlosstor, der mit der Jahreszahl 1554 versehen ist, deutet auf den Abschluss der Bautätigkeit hin. Der Geschmack auch der nachfolgenden Generationen dürfte so getroffen worden sein, dass später kaum Um- und Zubauten erfolgt sind, so dass das Schloss heute in seiner Art einmalig ist und als eines der wichtigsten Dokumente baulichen Schaffens aus dem 16. Jahrhundert in Kärnten zu werten ist.

Über eine Steilrampe gelangt man durch das einfache äußere Tor in den Vorhof, der rechts durch das Vorwerk, ein Gebäude mit Nordwestturm, flankiert ist. Links erreicht man das Haupttor, das in eine tiefe Durchfahrt mündet. Danach öffnet sich der weite Hof. Das Erdgeschoß wird von den wichtigsten wirtschaftlichen Räumlichkeiten eingenommen: wie Keller, Vorratsräume, Küche und Wohnungen für die Angestellten. An drei Seiten wird der gepflasterte Hof von auf Steinsäulen ruhenden Arkadenbögen eingeschlossen, während die vierte Seite (Südseite) dem Stiegenhaus vorbehalten ist, das in den ersten Stock führt. Im Osttrakt sind zwei große Säle untergebracht, von denen der nördliche im anschließenden Turm das so genannte Zirbenkabinett birgt, dessen Vertäfelung noch original (1554) erhalten ist. Im Süden und Osten öffnen sich Fenster, die den Raum in wohliges Licht tauchen, das auch die Malereien aus dem 18. Jahrhundert zur Geltung bringt. An den Osttrakt schließt sich im Süden ein kleineres Zimmer an und daran der romanische Turm, der in zwei Geschoßen Wohnräume beherbergt. Der bemerkenswerteste Raum des Schlosses ist das südwestlich gelegene Wohnzimmer, das mit einer wunderbaren Holzdecke ausgestattet ist, die sich ursprünglich, wie auch der Kachelofen, im Schloss Großkirchheim befand. Der West- und Osttrakt sind durch einen Gang verbunden, in dem sich auch der Kapellenturm befindet.

Außen bietet das Schloss ein unvergleichlich eigenwilliges Bild. Die Türme überragen die Mauerkrone der einzelnen Gebäudeteile. Durch die unterschiedlichen Höhen der verschiedenen Gebäudeteile fügt sich der Gesamtkomplex architektonisch raffiniert zusammen, sodass schöne Überschneidungen sichtbar werden, die den Reiz der Gesamtanlage ausmachen. Erker an der Südostecke lockern die Strenge der Fassade auf.

Gut Frauenstein, 9300 St. Veit a. Glan

Keine Besichtigung möglich

La Torre, Grabenstr. 39, 9300 St. Veit, Tel. 04212/39 250

Herzogsstadt St. Veit mit diversen Sehenswürdigkeiten und Veranstaltungen

16

Hotel Schloss Fuschl

Salzburg

Die malerische Landschaft, in die das heutige Schloss eingebettet liegt, wurde bereits in den ältesten Archiven als Jagd- und Fischereigebiet ausgewiesen. So dürfte auch zuerst ein Jägerhaus mit Nachtquartieren für bischöflich-fürstliche Jäger entstanden sein. Wurde dieses Jagdhaus erwähnt, so nur anlässlich der zu verrichtenden Reparaturen, und zwar unter den Namen „Fuschlhaus", „Herrenhaus am Fuschlsee" und „Schloss Fuschlsee".

(Abb. Seite 74)

Ganz genau lässt sich das Datum der Errichtung heute nicht mehr nachvollziehen, jedoch dürfte es Mitte des 15. Jahrhunderts gewesen sein. Alte Aufzeichnungen berichten um 1555 von einer Neueindeckung des Daches, ein weiteres Mal wird das „Herrenhaus am Fuschlsee" 1613 mit einem neuen Dach versehen.

Überlieferte Aufzeichnungen beschreiben das „Schloss Fuschlsee" als „Schloss, ein einfacher rechteckiger Bau, dreistöckig, mit je einem Erker im Süden, Westen und Osten, malerisch auf einer kleinen Halbinsel am Westende des Fuschlsees gelegen". Allein für die Pferdehaltung hatten die Thalgauer Bauern zusammen „drei Fuder Heu und zwei Fuder weißes Stroo" jährlich an das „Herrenhaus" zu liefern, „es schlage Schauer oder nit".

Um 1624 ist eine Prunkjagd unter **Paris Graf von Lodron** verzeichnet. Zu seiner Zeit erlebte das Schloss die größte Prachtentfaltung. Bei den Hofjagden der Salzburger Erzbischöfe sollen die Hirsche in den See getrieben, mit Booten verfolgt und dann erlegt worden sein.

Am 9. Juli 1694 schlug abends ein Blitz in das „Herrenhaus am Fuschlsee" ein, beschädigte das Dach, ohne jedoch einen Brand zu verursachen. Ein schlimmes Feuer wird am 6. April 1712 erwähnt.

1816 hatte die Auflösung des geistlichen Fürstentums Salzburg das Ende der bischöflichen Herrschaft zur Folge. Das Schloss ging 1833 in den **Besitz des österreichischen Kaiserhauses** über und verfiel zusehends, nachdem es nur noch den Förstern als Wohnsitz diente. Es folgten zwei Versteigerungen des „Kaiserlich-königlichen Schlosses" am 1. Mai und am 30. April 1833.

Ein pensionierter Postmeister aus Hof, Franz Anton Scherer, erhielt einen Pachtvertrag: Um 52 Gulden und 40 Kreuzer bewirtschaftete er das Anwesen bis Mai 1839. Von

1845 bis 1851 übernahm der k. u. k. Straßenbaukommissar Machauer als neuer Pächter das Schloss. Ab dem auslaufenden 19. Jahrhundert wechselten häufig die Besitzer; auch kursieren unterschiedliche Versionen: Um 1864 erscheint Michael Fink urkundlich als Privatbesitzer, dessen Eltern das Schloss gekauft haben sollen. Andere Unterlagen berichten, dass der königlich-bayrische Auditor Erl bereits 1860 das Schloss erworben und 1894 an seinen Sohn Oberst Alfred Erl weitervererbt hätte, der es bis 1910 auch besaß. Erl stattete das Schloss Fuschl mit einer Reihe von zum Teil wertvollen Gemälden und Möbeln aus. Der Heimatchronist Paul Eiterer beschreibt 1928 in „Die Chronik von Thalgau und seiner Umgebung" ungefähr 31 Gemälde aus Erls Sammlung, die in der Salzburger Kunsttopographie abgebildet und seit Ende des Zweiten Weltkrieges unauffindbar sind.

Im Jahre 1912 wurde Schloss Fuschl von Fritz Steinbacher aus München erworben, der es 1917 an die Brüder Eduard und Martin Mayer weiterverkaufte. In weiterer Folge ging das Schloss in das alleinige Eigentum von Eduard Mayer über. 1929 kaufte Gustav Nikolaus Edler von Remiz das Anwesen und gestaltete es weiter aus. 1938 wurde der Besitz enteignet, von Remiz verhaftet und deportiert.

Schloss Fuschl wurde beschlagnahmt und zu Gunsten des Gaus Ostmark eingezogen. In der Berliner Reichskanzlei erfolgte die Unterzeichnung für den „Kaufvertrag der Stiftung Haus Fuschl". Der neue Schlossherr, Reichsaußenminister Joachim von Ribbentrop, bezahlte 300.000 Reichsmark an die Stiftung. Im Gegenzug stand ihm das Schloss Fuschl für Repräsentationszwecke zur Verfügung. Damals sprach man von einer „Schenkung durch den Reichsgau Salzburg, um den Reichsaußenminister besonders zu ehren".

Von 1938 bis 1945 erhielt das Schloss erstmals Wasserleitungen in den Zimmern. Ab 1945 unterstand es der Militärregierung und diente in der Nachkriegszeit amerikanischen Soldaten als Erholungsheim, bis es an die Erben der letzten Eigentümer zurückgegeben wurde. Um 1950/51 erfolgte die Umgestaltung in ein Hotel. Als Pächterin scheint 1954 Hariet Walderdorff auf, die Besitzerin des Hotels „Goldener Hirsch" in Salzburg. In den Jahren 1957 und 1958 erlangte das Schloss Fuschl als Filmkulisse für die legendären Sissi-Filme mit Romy Schneider und Karlheinz Böhm Berühmtheit. Bis heute können Hotelgäste in der gleichen Suite wohnen wie seinerzeit Romy Schneider.

1958 erwarb Konsul C. Adolf Vogel aus München den Besitz und gestaltete ihn zusammen mit seiner Frau Winnie Markus zu einem Luxushotel um. Um 1967 baute

Konsul Vogel den Vorauhof zum heutigen Jagdhof um, in dem er ein sehenswertes Jagd- und Pfeifenmuseum unterbrachte, das jedoch 1993 abgebrannt ist. 1976 kam es zur Versteigerung. Neuer Eigentümer wurde die Max-Grundig-Stiftung mit Sitz in Nürnberg-Fürth. Am 20. Mai 1981 wurde das Schloss Fuschl wegen seiner kulturhistorischen Bedeutung unter Denkmalschutz gestellt.
1998 übernahmen die Rafael Hotels & Resorts das Hotel Schloss Fuschl. Mit 1. Jänner 2001 gingen die Hotel-Schloss-Fuschl-Betriebe vom Besitz der Max-Grundig-Stiftung in das Eigentum der Hotel Schloss Fuschl GmbH über.
Das Hotel Schloss Fuschl wird als Hotel der „Luxury Collection“ in Verbindung mit Starwood Hotels & Resorts Worldwide im Wege des Franchise durch die Arabella Sheraton Hotelmanagement GmbH geführt.
Ganz besonders zur Festspielzeit kommen jedes Jahr zahlreiche prominente Gäste aus dem In- und Ausland in den Genuss eines Aufenthaltes im Schloss, verbunden mit höchstem Servicestandard.

A 1 Westautobahn, Ausfahrt Thalgau, ca. 5 km Richtung Hof, dann links Bundesstraße 158 in Richtung St. Gilgen; A 10 Tauernautobahn, Ausfahrt Hallein in Richtung Hof
Hotel Schloss Fuschl, 5322 Hof bei Salzburg, Tel. 06229/22 53-0, Fax: 06229/22 53-531; schloss.fuschl@arabellasheraton.com, www.arabellasheraton.com

Restaurant im Hotel

Stadt Salzburg mit diversen Sehenswürdigkeiten, Operettenfestivals in Bad Ischl, Adventsingen im Salzburger Festspielhaus oder Mozarteum, Wolfgangsee, Bad Ischl, Keltenmuseum in Hallein, Salzbergwerk, Bergbahnen, Schifffahrten auf dem Wolfgangsee, Attersee und Mondsee; hoteleigener 9-Loch-Golfplatz, Kleinkaliber-Schießstände und Kegelbahnen, Beauty-Farm „La Via“ im Schloss Fuschl, Reithalle, Pferdeschlittenfahrten, Skischaukel Gaißau-Hintersee, Langlaufloipe in Hof-Faistenau, Eisstockschießen, Eissurfen

Schloss Gobelsburg

Niederösterreich

Bereits in prähistorischer Zeit war das Gebiet um das heutige Schloss Gobelsburg von Menschen besiedelt. Archäologische Grabungen förderten Gegenstände zu Tage, die heute im Schlossmuseum von der weit zurückreichenden Geschichte dieses Gebietes zeugen.

Die erste urkundliche Erwähnung ist mit 1074 überliefert und nennt den Kuenringer Azzo de Gobatzburich als Zeugen in einem Schenkungsvertrag. Diese historische Persönlichkeit findet sich mehrmals, unter anderem im Stammbaum der Kuenringer in der Bibliothek des Stiftes Zwettl. Bis zum Ende des 12. Jahrhunderts blieb die damalige Burg im **Besitz der Kuenringer**, ehe sie durch Heirat an die Familie von Feldsberg ging. 1440 erwarben die Habsburger die Herrschaft Gobelsburg. Ein Blick in die Geschichte des Schlosses Gobelsburg zeigt sehr instabile Besitzverhältnisse. Insgesamt waren es 18 Adelsgeschlechter seit den Kuenringern, bis 1693 Otto Ferdinand Freiherr von Hohenfels die Herrschaft übernahm. 1740 gelangte sie schließlich in den Besitz des **Zisterzienserstiftes Zwettl**, das ab 1958 eine Generalrestaurierung durchführte.

Heute präsentiert sich das Schloss als zweigeschoßige, vierseitige Anlage mit einem mächtigen Mansardwalmdach und einem hohen Sockel, der das Gebäude dem ansteigenden Niveau anpasst. Die Hauptfassade des dreizehnachsigen Südtraktes mündet in einen fünfachsigen Mittelrisaliten. Ein feiner Bandelwerkstuck zeugt vom guten Geschmack der Baumeister und unterstreicht den herrschaftlichen Eindruck. Am Mittelteil befindet sich ein übergiebeltes Portal mit seitlichen Pilastern und dem Zwettler Stiftswappen. Besonders reizvoll gestaltet sich der Hof, dessen von Lisenen gegliederte Fassade zwar einfach, aber nicht provinziell wirkt. Ein vorgelagerter, die Dächer überragender Mittelpavillon verfügt über drei hochgezogene Fenster mit darüber liegenden querovalen Oculi. In die Überhöhung dieses Pavillons ist eine Sonnenuhr eingelassen, die mit 1743 bezeichnet wird. Über ein dreiläufiges Treppenhaus mit einem schmiedeeisernen Gitter aus der Mitte des 18. Jahrhunderts gelangt man in das Obergeschoß des Schlosses.

Im Südtrakt befinden sich die **Prunkräume**, die mit schönen Stuckaturen ausgestattet sind. Die in der Südwestecke gelegene Kapelle mit stuckierter Flachdecke zeigt im „Spiegel“ mit ovalem Rahmen ein

Ölbild des Kremser-Schmidt, das die Geburt Christi darstellt. Das Altarbild des um 1769 gestalteten Hochaltares ist dem zweiten Stifter des Zisterzienserordens gewidmet, dem heiligen Bernhard. Auch dieses Gemälde stammt aus der Hand des großen österreichischen Barockmalers Martin Johann Schmidt aus der Mitte des 18. Jahrhunderts. Die Räume im Obergeschoß sind durchwegs mit Laub- und Bandelstuck versehen. Die Decken des Südtraktes zeigen darüber hinaus stuckierte oder gemalte Szenen der römischen und griechischen Mythologie. Bemerkenswert sind ferner die Kachelöfen aus der zweiten Hälfte des 18. Jahrhunderts, die teilweise mit vergoldetem Bandelwerkdekor geschmückt sind.

In den 70er-Jahren des vergangenen Jahrhunderts gelang es, den **Weinanbau** rund um das Schloss Gobelsburg zu kultivieren. Die Weinbautradition reicht nachweislich zurück bis in das 12. Jahrhundert. Heute werden insgesamt ca. 35 ha bewirtschaftet. Ziel ist es, authentische Weine in den alten Kellern von Schloss Gobelsburg reifen zu lassen, deren Persönlichkeit durch Individualität und durch ihre Herkunft geprägt ist. Der Wein, als Visitenkarte einer Region, versteht sich als Verbindung zwischen Vergangenheit und Gegenwart.

A 1 / S 33 Ausfahrt Krems / B 34
Schloss Gobelsburg, Schlossstraße 16, 3550 Gobelsburg, Tel. 02734/24 22, Fax: 02734/24 22-20; schloss@gobelsburg.at, www.gobelsburg.at

Mai–Okt., Mo–Fr 10–12 Uhr und 13–18 Uhr; Sa, So, Fei 11–17 Uhr; Kellerführungen gegen Voranmeldung

Historische Räumlichkeiten, Kapelle, Weinkeller

Schloss Goldegg

Salzburg

In einer Zeit, in der der Mensch durch den Stress des Alltags geplagt ist, sucht er immer wieder nach Orten, wo er Ruhe findet. In Seminaren und vertiefenden Veranstaltungen versuchen Unternehmen ihre Mitarbeiter speziell zu schulen und zu motivieren. Einer der Orte, an denen solche Seminare in Harmonie mit der Natur stattfinden können, ist Goldegg. Das gleichnamige Schloss, im Salzburger Land gelegen, erhebt sich an den Ufern eines malerischen Sees. Allein diese landschaftliche Idylle verspricht Erholung und gesteigerte Konzentrationsfähigkeit.

(Abb. Seite 75)

Schon im Mittelalter befand sich an dieser Stelle eine Burg, die zur Sicherung der Straße, die vom Pongau in den Pinzgau führte, diente. Erst durch die Verlegung dieser Straße in der ersten Hälfte des 16. Jahrhunderts verlor das Bauwerk seinen kriegerischen Charakter. Bereits im 12. Jahrhundert galten die Herren von Goldegg, Ministerialen des Erzbistums Salzburg, als politisch äußerst einflussreich und vermögend. Im Streit zwischen Friedrich dem Schönen von Österreich und Ludwig von Bayern um die deutsche Königswürde ergriffen die Goldegger die Partei des Bayern, während der Erzbischof (Friedrich von Salzburg) die Interessen Österreichs unterstütze. Nach der Schlacht von Mühldorf 1322, in der die Bayern unterlagen, ließ der Erzbischof die Goldegger Burg schleifen. Allerdings war der Kirchenfürst gnädig und erlaubte den Goldeggern schon im darauf folgenden Jahr die Errichtung einer neuen Burg. Auf diese Zeit kann Schloss Goldegg sein heutiges Aussehen zurückführen, das mehr einer Burg gerecht wird als einem Schloss.

Nach mehreren Besitzerwechseln gelangte Goldegg schließlich in den **Besitz der Fürsterzbischöfe** von Salzburg. Die bäuerliche Bevölkerung schien diesen Besitzerwechsel nicht zu goutieren, denn es kam zu einer offenen Revolte, die der Landesherr blutig niederschlagen ließ. 1481 erfolgte der neuerliche Verkauf der Burg an Wilhelm Graf. Durch besondere Verdienste um das Erzbistum gelangte die Familie zu hohem Ansehen und Reichtum. Nach 1526 begann man mit dem großzügigen Ausbau des Schlosses, das nun ständiger Wohnsitz der Familie sein sollte. Während dieser Tage entstand auch der prächtige **Rittersaal**, der heute zu den bedeutendsten Sälen dieser Art in Österreich zu zählen ist. Christoph Graf der Jüngere verschuldete sich schwer und verlor schließlich das Lehen. 1612 zog Erzbischof Wolf Dietrich von Raitenau die Burg als Lehensheimfall ein. Auf Goldegg wurde schließlich ein Pfleger eingesetzt, der sich um die laufenden Geschäfte zu kümmern hatte. Während des 18. Jahrhunderts diente das Schloss nicht nur als Sitz des Pflegers, sondern war auch ein kulturelles Zentrum, das sich als Keimzelle gesellschaftlichen Lebens verstand. Die nachfolgende Zeit gestaltete sich für das Bauwerk sehr abenteuerlich. Zunächst war es Rentamtsgebäude, sodann in der Zeit der Nationalsozialisten ein RAD-Mädchenlager. 1959 erwarb die Erzdiözese Salzburg das Gebäude, in deren Besitz es sich bis 1973 befand. In dieser Zeit war hier der Sitz eines Exerzitien- und Jugendheimes. Schließlich gelangte das Schloss in den Besitz der Gemeinde, die es als Kongress- und Seminarzentrum umbauen ließ.

Der bemerkenswerteste Raum ist zweifelsohne der **Rittersaal**, der durch seine Ausmalung zu den beachtenswertesten historischen Räumlichkeiten des Landes zählt. 60 Wappen zieren den Plafond des Saales und repräsentieren den Aufbau des Deutschen Reiches: Jeweils vier Vertreter eines Standes symbolisieren die Gesamtheit. In den Hohlkehlen sind neben den acht salzburgischen Sufraganbistümern und zwei großen Klöstern die 24 Mitglieder des Domkapitels und 38 Angehörigen des Salzburger landständischen Adels vertreten.

Die Wände des Rittersaales sind zur Gänze mit **Fresken** bedeckt. Die Ostwand kann in ihrem Programm als Huldigung der Herren von Goldegg an die weltliche Obrigkeit verstanden werden. Zwischen reichen Tier- und Blattornamenten ist über dem nördlichen Fenster in einem Rundmedaillon Samson mit der Tempelsäule dargestellt, über dem südlichen erblickt man zwischen Schalen und Füllhornornamenten Justitia mit Waage und Schwert. In den Zwickeln des nördlichen Fensters sind symbolisch die Freuden und das Joch des Ehelebens wiedergegeben. Darunter seitlich der Fenster Herkules mit dem Löwen und Dejanira mit dem Blattkranz. In der rechten Fensternische schließen tanzende Amoretten bzw. Tanzbärszenen an. Eine Holzvertäfelung verkleidet die darunter liegende Mauer, als Technik wurde Temperamalerei gewählt, um die Planetengötter darzustellen. Von den ursprünglich sieben Feldern sind allerdings nur mehr drei mit Darstellungen ausgefüllt. Zwischen den Fenstern der Ostwand stehen Saturn und Jupiter, an der Südwand setzt sich die Reihe der Götter mit Sol fort. Mars, Venus, Merkur und Juno sind leider verloren gegangen. In den Fensternischen lassen sich Tafeln mit den so genannten drei guten Heiden erkennen: Hektor, Alexander der Große, Julius Cäsar. Darüber hinaus drei gute Christen: Karl der Große, König Artus und Herzog Gottfried. Weiters drei gute Christinnen: Helena, Brigitta und Elisabeth. Und die drei guten Juden: Josua, König David und Judas Makkabäus. Schließlich sind noch die drei guten Jüdinnen dargestellt: Esther, Judith und Rahel. Die Vorlagen für dieses reiche Bildwerk lieferte der bedeutende Grafiker Hans Purkmair (1473–1531). Die gegenüberliegende Westwand ist in der farblichen Komposition sehr frisch gehalten. In der Sockelzone lassen sich Lilien und eine gemalte Tapete erkennen. Auch reiche Tierdarstellungen sind in das Gesamt eingebettet. Darüber ist auf der einen Seite der Kampf des jungen David mit dem Riesen Goliath dargestellt, während die andere dem Thema des Christophorus gewidmet ist. Das Wasser, das der Heilige durchschreitet, nützte der Künstler, um hier die Tierwelt des Meeres bildlich zu verewigen.

Schloss Goldegg, das nach außen hin sehr unscheinbar wirkt, ist allemal einen Besuch wert; für den Kunsthistoriker wegen der einmaligen Gestaltung des Rittersaales, für den Stillesuchenden wegen des reizvollen Ambientes und des attraktiven Angebotes eines **Seminarzentrums**.

Schloss Goldegg, Hofmark 1, 5622 Goldegg,
Tel. 06415/82 340, Fax: 06415/82 344;
schlossgoldegg@aon.at; www.schlossgoldegg.at

VIA IMPERIALIS
Burgen • Schlösser • Stifte Österreichs

1. Mai–30. Sept.: Do und So 15 Uhr und 16 Uhr; Juli zusätzlich: Di 15 und 16 Uhr, Aug.: täglich geöffnet von 10–12 und 15–18 Uhr (1. Okt.–30. April: Do um 14 Uhr)

Café im Schloss, Tel. 06415/83 75
Hotel Zur Post, 5622 Goldegg, Tel. 06415/81 030

Ständige Ausstellungen, Kultur- und Seminarzentrum, Malakademie, „Fotosafari" und „Kreativwerkstatt" für Kids auf Schloss Goldegg; „Eisriesenwelt", Gastein, „Waggerl-Haus" Wagrain, Wandern von See zu See

19

Schloss Grafenegg

Niederösterreich

Die englischen Schlösser mit ihren weiten Parkanlagen sind Symbole des adeligen Lebens im britischen Königreich. Als Zeichen des Wohlstandes und feudaler Hofhaltung stehen sie gleichsam für Tradition und deren Pflege. Wie einem englischen Reiseprospekt entnommen, liegt Schloss Grafenegg in einem Landschaftspark nahe der niederösterreichischen Stadt Krems. Dieses Schloss zählt zu den bedeutendsten Beispielen romantischer Palastarchitektur des 19. Jahrhunderts.

(Abb. Seite 75, 76)

Schon 1294 bestand hier eine Ansiedlung namens Espersdorf mit einer Mühle und einem Wirtschaftshof. Da scheinbar die Nachbarn sehr streitsüchtig waren, zog sich bald eine Mauer rings um das Gebäude, um es vor Übergriffen zu sichern. In der zweite Hälfte des 15. Jahrhunderts übernahm Ulrich von Grafeneck die Herrschaft und verlieh ihr den Namen seiner Familie. Später in kaiserlichem Besitz, gelangte das Schloss 1738 in das Eigentum der **Grafen Breuner**. Diese Familie sollte in der Geschichte von Grafenegg eine bedeutende Rolle spielen. Aber noch war es nicht so weit. Am Ende des 15. Jahrhunderts erfolgte ein umfangreicher Um- und Neubau, der aus dem Schlösschen einen repräsentativen Herrensitz machte. Ein Stich von 1672 gibt eine vierflügelige Anlage mit massigen Mauern und hoch aufragendem Turm mit Zwiebelhelm wieder. Ein Wassergraben umzog die Anlage. Eine mächtige Brücke spannte sich über den Graben. An den Ecken vorspringende Wallhäuser dienten der Aufstellung von Kanonen. Auch innen dürfte, so berichten zeitgenössische Quellen, eine sehr reiche Möblierung für ein feudales Aussehen gesorgt haben.

Den Höhepunkt seiner Entwicklung erlebte Schloss Grafenegg aber schließlich Mitte des 19. Jahrhunderts, als sich Graf August Ferdinand von Breuner zu einer generellen **historistischen Neuschöpfung** des Schlosses entschied. Er konnte den späteren Dombaumeister von St. Stephan, Leopold Ernst, als Baumeister gewinnen. Ernst bemühte sich um eine effiziente Einbeziehung der alten Bausubstanz, schuf aber dennoch durch das Hinzufügen von Treppengiebeln, Arkaden und gotisierenden Elementen einen vollkommen neuen Gesamteindruck.

Mittelpunkt des Bauwerkes wurde der **Rittersaal**. Die prachtvolle und äußerst geschmackvolle Ausstattung des Saales wurde nach 1945 schwer beschädigt. Eine prächtige Kassettendecke mit hellgrauen Rankenornamenten auf blauem Grund sowie farbigen Zapfen und plastischen Früchtearrangements überspannte den Raum. Die Wände zierten prächtige Ledertapeten mit Hibiskusblüten und Rankenornamenten. Gewissermaßen als eine Hommage an das Leben mag die Vielfältigkeit vorkommender Elemente bewertet werden.

Auch innerhalb des Hauses können englische Vorbilder nicht geleugnet werden. Das Stiegenhaus, das lichtdurchflutet den Besucher nach oben geleitet, ist gleichsam eine Verneigung vor den ritterlichen Tugenden. Eine Ritterfigur am untersten Brüstungssockel steht allegorisch für das ritterliche Ideal, während Bauherr und Baumeister sich in Porträtbüsten darstellten. Im Westen schließt sich an den Rittersaal der so genannte **Wappensaal** an, dessen geschnitzte Holzdecke die 128 Wappen der Ahnen der Gräfin Agathe Maria Breuner trägt. Bis 1864 setzte sich die Bautätigkeit innerhalb des Schlosses fort.

Als bedeutendster Raum neben dem Rittersaal ist die **Schlosskapelle** zu werten, in deren Mittelpunkt der spätgotische Flügelaltar durch seine qualitätvolle Ausführung besticht. Der Schrein des Altares und die Innenseiten der Altarflügel greifen marianische Themen auf, während die Außenseiten die Vita des heiligen Sebastian erzählen. An den Seiten sind vier Tafelbilder ebenfalls aus der Zeit der Gotik angebracht. Die restliche Ausstattung ist dem 19. Jahrhundert zuzuordnen. Die Nordfassade des Schlosses wirkt einigermaßen verspielt und integriert Giebel, Erker und groteske Wasserspeier. Gotische Stilelemente vermögen die Strenge zu brechen und verleihen der Gesamtarchitektur einen nahezu schwebenden Charakter. Beeindruckend ist der mächtige Turm.

Mitte der 60er-Jahre des 19. Jahrhunderts kamen die Arbeiten zum Stillstand. Erst 1877–88 erfuhr ein hallenartiger **Gartensaal** seine Vollendung. Ebenso entstanden im Osten die Räume der Bibliothek, in denen sich ehemals reiche Bücherbestände befanden. Nach dem Zweiten Weltkrieg sind diese Bücher spurlos verschwunden. Es ist anzunehmen, dass sich die Besatzungsmächte an ihnen vergriffen und so ein bedeutendes Stück Kultur vernichtet haben. 1872 setzte man die Vollendung der Räume der Beletage fort. Das Schreibzimmer der Gräfin wurde mit Schablonenmalerei auf blauem Grund ausgestattet. An Arbeiten des 16. und 17. Jahrhunderts angelehnt sind die renaissancezeitlich anmutenden Türen. Auch die restlichen Räume des Schlosses sind in ihrer Art äußerst reizvoll gestaltet und erzählen vom Bemühen des Er-

bauers, die Harmonie des Kunstgeschmackes mit dem Zweck der Wohnkultur zu verschmelzen.
Nach dem Zweiten Weltkrieg brachte die Stationierung der Besatzungssoldaten große Zerstörung über das Schloss. Gleich Vandalen hausten die Soldaten und zerstörten vieles an wertvollem Interieur. 1955 erfolgte nach Abschluss des Staatsvertrages die Rückstellung der Gebäude an ihre rechtmäßigen Besitzer, die **Fürsten von Metternich**. Eine groß angelegte Revitalisierung brachte am Ende der 60er-Jahre des 20. Jahrhunderts ein neues Aufblühen des Schlosses mit sich.
Bemerkenswert ist in Grafenegg der **riesige Park**, über dessen Ursprünge heute nicht mehr viel bekannt ist. Der älteste Grundriss befindet sich im so genannten Franziszeischen Kataster aus dem Jahre 1823. Ursprünglich verfügte der Park über einen hohen Anteil von Nutzflächen wie Äcker, Weiden, Wiesen, Obst- und Gemüsegärten, zwischen denen sich Abschnitte befanden, die man als „Lustgarten" bezeichnete. Es liegt auf der Hand, dass nicht nur die Architektur des Schlosses, sondern auch die Konzeption des Gartens an englischen Vorbildern orientiert ist. Graf August Ferdinand Breuner war auf die Vielfalt der Hölzer bedacht, die eine abwechslungsreiche Gartengestaltung garantierten. Auch exotisches Pflanzenwerk trug zum Reiz dieser landschaftlichen „Schatzkammer" bei.
Heute ist Grafenegg längst zu einem Begriff innerhalb der Kulturwelt geworden und der so genannte Grafenegger Advent hat sich als eine der stilvollsten Großveranstaltungen im niederösterreichischen Kulturleben etabliert.

Metternich'sches Schloss Grafenegg,
3485 Grafenegg, Tel. 02735/22 05-14,
Fax: 02735/22 05-10; kultur@grafenegg.at,
www.grafenegg.at

VIA IMPERIALIS
Burgen • Schlösser • Stifte Österreichs

Schlossbesichtigung und Ausstellung April–Okt., täglich außer Mo, 10–17 Uhr; Führungen für Gruppen ab 20 Personen gegen Voranmeldung

Restaurant & Hotel Grafenegg Mörwald, Tel. 02735/26 16
Restaurant „Zur Traube", Tel. 02738/22 98

Metternich-Sándor Schlossweingut, 3491 Straß/Straßertal, Talstraße 162, Tel. 02735/23 93; Schlosskonzerte von Mai bis Oktober, Grafenegger Advent, Weinbau- und Fassbindereimuseum, Vinothek der Straßer Winzer, Feuerwehrmuseum in Straß, Fossilienschauraum in Oberholz, Lorettokapelle, germanisches Gehöft in Elsarn

Schloss Greillenstein

Niederösterreich

Eine erste Erwähnung einer kleinen Wehrburg im Besitz der Familie der Grellen, von der sich der Name „Greillenstein" ableiten lässt, stammt aus dem 12. Jahrhundert. Wehrburgen fand man in grenznahen Siedlungsgebieten wie dem Waldviertel sehr häufig.

Nach dem Aussterben der Grellen um 1313 ging der Besitz an die Familien Dachpeckh und Volkra über, bis **Hans Lorenz von Kuefstein** die Burg im Jahre 1534 durch Kauf erwarb.
Bereits unter dem Sohn Hans Lorenz' von Kuefstein, Hans Georg III., der in Niederösterreich Vicedom (Landeshauptmann-Stellvertreter) und Vertreter der protestantischen Stände war, wurde die Wehrburg Greillenstein abgerissen und in den Jahren 1570 bis 1590 das prächtige **Renaissanceschloss** erbaut, das in seinen Ausmaßen unverändert erhalten geblieben ist. Das Schloss diente dem Erbauer und seinen Nachfolgern weniger als Wohnsitz, sondern primär zu Repräsentationszwecken und als Amtsgebäude einer großen Grundherrschaft. Im Rahmen des im 16. und 17. Jahrhundert üblichen Konzentrationsprozesses des adeligen Herrschafts- und Grundbesitzes kaufte Hans Georg III. Freiherr von Kuefstein 1576 Schauenstein und legte die drei benachbarten Grundherrschaften Schauenstein, Greillenstein und Feinfeld zusammen.

Die protestantische Gesinnung der Kuefsteins gab in der Reformationszeit immer wieder Anlass für nachbarliche Fehden mit dem Benediktinerstift Altenburg. Trotz ihres protestantischen Glaubens blieb die Familie jedoch stets dem Kaiser ergeben und bekleidete hohe Stellen in der Verwaltung und im kaiserlichen Heer, eine Auszeichnung, die nur ganz wenigen protestantischen Familien zuteil wurde.
Bereits drei Jahrzehnte nach Fertigstellung des Renaissanceschlosses begann der Dreißigjährige Krieg, von dem auch das nördliche Waldviertel nicht verschont blieb. Glücklicherweise wurde Greillenstein jedoch niemals zerstört oder gebrandschatzt. Nach den kaiserlichen Truppen zogen um 1645 auch schwedische Truppen durchs Waldviertel. Greillenstein blieb aber von Übergriffen verschont.
Das 18. Jahrhundert brachte der Region lange Jahre des Friedens und Wohlstandes und so konnte auch Hans Leopold Graf von Kuefstein nach seiner Vermählung mit Maria Franziska Gräfin Kollonitsch im Jahre 1720 dem Schloss durch har-

monische Veränderungen und Ergänzungen im barocken Stil ein neues Gesicht geben.
Einen schweren Schlag erlitten Schloss und Grundherrschaft allerdings am Beginn des 19. Jahrhunderts. Durch die Einquartierung und somit auch Verpflegung französischer Truppen (383 Stabs- und Oberoffiziere mit 639 Dienern, Unteroffizieren, Gemeinen und 1404 Pferden) von Juli bis Dezember 1809 wurde nicht nur ein Großteil der Möbel zerstört, sondern auch die Vorräte der Grundherrschaft erschöpft.
Nach der Grundablöse im Revolutionsjahr 1848 und der Auflösung der Grundherrschaften verlor das Haus seine Aufgabe als Amtsgebäude und seine Besitzer eine wesentliche Einkommensquelle. Die oftmalige Abwesenheit der Besitzer – wie bereits in der Vergangenheit waren viele Kuefsteins im diplomatischen Dienst tätig – führte jedoch dazu, dass in Greillenstein die **Originaleinrichtungen des Gerichtssaales und die der Registratur** erhalten blieben. Auch die noch folgenden Kriege – 1866 zogen preußische Truppen durch das Waldviertel und in der Besatzungszeit nach dem 2. Weltkrieg waren von 1945 bis 1948 russische Truppen in der Schlosstaverne und im Maierhof stationiert – überstand Greillenstein unversehrt. Bis in die Sechzigerjahre war das Schloss, das auch heute noch im Privatbesitz der Familie Kuefstein ist, privat bewohnt; dann entschied man sich, das Haus als Museum zu öffnen und Besuchern ein lebendiges Bild des Lebens und des Verwaltungswesens vom mittelalterlichen Lehenssystem bis zum Jahre 1848 zu vermitteln.
Die gut erhaltenen Renaissanceräume der Registratur und des Gerichtssaales zeigen eine einfache Holzdecke und einen Kalksandboden aus der Erbauungszeit des Schlosses. Die Einrichtung dieser beiden Räume ist nach 1848 erhalten geblieben und dokumentiert Rechte und Pflichten einer Grundherrschaft. (Neben Verwaltungsunterlagen sind in den Räumen auch die Kriminal- und Polizeiakten aufbewahrt.) Gerichtsverhandlung und Urteilsspruch erfolgten im Gerichtssaal an der Gerichtsschranke, welche die einzig erhalten gebliebene in Österreich ist. (Die Kuefsteins bekamen 1634 durch Kaiser Ferdinand II. die hohe Gerichtsbarkeit und damit das Recht, Todesurteile zu verkünden und zu vollstrecken.)
Vom Gerichtssaal führt der Weg in den Vorraum der **Kapelle**, die im ersten Turmgeschoß untergebracht ist. Der Vorsaal hat eine schöne Wölbung mit gut erhaltenem Renaissancestuck. Die Türflügel zur Kapelle zeigen das Kuefstein'sche und das Puechhaim'sche Wappen, datiert mit 1604. Der Altar, ein Werk österreichischer Renaissancekunst mit gotischen Nachklängen, trägt das gleiche Datum. Ebenfalls aus dieser Zeit stammen die Kanzel

und das Taufbecken. Bis zum Übertritt der Kuefsteins zum Katholizismus während des Dreißigjährigen Krieges wurden in der Kapelle von einem protestantischen Pastor evangelische Gottesdienste gehalten.

Angrenzend an die Kapelle befindet sich die große **Bibliothek**, die durch sechs Fenster erhellt wird. Ursprünglich war der Raum mit einer kostbar geschnitzten Renaissancedecke geschmückt, diese wurde jedoch gemeinsam mit den Wandvertäfelungen Anfang des 19. Jahrhunderts von den Kunstberatern Kaiser Franz' I. für die damals in Bau befindliche Franzensburg in Laxenburg als Leihgabe angefordert. Die etwa 7000 Bücher stammen primär aus dem 19. Jahrhundert und umfassen verschiedene Themenbereiche, vor allem Literatur und Geschichte. Erwähnenswert ist auch die Sitzgarnitur (1620), die noch die originale Stoffbespannung aufweist. Die kleine, auch „alte" Bibliothek genannt, da hier die älteren Bücher aus dem 17. und 18. Jahrhundert aufbewahrt werden, vermittelt mit den Möbeln aus dem 17. Jahrhundert ein Bild der damaligen Wohnkultur. Die Besonderheit dieses Raumes ist die zweimal mit 1590 datierte, bemalte Holzdecke. Sie ist in 25 quadratische Felder geteilt, auf welchen kleine Landschaftsbilder oder mythologische Szenen mit Grotesken und Arabesken im italienischen Stil umgeben sind.

Auch aus dem so genannten **Türkensaal** wurden die aus der Renaissancezeit stammende Originaldecke, Tür- und Wandverschalungen sowie der Ofen 1807 in die Franzensburg nach Laxenburg gebracht. Die jetzt zu sehende Decke (aus der Zeit um 1650) stammt aus Schloss Viehofen bei St. Pölten und gibt dem Raum eine gute Akustik, die ihn für öffentliche Konzerte geeignet werden lässt.

Neben den Repräsentationsräumen findet sich im unteren Hof eine **Badeanlage** aus der Bauzeit des Schlosses um 1590, die in ihrer Art beispiellos für einen Herrensitz wie Greillenstein in Österreich ist. Sie besteht aus einem holzvertäfelten Umkleideraum, einem Raum für Warmbäder und einem für den Kaltguss.

3592 Schloss Greillenstein, Tel. 02989/80 80-0, 82 16-0, Fax: 02989/80 80-13; schloss.greillenstein@aon.at; www.schloss.greillenstein.at

1.4.–31.10. täglich 9.30–17 Uhr, 1.7.–31.8. täglich 9.30–18 Uhr, 1.11.–31.3. Gruppen gegen Voranmeldung

Gasthaus Eisenhauer, 3591 Fuglau 33, Tel. 02989/82 62, 0664/50 07 901; Mi Ruhetag

Konzerte

21

Greinburg

Oberösterreich

Von jeher galt die Donau, die Ober- und Niederösterreich sowie Wien durchzieht, als eine der bedeutendsten Handelsadern Österreichs. Der gefährlichste Abschnitt des Stromes zwischen Passau und Wien ist der Eingang zum so genannten Strudengau auf der Höhe des Ortes Grein.

Die Blütezeit der Greinburg war nicht das Mittelalter mit seinen Fehden und Auseinandersetzungen, sondern die Zeit des beginnenden Schlossbaus im 15. Jahrhundert. Schon 1488 erlaubte Kaiser Friedrich III. den Bürgern Heinrich und Sigmund von Prüschenk, ein Schloss zu errichten. Diese Urkunde enthält eine der ältesten Nennungen des Wortes „Schloss". Somit erhebt die Greinburg mit Recht den Anspruch, das **älteste Schloss Österreichs** zu sein. Kaiser Friedrich begünstigte die Brüder, die innerhalb seines Reiches hohe Ämter und Würden erlangten und sich als außergewöhnlich geschäftstüchtig erwiesen. Sie trieben zu Werfenstein und Sarmingstein die Maut ein, erwarben 1490 Burg Rannariedl zwischen Passau und Eferding und veräußerten die Sperrfestung sechs Jahre später zum dreifachen Preis an Kaiser Maximilian. Dass die Brüder bei solcher „Geschäftemacherei" zu einem beträchtlichen wirtschaftlichen Kapital kamen, ist denkbar.

Mit den Einnahmen dieser Transaktionen finanzierten sie den Ausbau ihres Schlosses über Grein, das 1493 im Nordflügel vollendet war. Zwar hatte das Schloss immer noch einen gewissen wehrhaften Charakter, trotzdem entzog sich die Bauform wesentlich dem Grundschema einer Burg. Nicht mehr Bergfried, Palas und Zwinger bestimmten das Aussehen, sondern eine vierflügelige Anlage, mehr von repräsentativer und administrativer Zweckmäßigkeit geprägt. Gewaltige Ausmaße hatte der **Innenhof** mit 36 Metern Länge und 20 Metern Breite. Die toskanischen Säulen wurden erst 1621 hinzugefügt. Heute sind diese Arkaden dominiert von Jagdtrophäen.

Der eindruckvollste Raum des Schlosses ist der so genannte **Rittersaal**, dessen riesige Fenster den Blick zur Donau freigeben. Mit 30 Metern Länge, 16 Metern Breite und 14 Metern Höhe gilt der Saal als eine der imposantesten Schöpfungen österreichischer Schlossarchitektur. Eine stattliche Anzahl großformatiger Ölgemälde bildet den Wandschmuck.

An Bedeutung wird der Rittersaal allerdings durch die **„Halle mit dem Zellengewölbe"** übertroffen. Diese Art Gewölbe ist äußerst selten und zeigt eine scharfe Durchdringung der Grate, die Zellen über rautenförmigem Grundriss entstehen lassen. Arnold von Westfalen gilt als Erfinder dieser Gewölbeform. Dass der Gedanke, ein Schloss zu errichten, nicht ursprünglich österreichisch war, belegt diese Form der Gewölbestruktur, denn erstmals ist diese Art des Deckendekors in der Albrechtsburg in Meißen zu sehen. Ebenso stammt der Baumeister dieser vorzüglichen Anlage, Hans von Cöllen, aus dem Meißner Raum. Heute befindet sich das bemerkenswerte Haus in Besitz der Sachsen-Coburg-Gotha'schen Stiftung.

In den Räumlichkeiten ist ein **Schifffahrtsmuseum** untergebracht, das eine Vielzahl von lehrreichen Exponaten besitzt. Die Sammlungen beschäftigen sich nicht primär mit der Schifffahrt auf der Donau, sondern widmen sich auch dem Schiffsverkehr auf den Nebenflüssen, wie etwa der Traun und der Enns, wo der Handel mit Salz und Erz von Bedeutung war.

Schloss Greinburg, Coburg'sche Forstverwaltung, 4360 Grein im Strudengau, Tel. 07268/70 07, 07268/511

1. Mai–31. Okt., Mo geschlossen, Di–So 9–12 und 13–17 Uhr

Hotel-Restaurant Goldenes Kreuz, Stadtplatz 8, 4360 Grein, Tel. 07268/316-0

Schifffahrtsmuseum

Burg Güssing

Burgenland

Zu Recht trägt das östlichste Bundesland Österreichs den Namen Burgenland. Auf vielen der Hügel der sanften Landschaft erheben sich Schlösser oder Burgen, die von einer umkämpften Geschichte erzählen. Obwohl das Burgenland noch nicht lange zu Österreich gehört, ist hier ein wesentlicher Grundstein einer Kultur gelegt, die heute Teil der österreichischen Tradition ist.

(Abb. Seite 78)

Um 1150 befand sich auf dem Burghügel bereits eine bescheidene Holzburg, die wenige Jahre später als **Benediktinerkloster** gestiftet wurde. Das Kloster konnte aber nicht lange gedeihen, denn die ungemein günstige Lage war prädestiniert für einen militärischen Beobachtungsposten. Kurzerhand wurden die Pforten des Klosters geschlossen und mit dem Ausbau der Burg begonnen. Schon 1198 erfolgte die Nennung der Festung als „Novum Castrum“. Sie galt als einer der wichtigsten Verteidigungspunkte entlang der ungarischen Westgrenze.

Obwohl es zwischenzeitlich kleinadelige Besitzer gab, verblieb die Herrschaft bis 1391 im Besitz der Krone. Streitigkeiten zwischen Kaiser Friedrich III. und Matthias Corvinus um den ungarischen Thron veränderten mehrfach die Besitzverhältnisse, bis schließlich am 30. Juni 1524 **Franz Batthyány** als neuer Herr über Güssing auftrat. Die Ursprünge der Batthyánys reichen bis ins 12. Jahrhundert zurück. Ein rascher Aufstieg etablierte die Familie unter den vermögendsten Grundbesitzern des Landes. Nachdem der Geist des Protestantismus innerhalb der Mitglieder der Familie Batthyány auf fruchtbaren Boden fiel, wurde Güssing immer mehr zu einem Mittelpunkt der neuen Lehre. Während dieser Zeit veränderte sich am Aussehen der Festung kaum etwas. Die Modernisierung der Waffentechnik führte schließlich dazu, dass Güssing seine hochkarätige militärische Bedeutung verlor. Die Waffen mussten abgeliefert werden und 1777 wurde das letzte Geschütz entfernt. Die hohen Erhaltungskosten führten dazu, dass man einen Teil der Mauern abtrug.

Obwohl viele Teile des alten Burgareals und des Verteidigungssystems heute nicht mehr erhalten sind, vermittelt die gesamte Anlage aber dennoch einen imposanten Eindruck.

Innerhalb der Verteidigungsanlagen spielte die so genannte **Kanonenhalle** eine wesentliche Rolle. Beeindruckend sind die viereckigen Säulen, die das tragende Element der Halle darstellen. Große Öffnun-

gen im Gewölbe sowie ein Gang, der sich um die gesamte Halle zieht, sind charakteristisch für dieses skurrile Bauwerk. Heute noch erlaubt der gewaltige Burghof einen Einblick in die einstigen Dimensionen der Wehranlage. Vom ehemaligen Benediktinerkloster zeugen heute noch Mauerreste, während sich im Westen und Norden des Burghofes die Wohnbereiche der Festung befanden, die nicht nur oberirdisch, sondern auch unter der Erde angelegt waren.
Auffallend ist der direkt an den Felsen angebaute **Witwenturm**, der seine Wehrfunktion nach Westen hin erfüllte. Im oberen Bereich befanden sich Wohnräume, die der Unterbringung der Witwe des Burgherrn vorbehalten waren. Heute ist es möglich, innerhalb dieses Witwenturmes die lukullischen Genüsse des Burgenlandes kennen zu lernen. Ein Restaurant rundet das Gesamtangebot ab und lädt in stilvollem Ambiente zum Verweilen ein. Das Zentrum des Burghofes bildet der 120 Meter tiefe, aus Basaltstein gehauene **Brunnen**. Die Hochburg war ursprünglich durch ein Tor erreichbar, das durch eine Zugbrücke abgeriegelt werden konnte. Dieses alte Tor ist heute vermauert. Direkt neben dem Torbau befindet sich der heutige Zugang. Mächtig überragt der Bergfried die gesamte Anlage, dessen Elemente teilweise auf die alte Burg zurückzuführen sind. Von hier aus ist der Zugang zu den unteren Geschoßen des Palas möglich.

Innerhalb der Burg hat der Besucher heute die Möglichkeit, eine umfangreiche **Sammlung von Kunstgegenständen** zu betrachten. Werke z. B. von Lukas Cranach d. Ä. (1535), Porzellan- und Glasarbeiten sowie hervorragende Künstlerarbeiten des 17. und 18. Jahrhunderts lohnen den Besuch von Güssing.

VIA IMPERIALIS
Burgen • Schlösser • Stifte Österreichs

A 2 Südautobahn, aus Richtung Graz,
Exit 138 Ilz/Fürstenfeld; aus Richtung Wien,
Exit 111 Oberwart/Lafnitztal.
Burg Güssing, Burgstiftung Batthyány, Batthyánystraße 10,
7540 Güssing, Tel. 03322/43 400, Fax: 03329/45 20 22 54

Ende April–Okt., täglich außer Mo 10–17 Uhr, auf Wunsch mit Führung

Burgrestaurant, 7540 Güssing, Tel. 03322/44 590
Hotel Krutzler, 7522 Heiligenbrunn 16, Tel. 03324/72 40

Ständige Ausstellungen, Burgspiele im Juni und Juli, Wanderweg um die Burg, begehbarer Glockenturm, Kinder-Erlebniswelt auf der Burg, Auswanderermuseum und Josef-Reichl-Gedenkstätte, Freilichtmuseum, Ensemble Gerersdorf, Weinmuseum Moschendorf, historisches Kellerviertel Heiligenbrunn, Schnapsbrennerei-Museum Neusiedl/G., Landtechnisches Museum St. Michael; Aktiv-Park Güssing, Tel. 03322/44 595

23

Schloss Halbturn

Burgenland

Die Charakteristik der burgenländischen Landschaft entspricht den weiten Ebenen Ungarns. Inmitten dieses Landes liegt der Neusiedler See, der die größte Wasserfläche Österreichs bildet. Nicht weit entfernt davon baute Johann Lukas von Hildebrandt eines der bemerkenswertesten Barockschlösser in einen malerischen Park. Die Gesamtanlage wirkt gepflegt und einladend. Der Besucher hat das Gefühl, willkommen zu sein, und tritt durch kunstvoll gearbeitete Portale in einen weitläufigen Park, der mit Bäumen, Sträuchern und seltenen Pflanzen ausgestattet ist. Vielleicht fühlt er sich wie ein Adeliger des 18. Jahrhunderts und spürt die Kraft des Ortes, der Natur und Kunst harmonisch verbindet.

(Abb. Seite 78)

Französische Vorbilder beeinflussten nicht nur den Bau des Schlosses, sondern auch die Konzeption des Gartens. Die Freiheit des Menschen und sein Streben nach den Schönheiten dieser Welt kommen zum Tragen. Die Weite des Areals ist ein Zeugnis barocker Großzügigkeit und ein Spiegel jener Wohnkultur.

Der Auftraggeber des eindrucksvollen Bauwerkes ist **Graf Alois Thomas Raimund Harrach** (1669–1742), der das Amt des Vizekönigs von Neapel innehatte.

Das Hauptgebäude wird durch Mauern und Tore mit den Seitentrakten verbunden und lässt ein Ensemble entstehen, das auf den Betrachter einen besonderen Reiz ausübt. Die Fassade, die in klassischem Blaugrau und Hellgelb gehalten ist, strahlt Eleganz und vornehmen Geschmack aus. Durch die behutsame Farbgebung wirkt das Schloss in seiner Architektur leicht und heiter. Die Front des Mittelteiles ist durch Pilaster gegliedert. Sandsteinkapitelle, Fensterbekrönungen und Zierkonsolen gestalten die Oberfläche spannend und verleihen dem Gesamteindruck eine gewisse Dynamik. Im Zentrum des Giebels, der den vorgezogenen Mittelrisaliten überragt, thront der kaiserliche Doppeladler. Kaiser Karl VI. ließ nach Erwerb des Schlosses dieses Machtsymbol anbringen. Typisch für Bauten **Hildebrandts** sind die Oculi, die den Fenstern des Mittelrisaliten aufgesetzt sind. Dieses architektonische Element findet sich in nahezu allen Hildcbrandt-Konzeptionen, so beispielsweise auch im Stift Göttweig. Kaiser Karl VI. nützte das Schloss als Sitz während großer Jagdveranstaltungen. Hauptsächlich wurde hier Niederwild gejagt. Maria Theresia schenkte das Schloss später ihrer Tochter Maria Christine. Anfang des 19. Jahrhunderts war es Domizil des Helden von Aspern, Erzherzog Carl (1809).

Im Osten öffnet sich ein Tor zum Ehrenhof, dieses Tor besitzt im Westen ein Pendant. Die Gegenüberstellung von nahezu identen Elementen kommt dem barocken Streben nach Symmetrie sehr entgegen. Wie es im Barock üblich war, unterschieden sich die Hof- und Gartenseite voneinander, wobei die Hofseite wesentlich prächtiger gestaltet war.

Über eine flache Treppe, die an den Seiten von zwei mächtigen Laternen flankiert wird, gelangt der Besucher zum Haupteingang, der durch einen zart stilisierten Triumphbogen betont wird. Die Längsseiten des Ehrenhofes werden von zwei einstöckigen Bauten flankiert, wobei der westliche Bau den Gästen des Schlosses vorbehalten, der gegenüberliegende durch den Küchenbereich belegt war. Aus der Zeit Maria Theresias hat sich ein Gemälde erhalten, das den ursprünglichen Zustand des Ehrenhofes zeigt, der allerdings heute in dieser Form nicht mehr erhalten ist.

Der **Schlosspark** wurde in der Zeit zwischen 1724 und 1727 angelegt. Die Gartenfläche orientiert sich an einer strengen Geometrie und erlaubt eine Gliederung in drei Teile. Über die Entwicklung des Gartens ist wenig bekannt. Erst aus späterer Zeit geben Pläne des Schönbrunner Gartendirektors Auskunft über Veränderungen und die Anlage nach englischer Manier.

1949 vernichteten die Flammen eines Großbrandes einen Großteil des Schlosses. Umfangreiche Renovierungsarbeiten ließen es in seiner alten Pracht wieder erstehen. Nur die Vor- und die Haupthalle blieben vom Feuer verschont. Im Vestibül wird das Tonnengewölbe durch runde und ovale Fenster sternenförmig geteilt. Die architektonischen Zierelemente wiederholen das an der Fassade Gezeigte.

Im **Großen Saal** beeindruckt vor allem das gewaltige Deckenfresko, das ein Werk des großen Barockmalers Franz Anton Maulpertsch aus dem Jahre 1765 ist. Das Fresko vermittelt den Eindruck, als ob sich ein unendlicher Raum öffnen würde, der wiederum Architektur und Natur zu verbinden scheint. „Allegorie der Zeit und des Lichtes" nennt sich das maulpertsche Werk, das aber mehrfach von der üblichen barocken Interpretation des Themas abweicht. Die Transparenz der Farben vermittelt den Eindruck von Unendlichkeit. Im vorderen Drittel des Freskos ist Gott Apoll auf dem Sonnenwagen zu sehen. Der Gott ist in gleißendes Licht getaucht, wodurch Maulpertsch die Unnahbarkeit dieses göttlichen Wesens symbolisiert. Bei dieser Darstellung denkt man an frühere Werke Paul Trogers, wie etwa jenes der Apotheose Karls VI. an der Kaiserstiege zu Göttweig (1739). In Halbturn wird der Triumphzug von Hesperus, dem dunkelblau gekleideten Abendstern, und Phosphorus, dem in ein helles Gewand gehüllten Morgenstern, angeführt. Vor Apoll erstreckt sich der Tierkreis des Sommers mit den Sternzeichen Löwe, Waage und Jungfrau. Den Mittelpunkt des zweiten Freskoteils bildet Zephyr, der Westwind. Blumengirlanden verbinden ihn mit seiner Geliebten Flora. Zu ihren Füßen Gaia, die Mutter Erde, mit Mauerkrone und einer Erdkugel in der erhobenen Hand.

Heute dienen die Räume des Schlosses wechselnden **Ausstellungen** als Quartier. Beim Brand von 1949 wurde das gesamte Interieur des Hauses vernichtet, sodass heute keinerlei Prunkräume mehr zu sehen sind. Dennoch aber hat sich der barocke Geist, der zum Bau des Schlosses führte, erhalten. Die Atmosphäre des Ortes lädt zum Verweilen ein und bietet dem weniger kulturinteressierten Menschen in der hauseigenen Vinothek den „Geist" der Gegenwart an.

Schloss Halbturn, Güterdirektion,
Parkstraße 4, 7131 Halbturn, Tel. 02172/85 94,
Fax: 02172/85 943;
schlosshalbturn@netway.at, www.schlosshalbturn.com

VIA IMPERIALIS
Burgen • Schlösser • Stifte Österreichs

Schlossareal und Park ganzjährig geöffnet; Ausstellung Mai–Okt., Di bis So, 10–18 Uhr

Schlosstaverne
Freizeit-Sport-Seminar-Hotel Seewinkel, 7141 Podersdorf/See, Steinbruch 1/36, Tel. 02177/29 13

Ausstellungen, Schlosskonzerte, Basilika Frauenkirchen, Nationalpark Neusiedler See, Neusiedler Heimatmuseum, Wassersport, Seerundfahrt, Kutschenfahrten, Römersteinbruch und Märchenpark St. Margarethen, Steppentierpark Pamhagen

Burg Forchtenstein

Forchtenstein – Waffenkammer

Schloss Fuschl

Schloss Goldegg

Schloss Grafenegg, Palmengang

Schloss Grafenegg

Burg Güssing

Schloss Halbturn

Schloss Heidenreichstein

Hellbrunn bei Salzburg – Wasserspiele im Schlosspark

Schloss Herberstein – Gartenanlage

Burg Heidenreichstein

Niederösterreich

Das Bild der mittelalterlichen Festung, die auf einem hoch aufragenden Felsen das Tal überblickt, trifft bei Heidenreichstein nicht zu. Sie steht mitten im gleichnamigen Ort, ohne weithin sichtbar zu sein, und wäre nicht der mit Wasser gefüllte Graben, der die Festung umzieht, so wäre die Anlage mit der Siedlung der Häuser gewiss verschmolzen. Dennoch hinterlässt die Burg einen bleibenden Eindruck und zählt zu den besonderen Sehenswürdigkeiten des Waldviertels.

(Abb. Seite 79)

Die Impression des gesamten Bauwerkes ist sehr einheitlich und entspricht den Vorstellungen, die man von einer romanischen Wasserburg hat. Besonders beeindruckend ist die „Lebendigkeit" der Festung, die das Gefühl vermittelt, als ob die Ritter eben erst ausgezogen wären, um dem Besucher Platz zu machen. Funktionierende Zugbrücken, Gänge, Gusserker und die fünf Meter dicken Mauern betonen die Wehrhaftigkeit und erzählen Geschichten längst vergangener Zeiten.

Die Geschichte der Besitzer von Burg und Herrschaft ist sehr komplex und eng verwoben mit den Nachbarherrschaften Litschau und Raabs an der Thaya. Der Name Heidenreichstein greift zurück auf einen Hederich oder Heidenreich aus dem Geschlecht der Burggrafen von Gars-Eggenburg im 12. Jahrhundert. Später kam den Kuenringern die Hauptrolle zu und 1297 wurden Litschau und Heidenreichstein an Herzog Albrecht I. (1298 bis 1308) von Österreich abgetreten. Bis in die Mitte des 17. Jahrhunderts besaßen die Puechheimer die Burg, die schon im 14. Jahrhundert an sie gefallen war. Durch Heiratspolitik gelangt Wolf Christoph von Volkra in den Besitz des Anwesens und ihm wurde schließlich 1650 von Kaiser Ferdinand III. der Titel eines Grafen von Heidenreichstein verliehen. Seit dem 18. Jahrhundert saßen die **Grafen Pálffy** auf der Festung und blieben Besitzer derselben bis zum Tod von Fürst Ladislaus Pálffy am 19. Jänner 1947. Über den Heiratsweg gelangte die Burg dann ins Eigentum der **Grafen Kinsky**.

Jeder, der die Burg Heidenreichstein sieht, vermutet eine besonders bewegte kriegerische Geschichte. Dem ist nicht so, denn kaum weiß der Geschichtsschreiber von Belagerungen und Gefechten zu berichten. Wohl galt die Burg schon im Mittelalter als uneinnehmbar, sodass ein kriegerischer Akt der Besitznahme von vornherein ausgeschlossen war. Eine Inschrift über dem Äußeren der drei Burgtore erinnert an den Befehl des Landesfürsten, die Festungen zu sichern und sie 1529 gegen die Türken auszubauen. In Heidenreichstein befolgte man diese Anordnung, doch kam es niemals zum Ernstfall.

Der mächtigste Teil der Burg ist der **Bergfried**, der auch als ältestes Segment der Festung gilt. Die Mauern des Turmes umschließen einen Raum von 25 m², die Grundfläche des Turmes allerdings beträgt 75 m². Der Ursprung des Turmes kann um 1160 angenommen werden. In einer Höhe von 14 Metern ist heute noch der ehemals einzige Zugang zum Turm erkennbar, ehe sich die Wohntrakte daran anfügten. Noch jetzt aber gelangt man nur kriechend über schmale 60 cm hohe Stufen, die im Inneren der Turmmauer zu den oberen Geschoßen verlaufen. Die Manier des Mittelalters, Zugänge klein zu gestalten, hatte nicht mit der Kleinwüchsigkeit der Bevölkerung jener Tage zu tun, sondern erfüllte militärische Zwecke. Ein einziger Mann reichte aus, um beispielsweise den Stiegenaufgang in Heidenreichstein uneinnehmbar zu machen.

Ein weiteres Kuriosum der Festung ist der alte **gotische Dachstuhl**, der sich über die gesamte Länge des Südtraktes hinzieht. Gehackte Balken, die durch geschnitzte Holznägel zusammengehalten werden, wölben sich wie ein Schiffsrumpf und bilden eine stimmungsvolle Halle. 30 Meter lang und 12 Meter hoch, war der Saal in seiner Dimension für die Zeit des Mittelalters gewaltig. Beim Eindruck des Raumes denkt man wohl an die großen Gestalten der ritterlichen Epen und an die Erzählungen aus dem Nibelungenlied oder der Gudrunsage. Im 15. Jahrhundert wurde die erste unterteilende Zwischendecke eingezogen, der heutige Fliesenfußboden des so genannten Rittersaales. Etwa 300 Jahre später folgte der zweite Zwischenplafond. Diese Maßnahmen waren notwenig, um Heidenreichstein bewohnbar zu machen. Und dass hier intensivst gewohnt wurde, weiß der Chronist zu berichten. Vier Meter lange Gelagesäcke, die man rund um eine niedrige Tafel aufstellte, erzählen vom fröhlichen Zechen der Burgbewohner und ihrer Freunde. Dass dabei der Alkohol in Strömen floss und die Küche dampfte, ist anzunehmen. Die so genannten Gelagesäcke sind auch wichtige Beispiele und Dokumente der mittelalterlichen Tischkultur, die sich ähnlich der der Römer gestaltete.

Kleinere Räume der Burg haben holzgeschnitzte Decken mit gotischen Ornamenten, wobei das geschulte Auge des Kunsthistorikers erkennt, dass an manchen der Decken das angeblich Alte nur vorgetäuscht wird. Als Besonderheit des Mobiliars verstehen sich ein Kasten in der Form eines Hauses und eine große Tischplatte, die aus einem einzigen tausendjährigen Ahornstamm geschnitzt wurde. Die Burgkapelle befand sich einst im Bergfried und wird heute lediglich durch einen Wandschrank ersetzt, in dem sich ein romanisches Kruzifix mit zwei gotischen Assistenzfiguren befindet. Das Interieur der Burg zeigt den wandelnden Zeitgeschmack und weist auf eine lange Reihe verschiedener Besitzer hin. Die Räume vermitteln einen erstaunlichen Wohneindruck, der durch Kachelöfen und skurril geformte Lampen unterstrichen wird. Dadurch, dass Heidenreichstein nie eingenommen wurde, kann es heute für den nostalgischen Betrachter zu einem Wahrzeichen ritterlichen Lebens und höfischer Kultur werden.

Burg Heidenreichstein, Kinsky'sches Forstamt, Schremser Straße 1, 3860 Heidenreichstein; Tel. 02862/52 268, Fax: 02862/52 26 85

Mitte April bis Mitte Okt., Mo geschlossen, Di–So nur mit Führung: 9, 10, 11, 14, 15, 16 Uhr; Reisegruppen und Schulklassen nur gegen Voranmeldung!

Hotel-Gasthof Nöbauer, Heidenreichstein, Schremser Straße 28, Tel. 02862/52 237
Hotel-Restaurant Post, Schrems, Hauptplatz 5, Tel. 02853/77 226

Bauernladen „d'Greißlerei“, Jägergasse 2, Heidenreichstein; Dauerausstellung, Theatersommer der Laienbühne, Alte Textilfabrik, Propstei Eisgarn, Wehrkirche, Designcenter, Erstes Waldviertler Webereimuseum, Puppenmuseum, Schloss Dobersberg, Stadt-, Glas- und Steinmuseum, Torf- und Moormuseum, Schloss Weitra, Wald4tler Hoftheater, Naturpark Blockheide, Eibenstein, Naturpark Thayatal, Wander- und Radwege, Schienenfahrrad, Tennis, Reiten, Fischen, Baden, Langlaufen, Eislaufen, Fitnesscenter, Golfplätze

25

Schloss Hellbrunn

Salzburg

Die Welt der Schlösser und Burgen Österreichs brachte einige sonderbare Gebilde hervor, die von Witz und Ironie ihrer Erbauer zeugen. Wohl eines der bekanntesten Beispiele der skurrilen Einfälle eines Baumäzens ist das Schloss Hellbrunn, das, wenig außerhalb der Stadt Salzburg gelegen, heute eine Muss für jeden Salzburg-Touristen ist.

(Abb. Seite 80)

Das Schloss selbst, das eigentlich eher den Charakterzug einer Villa als den einer Palastanlage trägt, ist nicht der Grund für die Berühmtheit des Anwesens. Vielmehr sind es der aufgrund eines durchdachten Konzeptes angelegte **Garten**, die berühmten **Wasserspiele** und die Überraschungen, die Erzbischof Markus Sittikus für seine Besucher vorbereitet hatte, die nicht nur zu seinen Lebzeiten für Bewunderung und Amüsement sorgten, sondern auch heute noch als eine der großen Attraktionen der Mozartstadt gelten. **Markus Sittikus**, der zwar nur sieben Jahre das Amt des Fürsterzbischofes von Salzburg bekleidete, entfaltete während seiner Regentschaft die große Liebe zur Baukunst, die ihn als einen der wichtigsten Bauherrn in die Annalen des Bistums eingehen ließ. Kurz nach seiner Wahl, 1612, entschloss er sich, eine „Villa suburbana" nach italienischen Vorbildern zu errichten. Die Vorliebe für das Italienische mag wohl in seinem Aufenthalt in Italien begründet sein. Er beauftragte den berühmten italienischen Architekten **Santino Solari** (1576–1646) mit der Planung. Auf dem Terrain des Schlossparks entstanden neben dem Schloss und den Wasserspielen das so genannte Monatsschlösschen, der Kreuzweg mit Kapellen und Eremitorien sowie das Steintheater.

Auf einem Gemälde Donato Mascagnis wird die Gesamtanlage zur Zeit des Bischofs geschildert. Hellbrunn kann als Stein gewordener Traum eines hochgeistigen Fürsten verstanden werden, der Freude an der Komödie hatte und durch seine sinnigen Launen manchen Zeitgenossen mit dieser Lebensfreude anzustecken vermochte. Niemals hatte der Fürst die Absicht, hier einen ständigen Wohnsitz zu errichten, sondern Hellbrunn diente lediglich als Wochenendwohnung und als „Spielwiese" für ausgelassene höfische Festlichkeiten. Ursprünglich nützte nur die Hofgesellschaft des Fürsterzbischofs das Schloss und seine Gärten, es avancierte allerdings im Laufe der Jahre zu einem beliebten Treffpunkt der noblen Salzburger Gesellschaft. Ein eigenes **Wildgehege** entstand, das heute als Vorgänger des berühmten Zoos zu sehen ist. Hier ist nicht nur Wild aller Art zu sehen, sondern auch Beispiele einer ausgeprägten exotischen Fauna. Hellbrunn hatte immer den Charakter eines Jagdschlosses, und nicht selten fanden sich hier Jagdgesellschaften zusammen, um in den weitläufigen Jagdgehegen der Leidenschaft des Jagens zu frönen. Abends fanden rauschende Feste statt. Von diesen Lustbarkeiten künden heute noch einige Besonderheiten des Gartens, wie zum Beispiel ein großer steinerner Tisch, um den sich eine hungrige Gesellschaft versammelte. Doch anstatt der ersehnten Spezialitäten aus der Küche erwartete die Gäste ein Wasserstrahl, der aus den Hockern kam. Diese Überraschung riss die erzbischöflichen Gäste im wahrsten Sinne des Wortes „von ihren Stühlen" – zur Belustigung des Gastgebers, der selbstverständlich auf einem nicht präparierten Stuhl Platz genommen hatte. 1615 gelangte hier erstmals nördlich der Alpen eine italienische Oper zur Aufführung. In regelmäßigen Konzerten und kulturellen Veranstaltungen wird diese Tradition heute in Hellbrunn fortgesetzt.

Neben den paradiesischen Gärten bietet sich vor allem das **steinerne Theater** als Kulisse für derlei Veranstaltungen an. Für den Charakter Markus Sittikus, der als spontan und weltgewandt zu bezeichnen ist, spricht der Bau des **Monatsschlösschens**, das seinen Namen von der kurzen Bauzeit herleitet. Die Wette des Bischofs mit Erzherzog Maximilian von Österreich, dass er es nicht schaffen würde, binnen Monatsfrist ein repräsentatives Schlösschen zu errichten, endete zu Gunsten des Bischofs. Das Hauptschloss, das nach außen hin eher schlicht wirkt, kann seine italienische Orientierung nicht verleugnen. Die horizontal gegliederte Fassade erfährt durch die vorgelagerte Freitreppe in der Mittelachse einen besonderen Akzent. Der genügsame Geschmack der Renaissancearchitektur wird im Portal, in den Fensterbekrönungen und im Mittelgiebel fortgesetzt. Unter der Freitreppe befindet sich eine Grotte, deren Marmorrelief, einen Bärtigen mit Rebenkranz im Haar darstellend, allerdings erst später angebracht wurde. Das Untergeschoß des Schlosses diente einst der Unterbringung der fürstbischöflichen Garde, während der Herrscher selbst die oberen Gemächer bewohnte.

Die Ausstattung des Hauses ist höchst qualitätvoll, zumal bei der Bemalung der Wände und der Einrichtung der Räume nicht gespart wurde. Eine Besonderheit im so genannten Leibzimmer des Fürsterzbischofs ist ein Ofen aus der Zeit Wolf Dietrichs, des Vorgängers von Markus Sittikus, der aus Salzburg nach Hellbrunn gebracht wurde.

Die **Malereien des Festsaales** entsprangen der genialen schöpferischen Fantasie des Florentiner Malers Donato Mascagni, dessen Spezialgebiet die illusionistische Malerei war. Die künstlerisch prachtvollen Arbeiten entführen in italienische Landschaften, die an Städte wie Florenz und Venedig denken lassen. Zahlreiche Tierdarstellungen lockern das Bildwerk auf und betonen die Bedeutung des Tiergartens als Kuriositätenkabinett. Nördlich wird das Schloss durch ein Oktogon abgeschlossen. Auch hier gestaltete besagter italienischer Künstler die Wände. Im Vordergrund sind promenierende Damen, Musiker und eine Sängerin zu sehen, ebenso eine Szene rund um einen Kavalier. Wiederum spricht es für die Erfindungsgabe des Erzbischofs, dass hier Personen seines Umfelds porträtiert sind. Während der ausgelassenen Gesellschaften im Festsaal diente das Oktogon als Musikerzimmer.

Eine Reihe von **Wasserautomaten** füllt die Grotten, die sich rund um das Schloss gruppieren und jeden Besuch zu einem eindrucksvollen wie auch spannenden Erlebnis werden lassen. Mit Recht können die Wasserspiele von Hellbrunn als eine der hervorragendsten Attraktionen des europäischen Raumes gewertet werden. Ein Beispiel technischer Raffinesse, aber auch ein Denkmal eines großen Denkers und Förderers der Kunst.

Schlossverwaltung Hellbrunn, 5020 Salzburg,
Tel. 0662/82 03 72-0, Fax: 0662/82 03 72-4931;
schloss-hellbrunn@stadt-salzburg.at,
www.hellbrunn.at

Schlosspark ganzjährig geöffnet; Schloss und Wasserspiele März, April, Okt., 9–16.30 Uhr; Mai, Juni, Sept., 9–17 Uhr; Juli, Aug., 9–22 Uhr; Tierpark entsprechend der Jahreszeit 8.30–16.30 Uhr oder 8.30–18.30 Uhr, Abendöffnungszeiten auf Anfrage

Hotel-Restaurant Maria-Theresien-Schlössl, Morzgerstraße 87, 5020 Salzburg, Tel. 0662/82 01 91
Ristorante-Pizzeria Bologna, Anifer Landesstraße 40, 5081 Anif, Tel. 06246/72 465-35

Ständige Ausstellungen, Hellbrunner Schlosskonzerte, Salzburger Freilichtmuseum in Großgmain, Salzburger Tiergarten Hellbrunn, Salzbergwerk Dürrnberg bei Hallein.
Salzburg Card, Salzburg Plus „all inklusive" Card, Family Card – für Eintritte zu allen Sehenswürdigkeiten, freie Fahrt mit den öffentlichen Verkehrsmitteln etc.; Näheres bei Salzburg Information, Tel. 0662/88 987-0

Schloss Herberstein

Steiermark

Die Schlösser der Steiermark sind Eckpfeiler einer lebendigen Geschichtserzählung, die von der Entwicklung eines Landes, seinen Glanzzeiten und seinen Niedergängen berichtet. In den Räumen dieser großartigen Baudenkmäler wird das Gedächtnis an vergangene Generationen lebendig erhalten. Die Freude am Schönen, die in zahllosen prachtvollen Ausstattungselementen sichtbar wird, ist dabei ebenso Thema wie der erbitterte Kampf gegen feindliche Einflüsse und unlautere Besitzansprüche.

(Abb. Seite 80, 116)

Einer der herausragendsten Herrschaftssitze der Steiermark ist Schloss Herberstein, das, über dem Einschnitt der Feistritz gelegen, auch zu den imposantesten Bauwerken des Landes zu rechnen ist. Schon 1210 nennt die Chronik ein einfaches Steinhaus, das 1290 durch Otto von Hartberg erworben wurde. Mehrere kleinere Zubauten veränderten bis an den Beginn des 15. Jahrhunderts das Aussehen der Burg. Nachfolgende Generationen entsprachen den Erfordernissen der Zeit und vergrößerten das Anwesen stetig.

Mit dem Anbruch einer neuen Epoche, die das antike Denken in den Mittelpunkt geistiger Strömungen, ebenso aber auch des baulichen Geschmackes rückte, brach auch für Herberstein ein Zeitalter des Aufschwunges an. 1554 erfolgte der Verbau des inneren Grabens und nach der Renovierung der alten Bausubstanz erlebte ein Großkonzept seine Realisierung. Nicht nur notwendig gewordene Ergänzungen und Sicherungen wurden vorgenommen, sondern auch die Planung des großen Hofes vor dem äußeren Graben wurde umgesetzt. Der Abschluss der begonnenen Baumaßnahmen zog sich allerdings über Jahrzehnte hin und fand erst 1667 ein Ende. In dieser Zeit entstanden neben dem eindrucksvollen Florentinerhof die heute noch vorhandenen Verwaltungsgebäude vor der Burg. Die Innenausstattung des Rittersaales und der Georgskapelle wurde vorgenommen. Das mächtige Portal zwischen den beiden Ecktürmen öffnet sich heute als Zugang für den Besucher. Das Herberstein'sche Motto, in der Verbindung von Krieg und Kunst den Aufstieg zur Macht zu erreichen, wird in den beiden mythologischen Figuren Mars und Minerva veranschaulicht. Die religiöse Komponente als Krönung des Gesamtwerkes übernimmt die Darstellung der Gottesmutter mit dem Kind.

Wenn man das Schloss betritt, ist man überrascht von der Weite des **Florentinerhofes**, der ganz und gar der drückenden Atmosphäre eines mittelalterlichen Baus entwichen ist. Die Helligkeit und Luftigkeit der Arkadenanlage erinnert vielmehr an die Weite italienischer Höfe. Hohe Pfeilerarkaden gliedern mit Ausnahme der verbauten Nordseite das Erdgeschoß, während das Obergeschoß von umlaufenden Säulenarkaden mit abschließender Balustrade eingefasst ist. Im Erdgeschoßbereich des Rittersaaltraktes befindet sich ein rechteckiger, tonnengewölbter Raum mit Stichkappen, der mit Wappendarstellungen ausgestattet ist: die Georgskapelle. Als Meister der reizvollen Architektur des Schlosses Herberstein gilt **Anton Solar**, der schon für andere Arbeiten wie jene des Landeszeughauses in Graz Berühmtheit erlangt hatte. Die hervorragenden Stuckwerke, die nicht nur im Rittersaal, sondern auch in der **Georgskapelle** zu bewundern sind, sind Werke Alexander Serenios. Im oberen Stockwerk befindet sich der zweite Rittersaal, der ebenfalls mit einer gediegenen Stuckdecke ausgestattet ist, deren Kartuschen aber leider leer geblieben sind. In diesem Raum sind ein Teil der Herberstein'schen Ahnengalerie und der große gemalte Stammbaum untergebracht. Dieser Raum erzählt von einer bewegten Geschichte der Familie.

Im 14. Jahrhundert erlebten die Herbersteiner ihren ersten Aufschwung, der sich in der folgenden Zeit eindrucksvoll fortsetzte. Ein wesentlicher Einschnitt in die Familiengeschichte war die Erwerbung der fürstlichen Herrschaft Eggenberg 1742. Damals verlegte die Familie die zentrale Verwaltung nach Eggenberg und führte sie erst im 20. Jahrhundert wieder nach Herberstein zurück. Am Ende des 16. Jahrhunderts gab es in Herberstein bereits einen **prächtigen Garten**. Vorwiegend waren es Nutzflächen, es gab aber auch einen eigenen Krautgarten an der Feistritz, südlich des Schlosses. Erstmals wurde 1675 ein Zier- und Lustgarten erwähnt, der heute noch dem staunenden Besucher gezeigt wird. Gegenwärtig trägt dieser Garten den Namen eines berühmten Vertreters des Geschlechtes: **„Sigmundsgarten"**, nach Sigmund Freiherr von Herberstein (1486–1566), der als Verfasser eines der bedeutendsten Werke der Landeskunde und Geografie Osteuropas innerhalb der österreichischen Kulturgeschichte einen besonderen Platz einnimmt. Schon 1674 existierte im Schlossareal ein **Tierpark**, der heute als eine der größten touristischen Attraktionen der Steiermark gilt. Von 1675 stammt eine Beschreibung des Parks, wobei ursprünglich vorzugsweise Damwild das Gehege belebte. 1966 erfolgte nicht nur eine beachtenswerte Vergrößerung der Parkanlage, sondern auch die Ansiedlung neuer Wildarten. In den letzten Jahren gelang es, den Park nach modernsten Gesichtspunkten zu verändern und durch weitere Tierarten zu bereichern.

Im **Schlossmuseum** sind neben familiengeschichtlich interessanten Exponaten einige besondere Zimelien zu bewundern, wie etwa die prächtige Taufgarnitur von 1575. Ein eigener Raum zeigt eine Reihe von prachtvollen Sätteln, die von der Reitleidenschaft der Herbersteiner künden. Die geschmackvolle Inneneinrichtung der Räume ist heute teilweise im Zuge einer Schlossführung zu bewundern. Da das Schloss aber nach wie vor von der Familie Herberstein bewohnt wird, ist es kein leeres Museum, sondern ein Begegnungsort zwischen der Tradition einer Familie und dem Tun der heutigen Generation. Das Zusammenwirken von Schlossmuseum, Tierpark und gastronomischen Bereichen schafft eine erlebnishafte Kulisse.

VIA IMPERIALIS
Burgen • Schlösser • Stifte Österreichs

A 2 Südautobahn, aus Richtung Graz, Exit 161 Gleisdorf West; aus Richtung Wien, Exit 115 Hartberg; Wechsel-Bundesstraße B 54, Gleisdorf – Hartberg, Abzweigung nach St. Johann und Herberstein in Hirnsdorf oder Kaibing; von Weiz über die „Steirische Apfelstraße" nach Stubenberg und Herberstein
Tier- und Naturpark Schloss Herberstein, Buchberg 2, 8222 St. Johann/Herberstein, Tel. 03176/88 250, Fax: 03176/87 75 20; herberstein@netway.at, www.herberstein.co.at

Ganzjährig geöffnet, Mitte März–Ende Okt. täglich 8–18 Uhr; Nov. bis Mitte März, tägl. 10–16 Uhr; Schlossführungen: tägl. Mitte März–Ende Okt., stündlich ab 10 Uhr, letzte Führung 16 Uhr; Nov.–Mitte März, stündlich ab 13 Uhr, letzte Führung 15 Uhr

Schlossschenke, Tel. 03176/88 78
Wirtshaus Lindenhof, Fam. Weber, 8272 Auffen 51, Tel. 03333/23 20

Ständige Ausstellungen, Tier- und Naturpark, Tikiba – Kinderland, Kutschenfahrten, Weindegustationen im Schlosskeller, Ballonfahrten – Kombiangebote

27

Burg Hocheppan

Südtirol

Inmitten des Panoramas der schneebedeckten Südtiroler Berge und der reich bewaldeten Hügel befindet sich eines der Juwele Südtiroler Burgarchitektur. Allein die hervorragende Lage, die sie zu einem beeindruckenden Markstein der Landschaft werden lässt, macht die Burg Hocheppan zu einem der interessantesten Anziehungspunkte des Landes. Das Ensemble der Türme und Mauern vermittelt einen in sich geschlossenen Eindruck und kann als Typus der romantischen Ritterburg schlechthin bezeichnet werden.

Als Sitz der Grafen von Eppan spielte die Burg innerhalb der Landesgeschichte eine zentrale Rolle und bildete den oftmaligen Mittelpunkt von politischen Auseinandersetzungen. Die heutige Anlage gruppiert sich um den inneren Burghof mit wuchtigem, fünfeckigem Bergfried, Palas und der berühmten frei stehenden Kapelle. Noch im 13. Jahrhundert erfolgte eine Erweiterung des Palas und die Ummauerung des geräumigen Vorhofes. Erst im 16. Jahrhundert kam es zum Einbau von Batterien und Türmen in diese Ummauerung. Aus dem letzten Umbau stammt auch das offene Rondell jenseits des Grabens.

Die Grafen von Eppan, die bereits um 1100 genannt wurden, gehörten zu den bedeutendsten Adelsgeschlechtern im Land. Die große Konkurrenz zwischen den Tiroler Grafen und den Eppanern wird nicht nur vor dem politischen Hintergrund jener Tage transparent, sondern drückt sich auch in der Bauform der Burgen eindrucksvoll aus. Die Geschichte der Burg Eppan wird dem Bild des „wilden Mittelalters“ gerecht.

Die weltlichen Lehensherren versuchten sich verzweifelt aus der Lehenshoheit der Bischöfe zu befreien, weil ihnen die Errichtung einer eigenen Feudalherrschaft vorschwebte. So gerieten auch die Eppaner und die Tiroler im Kampf um die Vorherrschaft um den Brixner und Tridentiner Lehensbereich aneinander. Diese Auseinandersetzung gipfelte im Überfall des Bischofs Adelpret von Trient 1158 und dessen Einkerkerung. Der Bischof sowie seine Begleiter, die mit Geschenken zu Kaiser Friedrich Barbarossa unterwegs waren, wurden ausgeplündert und misshandelt. Der Grund für diese Aktion liegt wohl darin, dass der Trienter Bischof die Tiroler Grafen bevorzugt behandelte. Mit dieser Tat hatten die Grafen von Eppan aber über das

Ziel hinausgeschossen und zogen sich den Zorn des Kaisers zu. Dieser schickte Heinrich den Löwen als Leiter einer Strafexpedition. In der Folge schwand der politische Einfluss der Eppaner und sogar ihre Burg mussten sie den Tiroler Grafen überlassen. Damit war das Ende eingeläutet. Zusehends verfiel die einst so mächtige Festung und mit ihr der Stolz und das Andenken ihrer ehemaligen Besitzer. Allmählich wurde Hocheppan zur Ruine.

Den bemerkenswertesten Punkt innerhalb der Burg stellt die **Burgkapelle** dar, die heute noch zu den bedeutendsten romanischen Baudenkmälern zu zählen ist. Die nördliche Außenwand und alle vier Innenwände des kleinen dreiapsidialen Saalbaus mit flacher Decke sind mit **Fresken** geschmückt. Die byzantinisch beeinflussten Malereien und Rankenornamente verraten die Hände zweier großer, jedoch leider unbekannt gebliebener Meister. Die byzantinische Charakteristik der Malerei weist darauf hin, dass die Künstler ihre Ausbildung im byzantinischen Bereich genossen hatten oder stark von dorther beeinflusst waren. Es könnten allerdings auch norditalienische Meister gewesen sein, die das byzantinische Ideal aufgriffen und hier verwirklichten. Besonders die Ausgestaltung der Altarwand und der drei Apsiden lehnt sich stark an das Vorbild der byzantinischen Monumentalmalerei an, die starre und statisch wirkende Figuren präferierte. Im Zentrum thront in der Kalotte die Gottesmutter mit dem Kind, das die Gesichtszüge eines Erwachsenen trägt. Links und rechts flankieren zwei Engel den Thron, während ein mit Blattornamentik ausgestatteter Fries den Rahmen der Szene bildet. Bei der Darstellung im unteren Bereich dürfte es sich wohl um die klugen und törichten Jungfrauen handeln. Das Fenster, das in diesem Bereich eingebracht wurde, datiert später, wie aus der Fehlstelle, die es umgibt, unschwer zu erkennen ist. Die Qualität der Fresken innerhalb der Kapelle ist unterschiedlich, wobei man die Figuren der Apostel an der Ostseite als vollkommen misslungen bezeichnen kann, ebenso die Hochzeit zu Kana an der Südseite. Die nördliche Außenwand zeigt über dem Eingang ein Kreuzigungsbild, das sich mit einer später angefertigten Christophorusdarstellung aus dem 14. Jahrhundert überschneidet. Der größte Teil der Wand widmet sich einer Jagdszene, in der ein Jäger mit Horn einen großen Hirschen verfolgt. Diese Szene wurde in gotischer Zeit übermalt und der Reiter zu einem hl. Georg umgestaltet, der mit seiner Lanze einen Drachen tötet. Bei einer umfassenden Restaurierung gelang es allerdings, die ursprüngliche Szene wieder herzustellen.

Die Bedeutung dieser Darstellung wird in der Kunstgeschichte divergierend behandelt. Als Kleinod romanischer Freskenmalerei kann die Burg Eppan mit Recht als eine der großen Schatzkammern bezeichnet werden. Die malerische Lage und der großartige Ausblick in eine fantastische Landschaft schaffen hier eine Begegnung zwischen Natur, Mensch und Geschichte und spannen so den Bogen aus einer bewegten Vergangenheit in die Gegenwart, wo der Besucher eingeladen wird, über das Vergangene nachzudenken und darin zu verweilen.

Burg Hocheppan
Auf einem steilen Felsen über dem Etschtal bei Bozen
Tel. 0471/63 60 81

April–November, Dienstag Ruhetag

Zur Rose, Eppan, Tel. 0471/66 22 49, Ruhetag So und Mo Mittag, Juli geschlossen

Wanderung über die Schlösser Korb und Boymont

Burg Hochosterwitz

Kärnten

Eine der Traumburgen Österreichs, die Gestalten aus den Legenden und Sagen lebendig werden lässt, ist die Burg Hochosterwitz in Kärnten. Die mächtige Festung, die sich mit ihren Mauern und Toren entlang eines stark bewaldeten Hügels zieht, gilt als eines der Wahrzeichen des Landes.

(Abb. Seite 113, 114)

Schon zur Zeit der Römer galt der Burgfelsen als hervorragendes Aussichtsplateau, auf dem ein Kastell zum Schutz des Umlandes errichtet wurde.

Urkundlich wird 860 von einer Schenkung eines Hofes bei „Astaruizza" durch König Ludwig den Deutschen an das Bistum Salzburg berichtet. Daher kann angenommen werden, dass schon zu dieser Zeit eine Burg existent war. Erste Siedlungsspuren dieses Gebietes lassen sich aber bis in die jüngere Steinzeit (1800 v. Chr.) zurückverfolgen. Die erste urkundliche Erwähnung einer Burg erfolgte um 1200 in einem Lehensverzeichnis des Bistums Gurk. Zu dieser Zeit erlangte auch das nahe gelegene St. Veit den Status einer Residenzstadt der Kärntner Herzöge. Als Mundschenken der Herzöge waren die Herren von Osterwitz sehr einflussreich und gehörten zu den Edelsten des Landes.

Ursprünglich bestand Hochosterwitz lediglich aus einem Bergfried, dem daran anschließenden Wohngebäude und einer kleinen Burgkapelle. Die Chronik weiß zu berichten, dass aber auch schon diese Burg über zwei Befestigungstore verfügte. Die Mauern des alten Wehrsystems sind teilweise in den heutigen Bau integriert. Die Zeiten änderten sich und mit ihnen die militärischen Erfordernisse. Die Feuerwaffen kamen auf und damit eine wesentlich schlagkräftigere Kriegsführung. Diesen Anforderungen mussten sich viele Burgen stellen und ihre Fortifikation den Gegebenheiten anpassen.

Nach dem Aussterben des Geschlechtes der Osterwitzer besaß kurzzeitig der spätere Salzburger Erzbischof und Kardinal Matthäus Lang die Festung. Unter ihm wurde der Ausbau des Hochschlosses in Angriff genommen. 1541, nach dem Tod des Kirchenfürsten, trat die **Familie Khevenhüller** in dessen Fußstapfen. Die Adelsfamilie, in deren Besitz sich Hochosterwitz noch heute befindet, ist 1148 aus Franken nach Kärnten gekommen und stellte die Kommissare der bambergischen Güter.

Christoph Khevenhüller verwirklichte die Vision einer starken Festung und ließ einen Teil der heute berühmten **Bastionen** errichten. Am 18. März 1571 erwarb Georg Khevenhüller die Burg mitsamt den umliegenden Besitzungen und läutete für Hochosterwitz ein „goldenes Zeitalter“ ein. Auf diese glanzvolle Gestalt der Geschichte Kärntens geht die letzte Phase des Burgausbaus zurück. Khevenhüller ließ die bestehenden Tore neu befestigen und neue Tore errichten. Darüber hinaus richtete er innerhalb der Burg ein Zeughaus ein, das bis zu 700 Mann unter Waffen stellen konnte.

Generell kann man die Baugeschichte der Feste Hochosterwitz in zwei Phasen segmentieren: eine mittelalterliche und eine neuzeitliche. Typisch für das 14. und 15. Jahrhundert sind der Bergfried, der meist eine quadratische Grundfläche aufwies, und das System aus Mauern und Zinnen. Zwei mittelalterliche Urkunden geben Aufschluss über den Zustand der Burg im 14. Jahrhundert. Schon am 3. März 1388 wird der Turm erwähnt, und wesentlich früher, 1321, wurde die Kapelle belegt. Drei größere Bauphasen erfolgten im 16. Jahrhundert durch Erzbischof Matthäus Lang, Christoph Khevenhüller und zuletzt durch dessen Neffen Georg. Leider ist es heute nicht mehr möglich, einen Baumeister namhaft zu machen, doch erlaubt die Konzeption der Anlage, diesen im italienischen Raum zu suchen. Indizien sprechen für den aus Lugano stammenden Domenico dell'Aglio, der schon die Befestigung der Stadt Klagenfurt errichtete. Da Christoph Khevenhüller zu dieser Zeit als Landeshauptmann von Kärnten fungierte, liegt die Möglichkeit nahe, dass er den in Wien, Graz und Klagenfurt tätigen Baumeister auch beim Ausbau seiner Burg einsetzte. Diese Annahme kann aber durch kein Schriftstück verifiziert werden.

Das Charakteristikum von Hochosterwitz ist die starke **Befestigung mit den 14 Toren**, die den Weg sichern, der sich um den mächtigen Burgberg windet. Die Einnahme der Festung war allein durch das unwegsame Gelände nur schwer möglich. Durch den Ausbau und die Anlage der 14 Tore war die Eroberung gänzlich unmöglich geworden. Wilde Schluchten und raffinierte Fallen waren unüberwindliche Hindernisse.

Die Hochburg wird an der Hangseite von einer zinnenbekrönten Mauer umgeben. Im Südwesten und Nordosten untermauern mächtige Rundtürme den imposanten Eindruck. Ein kleiner Vorhof mit Laubengang und Zisterne führt schließlich in den inneren Burghof, der an zwei Seiten von Arkaden eingefasst ist.

In den Räumen der Burg ist heute ein **Burgmuseum** untergebracht, das eine Vielzahl von Rüstungen und Waffen zeigt. Einige sehr interessante Schriftstücke erzählen aus

der Geschichte der Burg und dokumentieren wichtige historische Ereignisse. Besonders beeindruckt ist der Besucher, wenn er in einem Raum den Burgriesen erblickt, der in seiner mächtigen Rüstung auf ein Schwert gestützt dasteht. In einem eigenen Raum sind Beutestücke aus den Türkenkriegen zu bewundern. Neben Ahnenbildern der Familie Khevenhüller und alten Ansichten der Burg ist vor allem ein Bronzealtar aus 1580 zu erwähnen, vor dem in einer Nische die Schnitzfigur Georg Khevenhüllers kniet.
Eine Rarität der Glaserzeugung stellt ein Turnierbecher aus Venedig (1485) dar. Auf dem erlesenen Stück ist ein Ritter in voller Rüstung auf einem Pferd zu sehen.
Im Osttrakt befindet sich die kleine **Burgkapelle**, die mit bemerkenswerten Fresken ausgestattet ist. Ein zweiter Sakralbau, die **Burgkirche**, steht auf freiem Gelände etwas unterhalb der Hochburg und stammt aus 1586.
Hervorzuheben ist das italienische Portal, das im oberen Bereich Brustbilder der 12 Apostel und Jesus zeigt, während die Seitenpilaster von allegorischen Figuren besetzt sind.

Hochosterwitz ist der Traum jedes Burgliebhabers, und wer sich davor scheut, den beschwerlichen Weg zur Hochburg zu Fuß zurückzulegen, dem steht heute ein moderner Aufzug zur Verfügung.

Burg Hochosterwitz,
9314 Launsdorf-Hochosterwitz,
Tel. 04213/20 20, 04213/20 10,
Fax: 04213/20 20-16; burg@hochosterwitz.or.at,
www.hochosterwitz.or.at/burg

VIA IMPERIALIS
Burgen • Schlösser • Stifte Österreichs

Palmsonntag–Ende Okt., Saisonanfang und Okt. 9–17 Uhr,
Hauptsaison 8–18 Uhr

Burgrestaurant

Ausstellungen; Nähe zu den Städten Klagenfurt, Villach, St. Veit, Maria Saal; Kärntner Seengebiet

29

Bischöfliche Hofburg in Brixen

Südtirol

Im Zentrum der Altstadt einer der schönsten Städte Südtirols befindet sich die Residenz der mächtigen Bischöfe zu Brixen. Allein der imposante Gebäudekomplex wird zum Dokument der bewegten Geschichte eines Landes, in dem die Kirche eine wesentliche Rolle innehatte.

Obwohl die Anlage heute ihr tatsächliches Alter nicht auf den ersten Blick verrät, so weisen die Anfänge doch auf das 13. Jahrhundert zurück. Der Gedanke an moderne Lebensqualität und das Bestreben, repräsentativ nach außen in Erscheinung zu treten, bewog die Fürstbischöfe im 16. Jahrhundert zum Aus- und Umbau ihrer Residenz. Nach Plänen von **Albrecht Lucchese** reifte der Umbau zu einer großartigen Palastanlage. Obwohl sich diese Veränderungen über mehrere Jahrzehnte erstreckten und sich inzwischen der Zeitgeschmack gewandelt hatte, ordnet sich das Gesamt dennoch einem Einheitsprinzip unter. Elemente der Renaissance vermischten sich mit den baulichen Ideen barocker Schöngeister und verschmolzen in einer gelungenen Synthese mit den mittelalterlichen Segmenten.

Besonders beeindruckend sind die **dreistöckigen Arkaden**, die mit 24 Terrakottastatuen in den Nischen des ersten Stockwerkes versehen sind. Der Innenhof vermittelt das Erscheinungsbild eines südlichen Stadtpalais und ist in seiner farblichen Abstimmung eine interessante Komposition. Die Hofburg enthält heute zwei beachtenswerte Museen und eine Reihe von prachtvoll ausgestatteten Räumlichkeiten, die den Glanz vergangener Zeiten aufleben lassen.

Der **Kaisertrakt**, der in früheren Zeiten der Aufnahme hochrangiger Gäste diente, der **Bischofstrakt** mit den Wohnräumen des Fürstbischofs und die ehemalige **Hofkanzlei** sind das Herzstück der traditionellen Verwaltung des Bistums. Das Erdgeschoß beherbergt das berühmte **Brixner Krippenmuseum**, dessen 91 Krippen, die großteils aus dem 18. Jahrhundert stammen, einen bedeutenden Querschnitt der Südtiroler Krippenbaukunst darstellen.

In den beiden Stockwerken darüber nimmt das **Diözesanmuseum** eine Reihe von Räumen und Sälen ein. Sakrale Kunstwerke aus mehreren Epochen stellen eine der größten Sammlungen dieser Art des Südtiroler Raumes dar. Besonders be-

merkenswert sind die Tafelmalereien aus der Brixner und Pustertaler Schule.
Einem großen Sohn des Landes ist ein eigener Raum gewidmet: **Paul Troger**. Eine Reihe bemerkenswerter Arbeiten aus dem 18. Jahrhundert sind eindrucksvolle Zeugnisse seiner künstlerischen Schaffenskraft.

Die mit Kassettendecken und Stuckaturen ausgestatteten Räume sind Ausdruck einer eigenwilligen Innenarchitektur. In diesen Rahmen eingebettet befinden sich neben Werken der Malerei Kostbarkeiten des Kunsthandwerks. Eine Rarität des Brixner Dommuseums stellt die so genannte Adlerkasel aus dem 10. Jahrhundert dar.

15. März–31. Okt.: 10–17 Uhr, So geschlossen; 15. Dez.–10. Feb. ist nur das Krippenmuseum von 10–17 Uhr geöffnet

Finsterwirt, Brixen, Tel. 0472/83 53 43, Sonntagabend und Mo Ruhetag, geschlossen von Mitte bis Ende Juni und von 10. Jan. bis Anfang Feb.

Stadt Brixen mit Sehenswürdigkeiten, z. B. Teile der mittelalterlichen Stadtbefestigung, Kreuztor, Säbener Tor, Michaelstor, Kreuzgangtor, Dom

Hofburg in Innsbruck

Tirol

Wenn man am „Goldenen Dachl" vorübergeht, durch die schmale Hofgasse Richtung Hofkirche, steht man schließlich staunend vor der Hauptfassade der Hofburg, die in vornehmem Gelb und Weiß gehalten ist. Der weite Platz vor Hofkirche, Hofburg und dem modernen Konzerthaus ist einer der schönsten Plätze der Tiroler Landeshauptstadt.

Der Vorgängerbau dieser prachtvollen Residenz entstand ab 1397 und lag in seiner Hauptfront am ehemaligen Stadtgraben. Als bedeutendste Bauherren dieses wichtigen profanen Baudenkmals gelten **Erzherzog Sigmund der Münzreiche** und dessen Nachfolger **Kaiser Maximilian I.** Albrecht Dürer, der berühmte Künstler des ausklingenden 15. Jahrhunderts, hielt die Szene fest, als Maximilian hier seine zweite Gemahlin Bianca Maria Sforza empfing. Reste der alten Bausubstanz haben sich teilweise in den Kellern erhalten und zeugen von dieser Hochblüte Innsbrucks unter dem „letzten Ritter". Das alte Bauwerk verschwand gänzlich, als unter **Maria Theresia** im 18. Jahrhundert der große Umbau stattfand. Der berühmte Baumeister **Johann Martin Gumpp d. J.** wurde mit der Errichtung des Treppenhausflügels an der Südfront gegen die Hofgasse beauftragt. Nach dem Siebenjährigen Krieg leitete **Konstantin Johann Walter** den Umbau zweier weiterer Fronten des Hofes von 1766 bis 1770. Die Umgestaltung des Haupttraktes am so genannten Rennweg wurde von der Kaiserin 1766 dem Hofarchitekten **Nikolaus Bacassi** übertragen. In gleicher Weise erhielt das Damenstift, das an die Hofkirche angrenzt, ein neues Aussehen. Maria Theresia stiftete es als Andenken an ihren 1765 in Innsbruck verstorbenen Gemahl Kaiser Franz I. Die Ausstattung der prunkvollen Innenräume zog sich bis 1773 hin. Den Abschluss bildete schließlich die Schaffung des großen Deckenfreskos im Riesensaal von **Franz Anton Maulpertsch** 1775/76.

Sehr unterschiedlich sind die beiden Fassaden der Hofburg gegen Hofgasse und Rennweg. Johann Martin Gumpp, einer der letzten Großen der Barockgeneration, kam 70-jährig zu diesem einzigen Palastauftrag seines Lebens. Obwohl sich der Baumeister in der Form der Fensterrahmungen an der Hofgassenfront bereits dem blühenden Stil des Rokoko anpasst, so ist doch die wesentliche Konzeption vom Geist des frühen 18. Jahrhunderts geprägt: Ein mächtiges, über alle Geschoße reichendes Triumphbogenmotiv schließt das wuchtig flankierte Tor und den prächtigen Balkon mit dreiteilig gegliederten Fenstern unter einem überhöhten Giebel zusammen. Der Einfluss des Wiener Hofarchitekten Bacassi ist unverkennbar an der Hauptfassade am Rennweg. Der Hauch des Wiener Spätrokoko wird spürbar.

Im zweiten Obergeschoß des Rennwegtraktes befinden sich die äußerst sehenswerten **Prunkräume und Kaiserappartements**, die durch das südliche Eingangstor erreicht werden können. Zu einem Großteil hat sich in ihnen die Ausstattung des 18. Jahrhunderts erhalten. Nur im nordöstlichen Teil sind sie im Stile des „zweiten Rokoko" um 1860 ausgestattet. Ursprünglich gelangte man zuerst über die große **Feststiege** im Hofgassentrakt in den Gardesaal, von dort in den Riesensaal und durch das Lothringer- und Kapitelzimmer zu den privaten kaiserlichen Räumlichkeiten. Eine der Hauptsehenswürdigkeiten der Hofburg ist der **Riesensaal**, der über zwei Geschoße reicht und ehemals als Fest- und Zeremonienraum in Verwendung stand. Unter Maria Theresia freilich hieß der Saal noch nicht „Riesensaal", sondern wurde „Familiensaal" genannt, da an der Wand große eingelassene Ölporträts der kaiserlichen Familie gewidmet sind. Die relativ dunklen Bilder harmonieren mit der weißgoldenen Spätrokoko-Dekoration des Saales. 1775/76 schuf der bedeutende österreichische Barockmaler **Franz Anton Maulpertsch** das gewaltige **Deckenfresko**. Dreiteilig stellt dieses in der Mitte den Triumph des Hauses Habsburg-Lothringen und in den Nebenfeldern die Reichtümer des Landes Tirol in zahlreichen allegorischen Figuren dar. Im Gesamtensemble findet sich ein Selbstporträt des Künstlers. Prachtvolle Öfen des 18. Jahrhunderts sind gute Beispiele der Ofenarchitektur jener Zeit. Im Kapitelsaal befindet sich eine Reihe von drei großen Historienbildern, die 1772 entstanden sind. Sie schildern drei festliche Ordensfeiern aus der Zeit Maria Theresias. Das Sterbezimmer Kaiser Franz' I. im Südtrakt der Hofburg wurde nach Plänen Bacassis in eine Gedächtniskapelle umgestaltet. Wie schon erwähnt, gründete Maria Theresia im Gedenken an ihren Gemahl das adelige Damenstift, das von der Hofburg durch einen Bogengang über die Hofgasse erreichbar ist. Über denselben Gang ist es auch möglich, von der Hofburg in die berühmte **Hofkirche**, die so genannte **„Schwarzmanderkirche"**, zu gelangen. Als Besonderheit kann die stimmungsvoll gestaltete „**Silberne Kapelle**" bezeichnet werden. Diese Kapelle ließ Erzherzog Ferdinand II. von Tirol für sich und seine Gemahlin Philippine Welser erbauen. Der nördliche Teil wurde von Julio Fontana 1578, der südliche 1587 vollendet. Die

kleinen Deckenbilder mit Passionsszenen stammen aus der Hand von Giovanni Fontana (1580). Die Hofkirche selbst, die wohl zu den berühmtesten Sakralbauten Tirols zählt, ließ Kaiser Ferdinand I. 1553–63 erbauen.
Heute ist die Kirche aber vor allem wegen des **Grabmals Kaiser Maximilians I.** berühmt, dessen Sarkophag (Maximilian liegt in Wiener Neustadt begraben) von zahlreichen metallenen Statuen bedeutender Herrscherpersönlichkeiten eingeschlossen ist. Der Auftrag zur Fertigung dieses monumentalen Grabmales wurde zwar noch zu Maximilians Lebzeiten erteilt, es konnte aber nicht vollendet werden. Die Einzelfiguren ließ der Kaiser größtenteils in Innsbruck anfertigen und bestimmte sie eigentlich für den von ihm gewählten Begräbnisort Wiener Neustadt. Mehr als 30 Jahre nach seinem Tod sollte der Enkel Maximilians dieses Werk vollenden. Basierend auf Plänen des aus Trient stammenden Meisters Andrea Cribelli wurde 1553 vom Innsbrucker Baumeister Nikolaus Thüring, dessen Großvater das Goldene Dachl erbaut hatte, mit dem Bau begonnen. Nach dessen Tod übernahm Marx de la Bolla die Bauleitung. Die Barockisierung der Kirche erfolgte 1731 durch **Georg Anton Gumpp**. Der Kenotaph Maximilians entstand nach einem Entwurf Florian Abels 1561 und wurde hauptsächlich von Alexander Colin bis 1584 ausgeführt. Aus verschiedenen Gießwerkstätten stammen die lebensgroßen Erzfiguren, die zwischen 1509 und 1550 gegossen wurden. Die eindrucksvollsten davon entstanden noch zu Lebzeiten Maximilians nach Entwürfen von Albrecht Dürer in der Werkstatt Peter Vischers in Nürnberg. Ein Hauptanteil an den Figuren hatte Gilg Sesselschreiber, der allerdings 1518 von Maximilian abgesetzt wurde, da er zu langsam arbeitete.

Als Pilgerstätte der Tiroler gilt das **Grabmal Andreas Hofers**, dessen Statue von Johann Schaller gestaltet wurde. Der Leichnam des Tiroler Freiheitshelden, der im Krieg gegen die Franzosen in Mantua hingerichtet wurde, gelangte 1823 nach Tirol zurück.

Restaurant Schwarzer Adler, Kaiserjägerstraße 2, 6020 Innsbruck,
Tel. 0512/58 71 09

☞ Hofkirche, ehemalige Stadtpfarrkirche St. Jakob, Dreiheiligenkirche, Altstadt, Goldenes Dachl, Domplatz, Altes Zeughaus, Leopardischlösschen, Tiroler Volkskundemuseum, Tiroler Landesmuseum, Tiroler Landestheater etc.

Hofburg

Wien

Bis zu ihrem Ende 1918 stellte die österreichisch-ungarische Monarchie eines der größten Reiche Europas dar. Ihre Herrscher waren nicht nur überaus mächtig, sondern hatten auch die große Verantwortung, einen Vielvölkerstaat zu leiten. Der Mittelpunkt des politischen Geschehens war neben der Sommerresidenz Schönbrunn die kaiserliche Hofburg in Wien.

(Abb. Seite 115)

Heute noch ist die Hofburg ein Symbol des österreichischen Staatswesens. Von hier aus regierten die Monarchen das Land und gegenwärtig ist der **Sitz des österreichischen Staatsoberhauptes** in den Räumen des Palastes untergebracht. Schon im 13. Jahrhundert befand sich an dieser Stelle eine mittelalterliche Burganlage. Der älteste Teil der heutigen Hofburg ist der so genannte **Schweizer Trakt**, der seinen Namen auf die Schweizergarde zurückführt, der die Bewachung der Burg ab dem 18. Jahrhundert übertragen war. Durch das Schweizer Tor, das 1552 von Pietro Ferrabosco gestaltet wurde, gelangte man in den Palast. In diesem Teil der Hofburg ist heute die **Schatzkammer** mit den Insignien des Heiligen Römischen Reiches Deutscher Nation sowie jenen des Hauses Österreich untergebracht. Ebenso befindet sich hier die 1449 errichtete **Hofburgkapelle**, die vor allem wegen der sonntäglichen Auftritte der Wiener Sängerknaben bekannt ist.

Im 16. Jahrhundert erfolgte eine bedeutende Erweiterung der Habsburgerresidenz. Im Laufe der Zeit wurde die Hofburg immer wieder den Bedürfnissen der jeweiligen Herrscher angepasst. So entstand auf insgesamt 240.000 m^2 ein gewaltiger Gebäudekomplex, der aus 18 Trakten, 19 Höfen und insgesamt 2600 Räumen besteht. Um die Mitte des 16. Jahrhunderts erfolgte die Errichtung der **Stallburg**, die zu den wenigen erhaltenen Renaissancebauten in Wien zählt. Die so genannte **Amalienburg** wurde 1611 von Pietro Ferrabosco vollendet und stellte ursprünglich ein unabhängiges Gebäude dar, das erst unter Kaiser Leopold I. mit dem Schweizer Trakt verbunden wurde. Dieser nach ihm benannte **Leopoldinische Trakt** wurde zwischen 1668 und 1680 errichtet. Die Räume wurden vor allem im 18. Jahrhundert von Maria Theresia bewohnt und dienten nach ihrem Tod als Repräsentationsräume der kaiserlichen Residenz. Seit 1946 ist in diesem Bereich der Hofburg der

Amtssitz des österreichischen Bundespräsidenten untergebracht.
Die Geschichte kennt Kaiser Karl VI. als baufreudigen Monarchen. Er beauftragte den Hofarchitekten **Joseph Emanuel Fischer von Erlach** mit einer großzügigen und prunkvollen Erweiterung des Bauwerkes. 1730 vollendete Fischer von Erlach den von **Johann Lukas von Hildebrandt** begonnenen **Kanzleitrakt**. 1735 war die **Hofbibliothek** fertig. Der heutige Prunksaal der Österreichischen Nationalbibliothek, der über beide Geschoße des Gebäudes reicht, gehört zu den beeindruckendsten Bibliothekssälen der Welt. Die hier gesammelten Bücher stellen einen der bedeutendsten Bücherbestände des gesamten europäischen Raumes dar. Nach der Aufhebung zahlreicher österreichischer Klöster durch Kaiser Joseph II. in den 80er-Jahren des 18. Jahrhunderts erfolgte die Eingliederung jener bedeutenden Büchersammlungen in den Bestand der Hofbibliothek.
Auf der rechten Seite des Josefsplatzes erheben sich die im 18. Jahrhundert vollendeten **Redoutensäle**, die ursprünglich als Ball- und Festsäle in Verwendung standen. Nach dem Großbrand von 1992 erfolgten die Restaurierung des Großen Redoutensaales und die Ausstattung mit Decken- und Wandmalereien von Josef Mikl. Der linke Teil wurde am Ende des 18. Jahrhunderts, um eine architektonische Einheitlichkeit zu erzielen, vor die gotische Fassade der **Augustinerkirche** geschoben, die aus dem 14. Jahrhundert stammt und als Hochzeitskirche der kaiserlichen Familie galt. Außerdem befindet sich hier die Herzgruft, in der die Herzen der Habsburger aufbewahrt werden. Von hier aus gelangt man in die 1729 bis 1735 von Joseph Emanuel Fischer von Erlach erbaute **Winterreitschule**. Die Spanische Hofreitschule ist heute eine Attraktion, die viele Wientouristen beeindruckt.
Die Innenstadtseite der Hofburg erhielt Ende des 19. Jahrhunderts ihr heutiges Aussehen. Zunächst wurde das alte Burgtheater abgerissen und nach Plänen Fischer von Erlachs die Michaelerfassade vollendet. In den letzten Jahren der Monarchie entstand schließlich die **Neue Burg**. Der jüngste Teil der Hofburg mit seiner geschwungenen Front wurde 1913 vollendet, während es im Innenbereich erst Jahre später zu einer Vollendung kam. Heute sind hier zahlreiche Institutionen wie ein Teil der Österreichischen Nationalbibliothek, das Völkerkundemuseum, die Hofjagd- und Rüstkammer … untergebracht.
Die ehemaligen Wohnräume Kaiser Franz Josephs und Kaiserin Elisabeths sind heute im **„Reichskanzleitrakt“** zu besichtigen. Über die Kaiserstiege erreicht man das so genannte **Stephansappartement**, das nach Erzherzog Stephan Viktor

(1817–1876) benannt ist. Diese Räume wurden unter Kaiser Franz Joseph als Gesellschaftsräume hoher Offiziere verwendet. Von der Trabantenstube, in der einst die Trabantenleibgarde Wache stand, gelangt man in das Appartement des Kaisers. Mitte des 19. Jahrhunderts erfolgte eine komplette Renovierung dieser Räume sowie deren Neuausstattung. Die Wände wurden mit rotem Seidendamast bespannt, das Mobiliar im Stil des „zweiten Rokoko" gefertigt und ebenso mit rotem Damast bezogen. Der große Audienzwartesaal zeigt an den Wänden monumentale Bilder von Johann Peter Krafft und schildert Szenen aus dem Leben Kaiser Franz II./I. Daran schließt das Audienzzimmer des Kaisers an, in dem Franz Joseph zweimal pro Woche etwa 100 Audienznehmer empfing.

Die **Räume der Kaiserin** sind ebenso wie das Appartement Franz Josephs im Stil des „zweiten Rokoko" ausgestattet. Ursprünglich dominierte hier nicht das Rot, sondern Elisabeth bevorzugte verschiedene weiche Farben. Ein besonderes Highlight jeder Hofburgführung ist das Turnzimmer der Kaiserin mit Sprossenwand und Ringen im Türrahmen. Ebenso ist ein Badezimmer eingerichtet, dessen Badewanne aus verzinktem Kupferblech gearbeitet ist. Im Anschluss daran sind reizvolle Zimmer zu sehen, die 1766 von Johann Bergl mit exotischer Landschaft und reichen Tier- und Pflanzendarstellungen bemalt wurden. Der Empfangsraum der Kaiserin war gleichzeitig ihr Frühstückszimmer. Im Kleinen Salon befindet sich das berühmte Bild von Georg Raab, das Elisabeth als Königin von Ungarn zeigt. Im Norden schließt das **Alexanderappartement** an, das an den russischen Zaren Alexander erinnert, der in diesen Räumen während des Wiener Kongresses 1814/15 residierte. Kaiser Karl I., der letzte Habsburger auf dem österreichischen Thron, hatte hier seine Arbeitszimmer.

Heute ist die Hofburg ein wichtiges Stück des „guten alten Wien", wo Tradition und Gegenwart eng nebeneinander stehen.

Hofburg/Silberkammer/Kaiserappartements, Innerer Burghof/Kaisertor, 1010 Wien, Tel. 01/53 37 570, Fax: 01/53 37 570-33

Täglich von 9–16.30 Uhr; Führungen Kaiserappartements: 10–16 Uhr zu jeder vollen Stunde; Kinderführungen in den Kaiserappartements Sa, So und Fei 10.30 und 14.30 Uhr, Silberkammer: 11 und 15 Uhr; Termine für Schulklassen und Kindergruppen nach Vereinbarung

Kunsthistorisches Museum, Österreichische Nationalbibliothek, diverse naturwissenschaftliche Museen, Heeresgeschichtliches Museum, Historisches Museum der Stadt Wien, Hermesvilla, Lipizzanermuseum etc.; Schloss Belvedere, Schloss Schönbrunn, Stephansdom, Hundertwasserhaus, Parlament, Staatsoper, Karlskirche; Konzerte, Musicals, Veranstaltungen aller Art, Prater, Heurigenbesuch etc.

Festung Hohensalzburg

Salzburg

Was wäre die Stadt Salzburg, das „Rom der Alpen", das mit seinen Kuppeln und Kirchen zu den schönsten Städten Österreichs zählt, ohne die mächtige Burg, die schützend über ihr wacht? Ein Denkmal der Macht und des Einflusses der Erzbischöfe von Salzburg und gleichzeitig die größte erhaltene Festung Europas – so rückt die Burg Hohensalzburg in das Blickfeld des Burgen- und Schlösserbegeisterten.

(Abb. Seite 118)

Dass sich an der Stelle der heutigen Festung schon in der Zeit der Römer eine befestigte Militäranlage befand, konnte durch archäologische Grabungen belegt werden. Als Burg allerdings erlangte das Bauwerk erst im Jahre 1077 Bedeutung, als der damalige **Erzbischof Gebhard I.** (1060–88) mit dem groß angelegten Bau einer Befestigungsanlage über seiner Residenzstadt begann. Der Bischof hatte es sich mit dem Kaiser verscherzt, als er sich im Investiturstreit hinter Papst Gregor VII. stellte. Mit einer Strafexpedition des Kaisers rechnend, wollte der Bischof diesem zuvorkommen und seine Stadt durch eine uneinnehmbare Festung schützen. Der Kaiser allerdings umging bei seiner Rückkehr aus Italien das Territorium des Bischofs. Diese erste Burg dürfte nicht sehr aufwändig gewesen sein und vermutlich aus hölzernen Palisaden bestanden haben.

Erst Bischof Konrad I. (1106–47) ließ Steinbauten aufführen. Um 1420 entstanden die viereckigen Türme, die aber schon 1465 durch runde Türme ergänzt wurden. Die Errichtung eines Zeughauses sollte die Wehrhaftigkeit der Burg steigern. Der Schüttkasten als Vorratskammer für Belagerungsfälle war so groß angelegt, dass er die Burgbesatzung über einen längeren Zeitraum am Leben erhalten konnte. Die unsichere Zeit des ausgehenden 15. und beginnenden 16. Jahrhunderts machte größere Um- und Ausbauten notwendig, die den militärischen Erfordernissen jener Zeit angepasst waren. Unter Erzbischof Leonhard von Keutschach erfolgte 1501 der Ausbau des hohen Stockes und des Palas, ebenso die Schaffung von Zisternen und die Erhöhung der bestehenden Türme. Als Besonderheit gilt der am so genannten Krautturm angebrachte **„Salzburger Stier"**, der sich als einzige gotische Orgel (um 1500) erhalten hat.

Angesichts der drohenden Aufstände der Bergknappen und Bauern musste sich der Erzbischof mehrfach in die Festung zurückziehen. Während dieser Zeit entstand die Georgskapelle. Zur Versorgung der Festung wurde der so genannte Reiszug installiert. 1525 belagerten Bauern und Bergknappen 14 Tage lang die Festung. Erst der Einsatz eines schwäbischen Heeres konnte Befreiung bringen. Die Lehre aus dieser massiven Belagerung wirkte sich im Ausbau weiterer Befestigungsanlagen wie beispielsweise dem mächtigen „Schlangenrondell" aus. Die Geschütze dieses Turmes wurden ihrer Wendigkeit wegen „Schlangen" genannt. Sie waren in der Lage, die gesamte Stadt unter Beschuss zu nehmen. Im Volksmund wurde der Turm als „Bürgermeisterturm" bezeichnet. Die Basteien gegen den Nonnberg sowie die große Zisterne im Burghof entstanden.

Am Ende des 16. Jahrhunderts übernahm **Wolf Dietrich von Raitenau** das Amt des Erzbischofs. Ihm war die Festung mehr oder minder gleichgültig, schwebte ihm doch ein großartiges Konzept einer neuen Stadt vor. Diese Stadt sollte sich an den Vorbildern italienischer Barockarchitektur orientieren und zu einem Mittelpunkt der Welt werden. Die verschwenderische Art des Bischofs brachte das Erzbistum an den Rand des Ruins. Wolf Dietrich wurde eingekerkert und verbrachte die letzten Lebensjahre als Gefangener.

Zur Zeit des Dreißigjährigen Kriegs trug **Paris Lodron** (1619–53) den erzbischöflichen Purpur. Er gilt als einer der umsichtigsten Verwalter der Festung und leitete eine neue Bauphase ein. Salzburg wurde Mittelpunkt eines befestigten Imperiums, das in diesen politischen Wirrnissen zahlreichen Regenten anderer Länder Zuflucht bot. Dank der großartigen Befestigungsanlagen schreckten sowohl die Schweden als auch die Franzosen vor einer Belagerung zurück. Unter Paris Lodron entstanden die mächtigen Bastionen an der Westseite, ebenso wurden Arbeits- und Zeughäuser sowie die Schüttkästen an der Burg ausgebaut. Die Gefahr der Türken ließ im 17. Jahrhundert neuerlich an eine Verdichtung der Wehrmaßnahmen denken.

Ab 1803, als das Bistum Salzburg den Titel eines souveränen Fürstentums verlor, schwand auch die Bedeutung der Festung. Die Anlage wurde als Kaserne und als Strafgefangenenlager verwendet. Heute ist die Burg ein glänzendes Beispiel europäischer Festungsarchitektur.

Das Hauptgebäude der gesamten Anlage ist zweifellos der **Palas**. Unter Fürsterzbischof Leonhard von Keutschach entstand hier ein prachtvolles Schloss mit hervorragender künstlerischer Ausgestaltung. An der Westseite des Palas erinnert der fürstliche Weinkeller an die feudalen Festgelage, die hier stattfanden. Im zweiten Stock befanden sich ehemals dic Wohnräume. Besonders bemerkenswert ist die kleine Kapelle des Erzbischofs Leonhard von Keutschach, die Ende des 15. Jahrhunderts errichtet wurde. Der dritte Stock ist den fürstlichen Repräsentationsräumen vorbehalten. Der Vorraum, der durch sein tiefes Netzgewölbe und das Wappen des Burgherrn im Zentrum sehr feierlich anmutet, geleitet zum so genannten **Goldenen Saal**, der heute für kulturelle Veranstaltungen in Verwendung steht. Mächtige Säulen tragen die reich verzierte Holzdecke. Die Wände des Saales sind getäfelt und mit reichem Stuckwerk ausgestattet. Im Osten öffnet sich die **„Goldene Stube“**, die zu den prächtigsten Räumen der Festung gehört. Hier ist ein reich verzierter Kachelofen erwähnenswert, der über einen enormen figuralen Reichtum verfügt. Zum Palas gehört der markante Glockenturm, der 1465 errichtet wurde. Eine Reihe anderer Türme entstand in dieser Zeit, so der berühmte Trompeterturm, von dessen Spitze aus man einen sagenhaften Blick auf die ganze Stadt Salzburg werfen kann. Der letzte unter Fürsterzbischof Burkhart von Weißpriach errichtete Turm ist der Schmiedturm.

Heute noch erinnern Räume der Burg an die hier vollzogene Gerichtsbarkeit. Die Erzbischöfe von Salzburg verfügten über die hohe oder Blutgerichtsbarkeit und waren letzte Appellationsinstanz.

Heute ist die Festung Hohensalzburg nicht nur das Wahrzeichen der Stadt, sondern auch ein Beispiel fürstlicher Lebenskultur.

Festung Hohensalzburg, Mönchsberg 34,
5020 Salzburg, Tel. 0662/84 24 30-10,
Fax: 0662/84 24 30-20;
salzburger.burgen.schloesser@land.sbg.gv.at,
www.salzburg.com/burgenundschloesser

VIA IMPERIALIS
Burgen • Schlösser • Stifte Österreichs

Burgareal:	15.3.–14.6.	9–18 Uhr
	15.6.–14.9.	8.30–19 Uhr
	15.9.–14.3.	9–17 Uhr
	24.12. letzter Einlass 16 Uhr, 25.12. geöffnet	
Innenbereiche:	15.3.–14.6.	9.30–17.30 Uhr
	15.6.–14.9.	9–18 Uhr
	15.9.–14.3.	9.30–17 Uhr
	letzter Einlass jeweils 1/2 Std. zuvor	
	24.12. letzter Einlass 14 Uhr, 25.12. Innenbereiche geschlossen	

Festungsrestaurant, Mönchsberg 34, 5020 Salzburg, Tel. 0662/84 17 80,
Burgschenke Hohensalzburg, Tel. 0662/84 68 54

Ständige Ausstellungen, Festungsmuseum und Rainer-Regimentsmuseum, Informationsschau, Original Salzburger Marionettenmuseum, Shop, Festung Hohensalzburg, Festungsbahn, Carolino Augusteum, Salzburger Landestheater, Mozartmuseum, Schloss Hellbrunn, Schloss Mirabell, diverse Freizeitmöglichkeiten

Burg Hohenwerfen

Salzburg

Charakteristisch für eine der interessantesten Burganlagen Salzburgs sind die Zinnen und Türme, die sich zu einer imposanten Gesamtkomposition zusammenschließen. Beeindruckt von der Massigkeit der Mauern, wird jedem, der die Festung Hohenwerfen erblickt, sofort klar, dass es sich bei dieser Burg um eine der wichtigsten Befestigungsanlagen handelt, über die das ehemalige Fürstentum Salzburg innerhalb seiner Landesgrenzen verfügte.

(Abb. Seite 118)

Große Gefahren von außen veranlassten den Burgbau. Zunächst drohten die **Einfälle der Magyaren**, die die östlichen Gebiete des Erzbistums überrannten. Die Ungarn bedrängten in der ersten Hälfte des 10. Jahrhunderts das Land und versuchten in ihren Kriegs- und Beutezügen ganz Europa zu unterwerfen. Den **Erzbischöfen Salzburgs** gelang es, das Erzstift Salzburg dem Einflussbereich des bayrischen Herzogs Arnulf zu entreißen. Nicht lange währte der scheinbare Frieden, denn schon tat der Investiturstreit das seinige, damit Salzburg wieder in eine missliche Situation geriet. In der Auseinandersetzung zwischen Heinrich IV. und Papst Gregor VII. schwor der Salzburger Bischof dem Papst auch weiterhin die Treue. Dafür musste der Kirchenfürst allerdings den Zorn des Kaisers fürchten. Am 14. Oktober 1077 trat er die Reise ins Exil an. In diesem Jahr dürften wohl auch die ersten Elemente der Festung entstanden sein, um eine Sicherung des Landes zu gewährleisten.

Die einfachen Befestigungsanlagen in Hohenwerfen erhielten erst durch Bischof Konrad I. eine effiziente Wirkung. Der Pass wurde verstärkt und dadurch die Sicherheit der Nordsüdverbindung garantiert. Bischof Konrad dürfte ein baufreudiger Mann gewesen sein, was durch zeitgenössische Berichte belegt werden kann. Er bemühte sich nicht nur um den Ausbau der Feste Hohensalzburg, sondern vergrößerte auch die Anlage in Friesach, sodass diese Burg als Kaiserburg bezeichnet wurde. Im Zugang zur Burgkapelle in Hohenwerfen befinden sich heute noch Freskenreste, die aus dieser Zeit stammen.

Am Beginn des 15. Jahrhunderts scheint Hohenwerfen in gutem Zustand gewesen zu sein, denn Erzbischof Eberhard III. errichtete hier ein Pfleggericht. Nach neuesten Gesichtspunkten der Waffentechnik rüstete er die Wehranlage um. Anlass für weitere Baumaßnahmen waren die Einfälle der gefürchteten **böhmischen Hussiten**. 1525/26 verwüsteten die **Bauernkriege** das Land. Die kampflose Einnahme der Burg deutet darauf hin, dass die Burgmannschaft durch den Einfall der Bauern vollkommen überrascht wurde. Nach der Niederschlagung der Bauernaufstände begann Erzbischof Matthäus Lang mit einer weiteren Vergrößerung der Burg. Die Schäden, die wahrscheinlich von den Bauernkriegen herrührten, wurden behoben und die kleine Bastei mit anschließendem Wallerturm und verdeckter Stiege errichtet. Bis 1538 hatten die Bauern als Strafe für ihre Vergehen Robotdienste zu leisten.

In der zweiten Hälfte des 16. Jahrhunderts setzte die zweite Periode des Ausbaues ein. Ausschlaggebend war wohl die drohende **Türkengefahr**, die das Land in Angst und Schrecken versetzte. Auch hier wird deutlich, dass Hohenwerfen innerhalb der Befestigungsstruktur des Fürstentums Salzburg eine Vorreiterrolle spielte. Bei diesem Ausbau wurden die Tore erneuert, die Mauern erhöht und mit Schießscharten ausgestattet. Ein interessantes schriftliches Dokument stellt ein Besichtigungsprotokoll von 1565 dar, bei dem von erfahrenen italienischen Festungsarchitekten eine Reihe von Vorschlägen für eine Verbesserung der Wehrstruktur unterbreitet wurde. 1573/74 entstand der große Palas in seiner heutigen Form, womit schließlich der Ausbau des Hauptgebäudes sein Ende fand. Glücklicherweise sind Archivalien vorhanden, die den Fortgang des Burgausbaues dokumentieren. Etwa um 1570 erreichten die Baumaßnahmen ihr Ziel und Hohenwerfen galt schon damals als uneinnehmbar und als eine der beachtenswertesten Festungsanlagen des gesamten deutschen Sprachraumes.

Im Dreißigjährigen Krieg hatte Salzburg als Kriegsschauplatz kaum eine Rolle gespielt. Dennoch ließ **Erzbischof Paris Lodron** 1624 den großen Pulverturm und 1632 eine riesige Marmorzisterne errichten. Stets bereit für etwaige kriegerische Übergriffe war die Burg in dieser Zeit ständig mit Truppen belegt. Die umfangreiche Bewaffnung der Anlage, die in zahlreichen Inventarverzeichnissen festgehalten ist, spricht für die große Blüte im 17. Jahrhundert.

Nach dem Ende der Herrschaft der Bischöfe von Salzburg sollte die Festung zu einem Staatsgefängnis mutieren. Kaiser Franz I. konnte dieses Schicksal allerdings verhindern, nicht aber die Abtretung Salzburgs an Bayern im Frieden von Schönbrunn 1809. Bis 1816 hielten die Bayern ihre Hand über Salzburg, ehe es wiederum zu den habsburgischen Kronländern kam. Die Bayern verabsäumten die Instandsetzung der Burg und so trat rasch der Verfall ein. 1822 erfolgte die Versteigerung des kompletten Inventars, wonach die Burg einer Ruine glich.

Erzherzog Johann, der Bruder des Kaisers, verhinderte schließlich ihren Verfall und ließ die Burg zwischen 1824 und 1833 vollkommen sanieren. Der Erzherzog hatte keine militärische Dependance vor Augen, allein die Konservierung eines mittelalterlichen Baudenkmals stand im Blickfeld. 1876 gelangte die Burg in den Besitz Graf Oswalds von Thun. 1898 übernahm Erzherzog Eugen von Österreich die Festung und stellte das Gebäude durch aufwändige Restaurierungsmaßnahmen wieder her. Der Erzherzog errichtete in der Burg seine Residenz und stattete sie mit seiner umfangreichen Kunstsammlung aus. Ein gewaltiger Brand am 8. Jänner 1931 vernichtete einen Teil der Festung und die bedeutenden Kunstschätze. Dennoch leitete Eugen neuerlich eine Restaurierung ein, die 1932 abgeschlossen wurde. 1938 kam die Festung in den Besitz des Gaues Salzburg und wurde in der Zeit der Nationalsozialisten als Gauschulungsburg verwendet. Von 1945 bis 1987 war hier die Schule der Österreichischen Bundesgendarmerie stationiert, in der die jungen Gendarmen ihre Ausbildung erfuhren.

Heute ist die Festung eine Tourismusattraktion ersten Ranges. Scharen von Besuchern erleben die Welt des Mittelalters. Das erste österreichische **Falknereimuseum** im Wallerturm und die **Greifvogelvorführungen** des Salzburger Landesfalkenhofes sind zusätzliche Anziehungspunkte, die einen Besuch lohnen.

VIA IMPERIALIS
Burgen • Schlösser • Stifte Österreichs

Erlebnisburg Hohenwerfen, Burgstraße 2,
5420 Werfen, Tel. 06468/76 03,
Fax: 06468/76 03-4;
erlebnisburg.hohenwerfen@aon.at, www.salzburg.com/burgenundschloesser

Ostern bis Nov., je nach Saison von 9–18 Uhr.
Führungen je nach Saison von 10–17 Uhr stündlich

Burgrestaurant oder
Gasthof Neuwirt, Markt 2, 5450 Werfen, Tel. 06468/52 02

Wechselnde Sonderausstellungen, Falknerei-Sonderprogramm, historisches Schaufechten, Ritterspiele, Festveranstaltungen, Eisriesenwelt, Liechtensteinklamm, Salzburger Landes-Skimuseum

HOLLENBURG

KÄRNTEN

Weithin sichtbar erhebt sich die Hollenburg über dem Rosental. Die mächtige Anlage, die wie aus dem Felsen gewachsen scheint, führt ihre Ursprünge bis auf die Mitte des 12. Jahrhunderts zurück.

(Abb. Seite 119)

Erstmals wird das Gebäude als Sitz eines steirischen Ministerialengeschlechts im Jahre 1142 genannt. Nach dem Tod des letzten Hollenburgers, Swikers III., fiel die Festung an dessen Verwandten Hartneid von Pettau. Auf den letzten Pettauer, Friedrich (+ 1438), folgten dessen Schwestern Agnes von Stubenberg und Anna Gräfin von Schaunberg. Um Streitigkeiten zwischen den Geschwistern zu vermeiden, trat ein Teilungsvertrag in Kraft, der Agnes die Herrschaft über die Hollenburg zusprach. Der Sohn der 1451 verstorbenen Stubenbergerin nahm an einem Aufstand gegen den Kaiser teil, geriet in Gefangenschaft und musste schließlich zu Gunsten des Kaisers auf die Hollenburg verzichten. Der ständig unter Geldnot leidende Kaiser Maximilian I. verkaufte die Festung 1514 an seinen Günstling Sigmund von Dietrichstein und erklärte die Burg zur freien Herrschaft. Die Dietrichsteins konnten sich über einen Zeitraum von vier Jahrhunderten der Herrschaft Hollenburg erfreuen, ehe der gräfliche Stamm 1861 mit dem Tod Johann Douglas von Dietrichsteins erlosch.

An den ersten Dietrichstein auf Hollenburg und dessen Gemahlin erinnert heute noch ein Türkämpfer mit Doppelwappen. Der Sohn der beiden galt als glühender Anhänger der Lehre Martin Luthers. Nach dem Ausbau der Burg zu einer imposanten Schlossanlage im Renaissancestil ließ er im gesamten Innenhofbereich protestantische Sprüche anbringen, die seine Gesinnung nach außen sichtbar machten. 1593 starb Sigmund Georg. Der Besitz ging an seinen Sohn über, der ebenfalls ein Verfechter des Luthertums war. Seine Regentschaft stand allerdings unter keinem guten Stern, denn bedingt durch die Gegenreformation, die alle Nichtkatholiken aus dem Land vertrieb, musste er das Schloss an den katholisch gebliebenen Stamm der Familie abtreten.

1913 gelangte die Anlage in den Besitz Ludwig Wittgensteins, der sie an seine beiden Töchter vererbte.

Ein großer Teil der heute erhaltenen Hollenburg gehört der Zeit des 16. Jahrhunderts an. Beeindruckend ist der große **Renaissancehof**, der in seiner Linienführung das klassische Vorbild eines neuen Architekturideals befolgt. Über eine mächtige Brücke, die unmittelbar vor dem Tor in eine ehemalige Zugbrücke einmündet, gelangt man zum Haupttor des Schlosses. Hier befand sich der ehemalige Torturm der Burg. Durch ein weites Tor betritt man den mächtigen, fünfeckigen Innenhof. Drei Bögen, die von Steinsäulen getragen werden, überragen die Treppe, die in den ersten Stock des Osttraktes führt. Nur ein Teil des Osttraktes weist eine durch Säulen gegliederte Fassadenstruktur auf. Eine Reihe von Säulenfüßen und Pilastern zeigt das Wappen des Sigmund Georg von Dietrichstein und dessen Gemahlin Anna Maria von Starhemberg. Diese beiden gelten als die treibende Kraft, die hinter dem Ausbau des Schlosses stand. Neben den kartuschierten Inschriften sind vor allem einige steinerne Türstöcke bemerkenswert, die seitlich gekragte, vorspringende Kämpfer mit Fruchtranken-Ornamenten im Sturzfeld besitzen. An längst vergangene Tage der Kärntner Geschichte erinnern einige eingemauerte Römersteine.

Außen wirkt das Bauwerk sehr unregelmäßig, was nicht verwundert, da das Terrain sehr zerklüftet ist und den Baumeistern einiges Geschick abverlangte. Ursprünglich besaß die Burg einen mächtigen Bergfried, der allerdings mit dem Ende des Mittelalters seine Bedeutung verlor und anlässlich des Umbaus im 16. Jahrhundert abgetragen wurde.

Interessant ist die **Schlosskapelle**, die einem der 14 Nothelfer, dem hl. Nikolaus, geweiht ist. Der stichkappengewölbte, rechteckige Raum kann auf hervorragende Fresken aus dem 14. Jahrhundert verweisen, die erst in den 40er-Jahren des vergangenen Jahrhunderts freigelegt wurden.

Schloss Hollenburg, 9161 Maria Rain, Tel. 04227/84 011, 04227/84 011-36, Fax: 04227/84 01 245

Je nach Ausstellung

Landgasthof-Pension Plöschenberg, Plöschenberg 4, 9071 Köttmannsdorf, Tel. 04220/22 40

Ständige Ausstellungen, Stadttheater Klagenfurt, Sportstätten, Stadion, Hallenbad, Reithalle, Kunsteisbahn, Wandern im Rosental, Tscheppaschlucht, Tennisplätze, Kegeln, Strandbad

35

Kaiservilla Bad Ischl

Oberösterreich

Als Ernst Marischkas Film „Sissy" den Siegeszug um die Welt antrat, erlebte auch das Salzkammergut mit dem berühmten Kurort Bad Ischl eine Renaissance. Die Kaiservilla als Sommersitz Kaiser Franz Josephs, ist Mittelpunkt dieses Ortes, der durch den Aufenthalt der kaiserlichen Familie während der Sommermonate zu einem Brennpunkt der Monarchie avancierte.

(Abb. Seite 119, 120)

Alles was Rang und Namen innerhalb der Donaumonarchie hatte, gab sich hier ein Stelldichein; berühmte Romanzen nahmen hier ihren Ausgangspunkt, Intrigen wurden gesponnen und große politische Ereignisse wurden hier geplant. Ein unscheinbarer Ort mit großer Vergangenheit. Obwohl die Monarchie längst Geschichte ist und es keinen Kaiser mehr in Österreich gibt, lebt ein Stück dieser Tradition weiter und begegnet dem sensiblen Kenner auf Schritt und Tritt. Ob in den alten Fassaden der Häuser, in den Kuranlagen oder beim berühmten Zuckerbäcker Zauner: überall ist der Hauch der Monarchie heute noch gegenwärtig.

Der Kurort, der 1823 gegründet worden war, wurde von den Eltern Franz Josephs regelmäßig besucht. So ist es nicht verwunderlich, dass der Kaiser selbst von seinen 86 Lebensjahren 82 Sommer in Bad Ischl verbrachte. Die Kaiservilla, die sich ursprünglich im Besitz des Wiener Notars Dr. Josef August Eltz befunden hatte, wurde dem jungen Paar **Franz Joseph und Elisabeth als Hochzeitsgeschenk** überlassen. Im August 1854 wohnte das frisch vermählte Paar zum ersten Mal im Ischler Landhaus. Obwohl das Gebäude nach außen hin eher schlicht und mehr einen bürgerlichen als einen kaiserlichen Eindruck hinterlässt, so schien man sich hier dennoch wohl zu fühlen.

Alles in und um die Villa ist dem **Thema Jagd** verschrieben. Trophäen von Gämsen, Hirschen und anderem Waldgetier im Inneren des Hauses sind Zeugen der Jagdleidenschaft des Herrschers und seiner Freunde.

Die heutige Form erhielt das Gebäude allerdings erst im Jahre 1873. Die inzwischen fünfköpfig gewordene Familie sprengte das zu klein gewordene Haus, und so entschloss man sich, die beiden Seitenflügel anzubauen. Auch hier ist sprichwörtlich die Liebe des Kaisers zu seiner Gemahlin zu erkennen, denn das Gebäude beschreibt die Grundform eines E – für Elisabeth. Die Adaptierungsarbeiten übernahm

Rüstkammer in Hochosterwitz

Burg Hochosterwitz

Hofburg Wien – Neue Burg am Heldenplatz

Herberstein – Florentinerhof

Salzburg mit der Feste Hohensalzburg

Gesamtanlage der Burg Hohenwerfen

Die Hollenburg im Rosental

Kaiservilla Bad Ischl

Kaiservilla Bad Ischl – Schreibutensilien von Kaiser Franz Joseph

Der Grüne Salon in der Kaiservilla

Antonio Legrenzi, der k. u. k. Leibkammerdiener, der sich schon mehrfach auch in architektonischen Belangen ausgezeichnet hatte. Nach dessen Tod 1858 übernahm Franz Rauch, der Hofgarteninspektor, die Bauarbeiten. Die Konzeption des **Gartens** zählte mit zu den Wünschen des Kaiserpaares. So wurden Beete mit halb tropischen, halb westeuropäischen Pflanzen, mit Geranien, Rosen, Palmen und Bananen angelegt. Obwohl die Gärten innerhalb des Jainzengebietes etwas exotisch anmuteten, fügten sie sich dennoch harmonisch ein.

Der Mittelrisalit des Gebäudes, dessen Giebelbekrönung auf mächtigen Säulen ruht, hat einen Balkon, der eine Loggia überdacht. Das Giebelfeld ist wiederum einem jagdlichen Thema gewidmet und zeigt in reliefierter Arbeit verschiedene Waldtiere.

Die Räume im Mittelteil des Landhauses dienten in erster Linie den Empfängen. Der Graue Salon stand als Frühstückszimmer in Verwendung und war beliebter Aufenthaltsort des Kaisers mit seinen Enkeln. Innerhalb dieser Räume, die vom Kaiserpaar bewohnt wurden und Mittelpunkt des Lebens waren, ist heute ein **Museum** eingerichtet, das den **Lebensraum des Herrscherpaares** authentisch wiedergibt. Während einer Führung durch das Haus gelangt der Besucher in das Zimmer der Hofdamen, das dekorierte Rösslzimmer, den Herrensalon für die Jäger, das Wartezimmer und das Arbeitszimmer des Kaisers. Hier hielt sich der Monarch gerne auf und versuchte in der Abgeschiedenheit der Ischler Landschaft wichtige politische Entscheidungen zu überdenken. Vielfach trafen sich in Ischl wichtige Staatsmänner aller Nationen, um einerseits mit dem Kaiser auf Jagd zu gehen, andererseits aber auch über die politische Zukunft Europas zu verhandeln. Ein schicksalhafter Tag war der 28. Juli 1914, an dem Kaiser Franz Joseph das Manifest „An meine Völker" in Ischl paraphierte. Von seinen Beratern gedrängt, unterschrieb der 84-jährige Kaiser die Kriegserklärung an Serbien. Der einfache Schreibtisch und die bescheidene Ausstattung der kaiserlichen Räume zeichnen das Bild eines sehr bescheidenen Mannes, der den Luxus nicht liebte. Der **Schreibtisch des Herrschers** ist heute noch eine der Pilgerstätten innerhalb der Kaiservilla und erweckt den Eindruck, als wäre der Kaiser eben erst aufgestanden und hätte den Raum verlassen. Neben dem Arbeitszimmer liegt das Schlafzimmer, das in seiner Ausstattung der schlichteste Raum des Hauses ist. Ein ähnliches Bett wie jenes in Bad Ischl stand auch im Wiener Schlafzimmer des Kaisers und erinnert an die Feldbetten, die von Soldaten benützt wurden. Dass Franz Joseph ein sehr frommer Mensch war, zeigt ein Betschemel mit einem Kreuz.

Obwohl Bad Ischl immer wieder als Drehscheibe wichtiger politischer Treffen galt, versuchte der Kaiser dennoch, diesen Aufenthaltsort privat zu halten. Besuche waren zwar nicht ausgeschlossen, aber man bemühte sich, die repräsentativen Verpflichtungen auf ein Minimum zu reduzieren. Die Staatsoberhäupter, die nach Bad Ischl kamen, waren nur selten persönliche Gäste des Herrschers.

Nach dem Ende des Ersten Weltkriegs verblieb die **Kaiservilla in Habsburger Besitz**. Marie Valérie, die 1868 in Budapest geborene jüngste Tochter des Kaisers, erbte das Landhaus. Auch heute noch ist die Kaiservilla der einzige von der kaiserlichen Familie häufig benutzte Schlossbau, der sich nach wie vor in ihrem Besitz befindet. Die Familie Habsburg ist heute bemüht, das Gebäude der Öffentlichkeit zugänglich zu machen und so einen Einblick in das Leben und die Welt des vorletzten Kaisers von Österreich zu bieten. Lust und Leid, Leben und Schicksal sprechen aus den vielen persönlichen Gegenständen, die sich heute noch hier befinden. Es ist nicht die Welt eines unnahbaren Monarchen, sondern das Refugium eines Menschen, der versucht hat, seine wichtige Stellung zum Wohle der ihm Anvertrauten einzusetzen.

Gleichzeitig wird in den Mauern der Kaiservilla das Ringen und das Bemühen um die Erhaltung eines Staates spürbar, dessen Ende sich schon zu dieser Zeit abzuzeichnen begann. Ein Stück Geschichte und das ernsthafte Bemühen, einen positiven Beitrag dazu zu leisten, werden erlebbar.

Kaiservilla Bad Ischl, Büro, 4820 Bad Ischl, Tel. 06132/23 241, Fax: 06132/28 285; www.herold.co.at/kaiservilla

VIA IMPERIALIS
Burgen • Schlösser • Stifte Österreichs

1. Mai–30. Okt. täglich 9–11.45 und 13–16.45 Uhr, danach auf Anfrage

Restaurant Goldenes Schiff, Adalbert-Stifter-Kai 3, 4820 Bad Ischl, Tel. 06132/27 980

Ständige Ausstellungen, Operetten-Festspiele während des Sommers, Stadtmuseum, Lehár-Villa, Haenel-Pancera-Familienmuseum, Fotomuseum, Museum Fahrzeug – Technik – Luftfahrt, Salzbergwerk Bad Ischl

Schloss Kittsee

Burgenland

Der Markt Kittsee im nördlichen Burgenland, unmittelbar an der österreichisch-slowakischen Grenze gelegen, ist mit seinem „Neuen Schloss" alter Geschichtsboden. Vom Mittelalter bis zur Aufhebung der Grunduntertänigkeit (1848) war der Markt Vorort der gleichnamigen Herrschaft.

Am „Viervelt", einem im Ortsbereich von Kittsee befindlichen Gelände, sammelte sich 1198 das Kreuzzugsheer Kaiser Friedrichs I. Barbarossa und wartete auf die Durchzugserlaubnis durch Ungarn. Ein baulicher Zeuge dieser Zeit ist bis heute das **„Alte Schloss"**, ursprünglich eine Wasserburg mit rechteckigem Grundriss, deren Bestand schon im 12. Jahrhundert bezeugt ist und welche wahrscheinlich unter den letzten Arpaden als Grenzfestung gegen Österreich errichtet worden war.

Das **„Neue Schloss"** hingegen entstand Anfang des 17. Jahrhunderts als Meierhof und wurde 1668 unter Johann Listy erweitert. Von den vier Eckbastionen der befestigten Anlage des 17. Jahrhunderts ist noch ein Mauerwerk aufrecht, und ein steinernes korbbogiges Portal mit lateinischer Inschrift erinnert noch immer an die bauliche Erweiterung in der Neuzeit.

Die renaissancezeitliche Anlage, ursprünglich mit Freitreppe und Zwiebeltürmchen vor der Hoffassade, wurde unter **Paul Anton Fürst Esterházy** 1730 bis 1740 barock umgebaut. Die Jahreszahl 1737 am alten Dachstuhl ist ein Zeugnis dieses Umbaues.

Die Besitzer der jüngsten Vergangenheit, untcr welchen als bedeutendste Persönlichkeit **Dr. Ladislaus Fürst Batthyány-Strattmann**, der Begründer des Kittseer Krankenhauses, gesuchter Augenspezialist und großer Philanthrop, hervorragt, haben im Sinne des Historismus letzte Veränderungen der Außen- und Innenarchitektur getroffen. Der von acht Atlanten getragene Vorbau der Altane wurde 1909 vom Palais Grassalkovich in Preßburg nach Kittsee übertragen und parkseitig vor die Giebelfront des stark ausgeprägten Mittelpavillons gesetzt. Zur gleichen Zeit erfolgte auch die Umwandlung der ehemaligen Schlossdurchfahrt zu einer Hauskapelle. Die sehr aufwändige und erst in den letzten Jahren zum endgültigen Abschluss gelangte Restaurierung des Schlosses konserviert im wesentlichen diesen letzten Architekturzustand.

Das **„Neue Schloss"** mit dem verbliebenen Parkareal wurde 1969 in das Eigentum der Marktgemeinde übernommen und einer neuen Verwendung als selbstständiges Vereinsmuseum mit enger Anbindung an das Österreichische Museum für Volkskunde in Wien zugeführt. Unter der Aufsicht des Bundesdenkmalamtes wurde seither die durch den Bund und das Burgenland finanzierte bauliche Sanierung des Gebäudes und seine Adaptierung für Museumszwecke durchgeführt. Im Zuge dieser Arbeiten kam es unter anderem auch zur Öffnung der vermauerten Erdgeschoßarkaden an der Ehrenhofseite.

Im Schloss selbst wird der Besucher im Vestibül empfangen, dessen Stuckverzierungen aus der Zeit der Barockisierung des Schlosses stammen. Das Batthyány-Wappen und das schmiedeeiserne Gittertor hingegen gehören der Zeit um 1900 an. Die einstige Kapelle mit ihren flachen Platzgewölben und der neubarocken Stuckdekoration dient heute dem **Ethnologischen Museum** als Rezeption mit Kasse, Informations- und Schriftenstand sowie Museumsshop. Zwei Treppenläufe zu beiden Seiten des Vestibüls führen in das Obergeschoß mit seinen Ausstellungsräumen und dem nach dem großen österreichischen Ethnographen Michael Haberlandt benannten **Festsaal** mit bemerkenswerter Stuckdecke, zum Teil aus 1740. Zwei Porträts, Kaiser Franz Joseph I. und Kaiserin Elisabeth über den seitlichen Kaminen, sind eine Leihgabe der Österreichischen Galerie Wien. Historischer Bestand sind auch der **„Kleine Festsaal“** mit barockem Stuckmedaillon und weiteren dekorativen Teilen, westlich an den Großen Saal anschließend, und die im Stil des Historismus gestaltete Bibliothek im östlichen Flügel. Die übrigen Räume wurden unter Bewahrung der noch vorhandenen Reste der alten Ausstattung den Erfordernissen des Museums angepasst. Erhalten sind zwei neobarocke polychrome Kachelöfen und ein blau glasierter Jugendstilofen.

Die Thematik des **Ethnographischen Museums Schloss Kittsee** ist die Darstellung der Volkskunde, der Völker und der Volkskulturen der Länder Ost- und Südosteuropas.

Ostautobahn A 4 bis Neusiedl, über Parndorf und Gattendorf (B 10) nach Kittsee (B 50)

Ethnographisches Museum Schloss Kittsee, Dr.-Ladislaus-Batthyány-Platz 1, 2421 Kittsee, Tel. 02143/23 04, Fax: 02143/20 25; schloss.kittsee@netway.at

Sommer täglich 10–17 Uhr, Winter täglich 10–16 Uhr

Gasthof zum Edelhof, Hauptplatz 20, 2421 Kittsee, Tel. 02143/22 48

Ethnographisches Museum, Konzerte, Veranstaltungen

Schloss Klessheim

Salzburg

Der Reisende, der auf der Westautobahn von Wien nach Salzburg gelangt, wird, unmittelbar bevor er die Silhouetten der Stadt wahrnimmt, auf der rechen Seite, am Ende einer weiten Allee, die Umrisse des Schlosses Kleßheim erkennen. Vielleicht mag ihn bei dem Gedanken ein wenig Bedauern befallen, dass die Gegend, die nun durch Industrialisierung und den Straßenbau viel von ihrer Romantik eingebüßt hat, eine freie Auenlandschaft war. Vielleicht gelingt es ihm, die ausgelassenen Jagdgesellschaften und das spielerische Treiben längst vergangener Jahrhunderte zu vergegenwärtigen.

(Abb. Seite 137)

Erzbischof Johann Ernst von Thun (1687–1709) ließ in den letzten Jahren seiner Regentschaft nach Plänen von **Johann Bernhard Fischer von Erlach** das Lustschloss errichten. Da es manchmal schwierig ist, die Urheberschaft der Planung eines Baues zu eruieren, ist man bei Kleßheim allerdings in der glücklichen Lage, aus den Entwürfen in der „Historischen Architektur" abzuleiten, dass Fischer von Erlach die Verantwortung für die Gestaltung des Baues hatte. Nachdem Erzbischof Thun 1709 verstarb, stand das Schloss einige Jahre in unvollendetem Zustand, bevor es schließlich unter **Erzbischof Leopold von Firmian** beziehbar gemacht wurde. 1940/41 erfolgte eine grundlegende Sanierung, wobei der Ehrenhof mit dem Gartenparterre und die Terrasse an der Rückfront neu errichtet wurden.

Wie alle erzbischöflichen Schlösser und Besitzungen kam auch Schloss Kleßheim nach dem Reichsdeputationshauptschluss von 1803 in staatlichen Besitz und wurde später als **Gästehaus der Salzburger Landesregierung** verwendet. Heute ist Schloss Kleßheim Sitz des **Casinos**. Eine Ansicht von 1721 zeigt das Idealbild des Schlosses, das heute in dieser Form nicht mehr nachvollziehbar ist. Auch in Kleßheim ist die Kluft zwischen Idealplan und tatsächlicher Ausführung groß. Eine etwas italienisch anmutende Idealkonzipierung mit offenen Arkaden und weiten Laubengängen dürfte wohl an klimatischen Gegebenheiten gescheitert sein, sodass man sich später für eine Verkleinerung der Öffnungen entschied, die verglast wurden. Dadurch wurde das Erscheinungsbild des Schlosses gewissermaßen verhärtet und die Luf-

tigkeit und Freiheit der Architektur ihres barocken Geistes beraubt.
Die fünfachsigen Flügel wurden im wesentlichen den Originalentwürfen entsprechend gebaut. Die Schmalseiten sind durch ein Risalit, das mit drei Achsen auf die Rückseite übergreift, unsymmetrisch gestuft. Sieben aneinandergereihte, gleich große Rundbogenfenster lassen die Rückfront sehr monumental erscheinen. Die zweiflügelige Auffahrtsrampe wird von zwei Paaren liegender Hirsche, den Wappentieren Firmians, flankiert. Ursprünglich befanden sich hier, wie auf dem Stich von 1721 ersichtlich, zwei Löwen, die allerdings dann entfernt und in den Garten verlagert wurden. Die Pfeilerdurchfahrt mit Terrasse entstand erst unter Erzbischof Firmian.
In der Hauptachse des Mittelbaues sind die Festräume des Schlosses gelegen. Die Raumaufteilung der beiden Geschoße ist in diesem Fall ident – neben einem querrechteckigen Mittelraum befindet sich je ein quadratischer Raum zur Seite.
Schloss Kleßheim ist insofern ein **Beispiel höfischer Wohnkultur**, als in ihm Notwendigkeit und Streben nach Luxus vereint sind. Die Ausstattung ist gediegen und nicht überladen. Die vornehme, auf die Gewölbe und Bogenscheitel beschränkte Stuckierung von Paolo d'Allio und Diego Francesco Carlone bleibt auch in den Räumen der so genannten Beletage einfach und nicht aufdringlich. Der große Saal mit leicht geschwungenen Seitenwänden öffnet die Decke in eine Orchestergalerie, die durch querovale Fenster indirekt beleuchtet ist. In einem kleinen Nebenraum wird eine Deckenmalerei, die aus 1709 stammt, mit biblischem Thema sichtbar: Dargestellt ist das Dankopfer des Noah. Von den Einrichtungsgegenständen des alten Schlosses ist kaum etwas erhalten geblieben, doch allein die Grazilität und Gediegenheit der baulichen Struktur lässt auf ein äußerst reizvolles Interieur schließen. Bemerkenswert ist auch das so genannte **Hoyoshaus** im Park, das einzige 1694 ausgeführte Gebäude einer ganzen Reihe von Gartenhausentwürfen, die aus der Hand von Johann Bernhard Fischer von Erlach überliefert sind.

Schloss Kleßheim, 5020 Salzburg, Tel. 0662/85 44 55-0

Casino ab 15 Uhr

Festung Hohensalzburg, Festungsmuseum u. Rainer Regimentsmuseum, Informationsschau, Original Salzburg Marionettenmuseum, Festungsbahn, Carolino Augusteum, Rainermuseum, Salzburger Landestheater, Mozartmuseum, Schloss Hellbrunn, Schloss Mirabell, diverse Freizeitmöglichkeiten

Schloss Kornberg

Steiermark

Innerhalb der Kulturlandschaft der Steiermark hat sich Schloss Kornberg längst als ein Geheimtipp etabliert. Interessante Ausstellungen, Events und zahlreiche kulturelle Veranstaltungen lassen das Schloss zum Mittelpunkt des Bemühens um eine Belebung der Region werden.

Schon im 12. Jahrhundert wird von einer Wehranlage im Auersbachtal berichtet, die als Vorburg der imposanten Riegersburg eine wichtige militärische Rolle zu erfüllen hatte.
1584 erfolgte ein für Kornberg tiefgreifender Besitzerwechsel. Über mehrere Jahrhunderte leiteten die Stadler die Geschicke des Anwesens, bevor der Besitz an Fürst Johann I. von und zu Liechtenstein veräußert wurde. Von diesen schließlich erwarben die aus Frankreich stammenden **Grafen von Bardeau** das Schloss, in deren Besitz es sich bis heute befindet.
Über das ursprüngliche Ausstehen Kornberg schweigen die Quellen, es kann lediglich vermutet werden, dass schon zu Beginn des 17. Jahrhunderts ein unregelmäßiges Fünfeck den Grundriss der Anlage bildete. Aus dem mittelalterlichen Bergfried entwickelte sich der mächtige Eckturm im Nordwesten. Allein dieser Turm lässt die Vorstellung einer vortrefflichen Wehranlage deutlich werden, die durch zahlreiche Vorwerke und Mauern gesichert war. Tatsächlich ist eine bildliche Darstellung aus dem 18. Jahrhundert existent, wo noch Reste dieser Fortifikation zu sehen sind. Auch heute sind noch Rudimente der nach Süden vorgelagerten Basteien erkennbar.
Dass es um Kornberg allerdings jemals zu Gefechten kam, kann aus den Geschichtsbüchern nicht abgeleitet werden. Dennoch verkam das Schloss und befand sich in der zweiten Hälfte des 17. Jahrhunderts in einem äußerst beklagenswerten Zustand. Schuld daran waren aber nicht etwa die Türken oder die Ungarn, die hier plündernd und brennend vorübergezogen wären, sondern die andauernden Erbstreitigkeiten. Bis 1871 änderte sich nichts an dieser misslichen Lage. Erst mit der Übernahme des Schlosses durch die Familie Bardeau kam Bewegung in die Geschichte. Durch den Erwerb der Herrschaft Gstatt bei Öblarn, die 13.000 Hektar umfasste, gehörte zum Schloss ein ausgedehnter Grundbesitz, der die Grundlage für nicht geringen Einfluss war.
Die **Familie Bardeau** bemüht sich auch gegenwärtig um eine ständige Revitalisierung der massigen Ge-

bäude, die immer noch einen sehr wehrhaften Charakter vermitteln.
Durch das mächtige Hauptportal, das vom Wappen der Bardeau's (blaues Pferd auf silbernem Grund) geziert wird, gelangt der Besucher in den reizvollen Innenhof, der aus der Renaissancezeit stammt. Die eigenwillige Grundform und die von wuchtigen Pfeilern dominierten Arkaden umschließen einen Hof, der heute als Sitzgarten für das Schlossrestaurant und Ort für verschiedene Veranstaltungen dient. Im ersten Stock des Schlosses, im Anschluss an die Privaträume der Besitzer, lädt die **Dauerausstellung „Adel verpflichtet"** zum Eintauchen in die Welt der Aristokratie. Dabei wird dem Interessierten einiges über das Leben der „noblen Gesellschaft" von einst, aber auch von den Schwierigkeiten um den Besitz eines Schlosses heute erzählt.

Zweifellos einer der schönsten Räume in Kornberg ist die **Kapelle**, die nach der Zerstörung während der Reformation 1638 durch die Familie Stadl wiedererrichtet wurde. Das Altarblatt des Hochaltares aus der ersten Hälfte des 18. Jahrhunderts widmet sich dem hl. Andreas, dem Patron der kleinen Schlosskirche.
Bemerkenswert sind ferner die Grabplatten der Familie Stadl aus dem 17. und 18. Jahrhundert. Aus den Türkenkriegen stammt eine Standarte, die in der Kapelle verwahrt wird; interessant ist daneben noch ein päpstliches Banner.
Die ehemaligen Stallungen wurden in den vergangenen Jahren umgebaut und beherbergen heute ein Kommunikations- und Verwaltungszentrum im oberen Bereich und im Parterre den so genannten Rittersaal, der das stimmungsvolle Ambiente für üppige Festgelage und Ritteressen bietet.

VIA IMPERIALIS
Burgen • Schlösser • Stifte Österreichs

A 2 Südautobahn, aus Richtung Graz, Exit 157 Gleisdorf-Ost; aus Richtung Wien, Exit 11138 Ilz/Fürstenfeld. Bundesstr. B 66, Ilz—Riegersburg—Kornberg—Feldbach

Schloss Kornberg, 8330 Feldbach, Tel. 03152/74 19, 42 13, 45 88, Fax: 03152/58 24; ausstellung@schlosskornberg.at, www.schlosskornberg.at

Anfang März–23. Dez., täglich 10–18 Uhr

Café Restaurant Schlosswirt, Tel. 03152/20 57

Ständige Ausstellungen, Familienmuseum, Schlosspark, Ritteressen, Reitmöglichkeit, Land-Art-Kunstweg-Freizeitzentrum, Vulkanland-Sternwarte, Wander-, Reit-, Radwege, Reitclub, 1. Europäisches Brückenbaumuseum

Burg Kreuzenstein

Niederösterreich

Der Traum von der „idealen Ritterburg" steht hinter einer der mächtigsten Festungsanlagen Niederösterreichs. In der Nähe von Korneuburg gelegen, ist Kreuzenstein heute zu einem Anziehungspunkt des Tourismus geworden. Zweifellos ist es die Ritterromantik, die Menschen anlockt und ihnen Geschichten aus dem Mittelalter erzählt. Doch wer vermutet, dass die heutige Burg Kreuzenstein das Mittelalter erlebte, der muss enttäuscht werden: Erst die geniale schöpferische Fantasie Johannes Nepomuk Graf Wilczeks ließ zwischen 1874 und 1906 dieses Meisterwerk entstehen.

(Abb. Seite 138)

Schon 1115 scheint ein gewisser Graf Dietrich von Formbach als Besitzer einer Burg „Grizanestein" auf. In der ersten Hälfte des 13. Jahrhunderts übte Ottokar II. von Böhmen hier seine Herrschaft aus, ehe er sie nach der Schlacht von Dürnkrut und Jedenspeigen 1246 an den Habsburger Rudolf I. verlor. Bis 1645 verwalteten kaiserliche Beamte das Kastell, ehe es im Zuge des Dreißigjährigen Krieges von den Schwedischen Truppen besetzt und schließlich gesprengt wurde. 1702 kam die Herrschaft in den Besitz der **Familie Wilczek**, deren Eigentum sie heute noch ist.

Außen ist Kreuzenstein ein typischer **neoromantischer Bau**, der über dem Grundriss der alten Burg angelegt ist. Hohe Türme, mächtige Wohnbauten und Wassergräben bestimmen das Bild. Die unterschiedliche Höhe der einzelnen Bauteile bewirkt eine bauliche Dynamik, die sich in Fenstern und Arkaden fortsetzt. Im Westen gelangt man über eine hohe, gemauerte Bogenbrücke zum Torhaus, das mit einem Pecherker ausgestattet ist; daran schließt der Zwinger an. Interessant ist, dass Graf Wilczek sich besonders um die **Einbeziehung alter Bauelemente und mittelalterlicher Spolien** bemühte. Die Südseite ist gewissermaßen als Schauseite angelegt und entspricht ganz besonders dem Anforderungsprofil einer mittelalterlichen Befestigungsanlage. Der Zwinger besitzt einen hölzernen Wehrgang. Im äußeren Burghof befindet sich in der südwestlichen Ecke eine rechteckige Gesindestube, die für den Aufenthalt der Schlossbediensteten bestimmt war.

Im inneren Burghof, der eine rechteckige Form aufweist, sind an der Südseite zwei spätgotische Kielbogenfenster sowie ein zweiteiliges Spitzbogenportal mit Blendfialen zu sehen. Dass Graf Wilczek Bauteile verschiedenster anderer Burgen und Schlösser hier eingebracht hat, wird auch am nordseitig angebrachten Fachwerkbau deutlich, der aus einem ehemaligen Profanbau des 16. Jahrhunderts stammt. Die westliche Schmalseite ist mit einer neoromanischen Loggia mit Spolien ausgestattet. Bemerkenswert ist der so genannte **Kaschauergang**. Der brückenartig in den Binnenhof eingestellte Baukörper stammt aus den 70er Jahren des 15. Jahrhunderts von der Elisabethkirche in Kaschau, wurde 1895 abgetragen und hierher versetzt.

Die Innenausstattung des Schlosses ist so wie das gesamte Erscheinungsbild eine Vermischung historisierender Elemente mit Bauteilen des 15. und 16. Jahrhunderts. Im Schloss befindet sich eine herausragende **Kunstsammlung**. Das erste Obergeschoß mit seinen Schauräumen ist der Öffentlichkeit zugänglich, während das zweite Obergeschoß für private Zwecke reserviert ist. Die Einrichtungsgegenstände stammen aus dem Spätmittelalter und der Frühneuzeit. Mittelalterliche Holz- und Steinskulpturen schmücken hier die Wände. Umfangreich ist die Sammlung qualitätsvoller Glasmalerei vom 14. bis zum 16. Jahrhundert. Als durchaus gediegen mag die Kollektion spätmittelalterlicher und frühneuzeitlicher Geräte und Möbel angesehen werden. Darunter der so genannte Neustifterschrank aus 1490, die Hobelbank Kaiser Maximilians I. und ein Schrank im Rittersaal aus dem 16. Jahrhundert. Wie es sich für eine ordentliche Ritterburg gehört, gibt es auch in Kreuzenstein ein umfangreiches **Waffenarsenal**, das aus mittelalterlichen Rüstungen, Waffen und Kriegsgegenständen besteht.

Burg Kreuzenstein, 2100 Leobendorf,
Tel. 02262/662 03, 02262/661 02, 02264/291

März–Nov., Mo geschl., Di–So 9–16 Uhr

Donaurestaurant Tuttendörfel, Tuttendörfel 6, 2100 Korneuburg, Tel. 02262/724 85

Ausstellungen, Flugvorführungen mit Greifvögeln, Nähe zu Korneuburg und Wien

FESTUNG KUFSTEIN

TIROL

An der Hauptachse München—Innsbruck überragen die mächtigen Bauten der Festung Kufstein das untere Inntal. In diesem Grenzland zwischen Österreich und Bayern gelegen, spielte die Festung oftmals in kriegerischen Auseinandersetzungen eine wesentliche Rolle. Schon im ersten nachchristlichen Jahrhundert war hier eine wichtige Handelsader, die von Kufstein bis nach Rosenheim reichte.

(Abb. Seite 139, 140)

Erstmals wird Kufstein 790 erwähnt und dürfte schon damals eine wichtige strategische Funktion innegehabt haben. 1133 ist die Festung als **Lehen des Hochstiftes Regensburg** unter der Herrschaft der bayrischen Herzöge dokumentiert. Die Rivalität zwischen Österreichern und Bayern hatte in Kufstein ein Streitobjekt gefunden, das ständig zwischen den beiden Seiten wechselte. Einmal waren es die Österreicher, die ihre Hand auf die Herrschaft legten, dann wieder die Bayern. 1356 erhielt **Margarete Maultasch** die Burg als Morgengabe, doch schon 1363 kam das Bauwerk in den Besitz der Habsburger. Sechs Jahre später entschied der Frieden von Schärding die Abtretung der Burg an die Bayern. Als 1504 im Zuge des bayrisch-pfälzischen Erbfolgekrieges Maximilian I. Stadt und Burg eroberte, konnten die **Habsburger** ihren Machtanspruch wieder geltend machen. Nahezu 200 Jahre waren nun die Habsburger die Herren über Kufstein, bevor 1703 die Bayern unter Kurfürst Max Emanuel gegen die Stadt vorrückten. Die Belagerung der Festung sollte in einem Desaster enden. Vermutlich aus strategischen Gründen ließ Festungskommandant Graf Wolkenstein die Vorstadt in Brand stecken, um den feindlichen Truppen jegliche Deckung zu nehmen. Die Windverhältnisse allerdings begünstigten ein Übergreifen der Flammen auf Stadt und Festung. Schließlich explodierte der große Kaiserturm samt den benachbarten Pulvermagazinen. Den Bayern gelang es nun mit Leichtigkeit, die Festung einzunehmen. Damit war Kufstein wieder bayrisch, musste allerdings schon 1704 durch den Ilbesheimer Partikularvertrag an Österreich zurückgegeben werden. 100 Jahre später standen die Bayern mit ihren französischen Verbündeten neuerlich vor Kufstein. Die Österreicher mussten schließlich kapitulieren und die Festung übergeben. Tirol wurde im Frieden von Pressburg

1805 zu Bayern geschlagen und kam erst nach dem Wiener Kongress 1814 wieder zu Österreich.
Eine der wichtigsten Gestalten in der Entwicklung der Festung Kufstein war **Kaiser Maximilian I.**, der sich besonders um den Ausbau der Wehranlage angesichts neuer strategischer Überlegungen bemühte. In dieser Zeit erfolgten die Verstärkung der Rondelle und die Errichtung des **Kaiserturmes**, eines imposanten Geschützturmes. Die Mauern dieses Wehrelementes sind fünf bis sieben Meter dick und umspannen ein Rondeau mit 21 Metern Durchmesser. Mitte des 16. Jahrhunderts erfolgten weitere Ausbaumaßnahmen, die letztendlich zu einer Schließung der Gesamtanlage führten. Eine Erweiterung nach Süden folgte. Im 18. Jahrhundert erfuhr die Festung bedeutende Erweiterungen, die schließlich in die Schaffung der Josefsburg mündeten. Einzelne Bastionen stellten nun ein neues Wehrkonzept dar, das die Festung noch sicherer gestalten sollte.
Die erste Anlage der Burg Kufstein stammt aus dem 12. Jahrhundert, vermutlich bestand sie aus einem einfachen Palas und einem Bergfried. Reste dieser alten Bausubstanz sind heute noch sichtbar. Im südlichen Bereich des Burgberges befand sich der Bergfried, der schließlich durch den Kaiserturm ersetzt wurde. Für Wohnzwecke wurde das Pflegerhaus aus dem 16. Jahrhundert genutzt. Später wurde es aufgestockt und beherbergte das in der Festung stationierte Militär.
Derzeit befindet sich in der ehemaligen Schlosskaserne ein **Museum**, das in 13 Räumen die Geschichte Kufsteins und seines Umlandes erzählt. Der Rundgang beginnt vor etwa 30.000 Jahren mit den Anfängen menschlicher Besiedlung in dieser Region Tirols. Das Leben und Wirken der Menschen, die in dieser Gegend verwurzelt waren, schildern weitere Exponate. Im unteren Bereich des ehemaligen Pflegerhauses hat der Besucher heute die Möglichkeit, gepflegte Tiroler Wirtshauskultur kennen zu lernen.
Das mächtigste Element der Festung, der **Kaiserturm**, bestand ursprünglich aus fünf Geschoßen. Zwischen 1734 und 1745 erfolgte der Einbau von 13 Gefangenenzellen, die erst kürzlich umgestaltet wurden und dem Besucher Kufsteins heute als umfassendes **Dokument der Strafrechtspflege** dienen. Um die Zellen ranken sich Geschichten, wie etwa jene des ungarischen Räuberhauptmannes Rózsa Sándor. Der heute als ungarischer Nationalheld verehrte Räuberhauptmann soll 85 Menschen umgebracht haben. 1859 wurde er in Kufstein inhaftiert und lebte hier sechs Jahre lang. Heute noch erinnert ein Gemälde an diesen „Liebling der Frauen".

Die Weitläufigkeit der Anlage und die verschiedenen Bereiche der Festung lassen eine „Eroberung“ der Burg heute zu einem Erlebnis werden. Ob der Kräutergarten oder die Josefsburg mit den Kasematten, das Burgmuseum oder die fantastische Aussicht aus der Glaskanzel der Schrägseilbahn – sie alle vermitteln unvergleichliche Eindrücke.

Schon im 16. Jahrhundert lag an der heutigen Stelle der **Josefsburg** ein ausgedehntes Vorfeld. Damals hatte sie die Form eines weit vorspringenden Dreieckes. Erst 1745 erhielt die Anlage ihr heutiges Aussehen durch den Innsbrucker Festungs- und Hofbaumeister Johann Martin Gumpp (1686–1765). Während dieser Zeit entstand die Kaserne in der Josefsburg, von der heute nur mehr Reste zu sehen sind. Die Anlage der Josefsburg wird heute als stimmungsvolle Kulisse für groß angelegte Veranstaltungen und Konzerte genützt. Innerhalb der Kasematten kann sich der Besucher kulinarisch verwöhnen lassen und erlebt die Kombination alten Mauerwerkes mit modernem Interieur. Beeindruckend ist in Kufstein auch der Felsengang, der im 16. Jahrhundert unter Baumeister Degen Sallerbart angelegt wurde.

Der gesamte Festungsberg wird von einem **Tunnelsystem** durchzogen, das anfänglich wohl der Kommunikation innerhalb der Festung diente. Im Ersten und im Zweiten Weltkrieg waren diese Gänge Zufluchtsort für die Kufsteiner Bevölkerung. Heute ist die einst umkämpfte Festung ein Wirtschafts-, Tourismus- und Fachhochschulzentrum. Kufstein ist ein Beispiel dafür, wie alte Mauern mit Leben gefüllt werden und heute noch auf den Menschen eine besondere Faszination ausüben können.

Festung Kufstein, Top-City-Kufstein GmbH,
Oberer Stadtplatz 6/III, 6330 Kufstein,
Tel. 05372/60 23 60, Fax: 05372/71 060;
erika.n@festung.kufstein.at, www.festung.kufstein.at

VIA IMPERIALIS
Burgen • Schlösser • Stifte Österreichs

Sommer: täglich von Palmsamstag bis Mitte Nov. mit Eintritt, 9–17 Uhr,
Winter: täglich von Mitte Dez. bis Ende Feb. mit Eintritt, 11–16 Uhr;
Führungen nach Vereinbarung mit Aufpreis

Festungswirtschaft Kufstein, 6330 Kufstein, Tel. 05372/61 516
Hotel Thaler, Arkadenplatz 1, 6330 Kufstein, Tel. 05372/69 44-0

Ständige Ausstellungen im Festungs- und Heimatmuseum, Pädagogisches Kinder- und Schülerprogramm und abenteuerliches Kinder-Ritteressen (nach Voranmeldung) auf der Festung. Panoramabahn Kaiser Maximilian, Tiroler Schauglashütte – Riedel Glas, Museum Tiroler Bauernhöfe Kramsach, geführte Wanderungen, Badeanstalt Hechtsee, Inn-Schifffahrt Kufstein

Schloss Lamberg

Oberösterreich

Am Ufer der durch Steyr fließenden Enns liegt Schloss Lamberg, das in seiner Baustruktur einzigartig und zugleich sonderbar ist. Das barocke Erscheinungsbild vermag über die Tatsache hinwegzutäuschen, dass die Geschichte des Schlosses ihre Ursprünge in wesentlich früheren Zeiten zu suchen hat.

(Abb. Seite 142)

300 Jahre lang befand sich das Bauwerk im Besitz der **Familie Lamberg**, deren Namen es heute noch trägt. Die erste Erwähnung erfuhr die „Stira Purgh“ 985. Der so genannte Römerturm, der Bergfried der alten Burg, ist vermutlich Element der ersten Bauphase. Der Name dieses Turmes leitet sich von den verwendeten Baumaterialien ab (Quadersteine), die aus dem ehemaligen Legionslager Lauriacum (Lorch) stammen. Die imposante Größe des Schlosses weist auf eine herausragende historische Bedeutung hin. Als **Verwaltungs- und Zentralsitz der größten Grundherrschaft Oberösterreichs** erfüllte das Gebäude nicht nur administrative Zwecke, sondern diente auch der Repräsentation. Über die weitläufigen Gebiete übte die Herrschaft Steyr die Rechtsprechung als Landesgericht aus und besaß die so genannte Blutgerichtsbarkeit. Der Galgen stand in der Freising, unterhalb des Ortes St. Ulrich an der Eisenbundesstraße. Ein Kupferstich aus dem Jahre 1584 zeigt den wehrhaften Charakter des Schlosses Steyr, das mit Erkern, Zinnen und befestigten Wehrtürmen ausgestattet war. Als Erbauer der mächtigen Anlage gelten die Traungauer, auf sie folgten die Babenberger und später die Habsburger. Die rasch wechselnden Eigentumsverhältnisse erreichten erst in der Besitzübernahme der Grafen und späteren Fürsten Lamberg eine Stabilität, die von 1641 bis 1938 dauerte. 1727 verwüstete ein verheerender Brand das Schloss. In der Folge erhielt das Bauwerk nach Plänen des Linzer Meisters **Johann Michael Prunner** sein neues Aussehen. Die starke Verschuldung der Familie Lamberg führte letztlich 1938 zum Verkauf des Schlosses samt den umfangreichen Waldbesitzungen im Enns- und Steyrtal. Heute ist das Anwesen im Besitz der Österreichischen Bundesforste, die es als Verwaltungsgebäude nutzen.

Der Südosttrakt des Schlosses wird vom Hauptportal und vom Vorbau der Schlosskapelle dominiert. Die Kapelle ist inzwischen profanisiert und dient dem Standesamt als Zeremoniensaal. Die Stuckaturen im

Inneren stammen aus dem zweiten Viertel des 18. Jahrhunderts. 1731 entstand der schlanke Uhrturm im Nordtrakt, der ursprünglich mit einer kuppeligen Haube eingedeckt war. Nahe den im spitzen Winkel zusammenstoßenden Flügeln steht ein repräsentativer, aus der Flucht hervorspringender barocker Vorbau, dessen Halle in das Treppenhaus überleitet, das in die Räume des Obergeschoßes führt. Die Mitte des Südwesttraktes bildet der ehemalige Bergfried. Der westliche Teil ist zweigeschoßig und enthält im Erdgeschoß die Pferdestallungen, in denen sich seit der großen Landesausstellung, die sich der Hallstatt-Kultur widmete, ein Restaurant befindet.

Einer der prächtigsten Räume des Schlosses ist die **Bibliothek**, die an die 12.000 Druckwerke umfasst. Schon am Beginn des 17. Jahrhunderts wurde der Grundstock dieser Bibliothek gelegt. Johann Maximilian Graf von Lamberg, der im diplomatischen Dienst ausgedehnte Reisen unternahm, brachte von diesen zahlreiche Bücher mit, die er der Schlossbibliothek einverleibte. Überhaupt war die Familie Lamberg bibliophil veranlagt, was schließlich auch zur Schaffung der äußerst reizvollen Bibliothekseinrichtung im 18. Jahrhundert führte. Den Mittelpunkt des weiten Hofes bildet ein Brunnen, dessen wasserspeiende Hundeplastik aus 1666 stammt. Johann Maximilian Graf Lamberg ließ diesen Brunnen errichten und nahm durch den dargestellten Hund Bezug auf das Familienwappen. Eine Reihe von merkwürdigen Figuren bevölkert die Grünflächen. Diese Steinarbeiten stammen aus dem **„Zwergerlgarten“** des ehemaligen Stiftes Gleink.

A 1 Westautobahn, Abfahrt Steyr
Schloss Lamberg, Berggasse 2, 4400 Steyr, Tel. 07252/48 675,
Fax: 07252/48 675-13; schloss@ooenet.at

Führungen Adelsbibliothek gegen Voranmeldung im Tourismusverband Steyr, Stadtplatz 27, 4402 Steyr; Tel. 07252/53 229-0, Fax: 07252/53 22 29-15; info@tourism-steyr.at

Schlossrestaurant, Berggasse 2, 4400 Steyr, Tel. 07252/48 675, täglich geöffnet ab 11.30 Uhr, Jän.–März: Mo und Di Ruhetag
Restaurant „Passepartout“, Wehrgrabengasse 18, 4400 Steyr, Tel. 07252/40 74

Musikfestival Steyr, Stadtführungen, Rundfahrt mit dem Styriazug, Wallfahrtskirche Christkindl, Museum der Stadt Steyr, Museum Arbeitswelt, Eisenuhrenmuseum Schmollgruber, Bauern-Technik-Museum Gallhuberhof, Kachelofen-Erlebniswelt, Steyrtal-Museumsbahn, Schifffahrt am Ennsstausee, Info-Zentrum Staning, Formula Indoor Kart, Ennstalradweg, Rundwanderweg Steyr – Christkindl – Steyr, Golfen rund um Steyr, Rafting, Canyoning, Bungee-Jumping

42

Landhaus in Innsbruck

Tirol

Wie andere Städte Österreichs, so besitzt auch die Alpenstadt Innsbruck ein reizvolles Landhaus, das als Sitz der Tiroler Stände das bedeutendste Werk Georg Anton Gumpps aus der gleichnamigen Baumeisterdynastie darstellt. Der Bau, der sich mit elf Achsen entlang der Marien-Theresien-Straße erstreckt, gilt als eines der wichtigsten Barockbauwerke.

Ein leicht vorgezogener dreiachsiger Mittelteil bestimmt die Hauptfassade des Hauses. Dieser dreiachsige Mittelteil ist überhöht und giebelbekrönt, verfügt über wuchtige Erdgeschoßpfeiler, die auf Steinkonsolen einen Balkon tragen. Zwei Geschoße werden umschlossen von einer großen Pilasterordnung. Vier plastische Embleme der Oberlichtzone nehmen Bezug auf die Tiroler Stände (Geistlichkeit, Adel, Bürgertum, Bauerntum) und stammen aus der Hand von Alessandro Callegari (1727). Vor dem Giebel erhebt sich der Tiroler Adler, das Wappentier des Landes. Während der Mittelteil durch Vertikalelemente betont wird und der plastische Charakter in den Vordergrund tritt, sind die Nebenflügel durch Querbänder und Simse wie durch das reich dekorierte Hauptgebälk horizontal bestimmt. Durch das Zusammenspiel dieser architektonischen Dekorelemente erreicht die gesamte Fassade eine ungeheure Spannung und Dynamik. Der Rohbau des Ensembles entstand in der Zeit zwischen 1725 und 1728, während sich die Ausstattung des Hauses bis 1734 hinzog. Obwohl das Gebäude in seiner Art als gelungene Komposition wirkt, kann es dennoch einen gewissen konservativen Charakter, der allein durch die Färbelung zu Tage tritt, nicht verbergen. Die **Eingangshalle** des Landhauses ist in bewusster Weise einfach und von nahezu nüchterner Strenge getragen. Acht toskanische Säulen stützen die flachkassettierte Decke. Die relativ schmucklosen Wände werden von einfachen Nischen mit Vasen gegliedert. Im Treppenhaus finden sich wenig Dekorelemente, lediglich in Ecknischen stehend die mythologischen Figuren von Minerva und Mars aus 1898. Ebenso zurückhaltend wie schlicht in der Architektur ist das Vestibül im ersten Stock gehalten. Der zweite Aufgang der Treppe ist wesentlich reicher und fantasievoller gestaltet. Die Decke und die Wände sind mit dichtem Laubwerkstuck übersät, daneben sind Statuen von Diana und Apoll, Büsten von Jupiter und Juno sowie zwei puttenbekrönte Treppenpfeilervasen bemerkenswert. Das schmiedeeiserne

Schloss Kleßheim

Burg Kreuzenstein

Der „Kaiserturm" in der Festung Kufstein

Burg Lockenhaus – der so genannte „Raum der Templer"

Festung Kufstein

Schloss Lamberg in Steyr

Burg Mauterndorf

Treppengeländer verleiht dem Gesamt des Stiegenaufgangs einen festlichen Charakter. Die Farbnuancierung tritt zu Gunsten der Architektur in den Hintergrund und verhindert den Eindruck überladener Dekoration.
Den Höhepunkt des Landhauses stellt der zentrale Saal, der **Landtagssaal**, dar. Er nimmt die gesamte Tiefe des Haupttraktes ein. Die Wandgliederung nimmt Bezug auf bereits an der Fassade gesehene Bauelemente. In der Mittelachse sind Kamine, Nischen mit Regenten bzw. Gouvernatorenstatuen, die von ungewöhnlich reichem Stuckwerk bekrönt sind, positioniert. Darüber sind als allegorische Darstellung die Flüsse und Landschaften Tirols in Freskenmalerei angebracht, die in Korrespondenz zu den Ölporträts bedeutender Mitglieder des Regimentes stehen. An den Schmalseiten tragen die Mittelfenster altarartige Giebelbekrönungen; die Putti im Scheitel halten die Embleme von Kirche und Adel (Mitra und Helm), während die Putti der Kaminbekrönungen mit den Symbolen von Bürger- und Bauernstand ausgestattet sind. Ein ovales Fresko beherrscht die Decke und stellt die Allegorie der Reichtümer und Erwerbszweige Tirols unter dem Schutz der göttlichen Vorsehung dar. Kein Geringerer als der berühmte Tiroler Maler **Kosmas Damian Asam** schuf die Gemälde 1734, während die Stuckaturen von Anton Biegel und André Gratl stammen.
Das Tiroler Landhaus ist in sich ein Bekenntnis zu einer eigenen Stilform, die um die Mitte des 18. Jahrhunderts zur vollen Blüte gebracht wurde. Die **Landhauskapelle**, die 1729 von **Georg Anton Gumpp** errichtet wurde, ist ebenfalls mit reichem Stuck von Anton Biegel und André Gratl ausgestattet.

Altes Landhaus, Maria-Theresien-Straße 43, 6020 Innsbruck

Europa-Stüberl, Brixner Straße 6, 6020 Innsbruck, Tel. 0512/59 31

Hofkirche, ehemalige Stadtpfarrkirche St. Jakob, Dreiheiligenkirche, Hofburg, Altstadt, Goldenes Dachl, Domplatz, Altes Zeughaus, Leopardischlösschen, Tiroler Volkskundemuseum, Tiroler Landesmuseum, Tiroler Landestheater

Burg Lockenhaus

Burgenland

Die berühmten Heldensagen und mythischen Erzählungen vom Heiligen Gral sind wesentliche Bestandteile der Literatur. Parzival, der sich auf die Suche nach dem Heiligen Gral begab, ist die schillernde Gestalt jenes Epos, das die Schale mit dem Blut Christi in den Mittelpunkt rückt. Vieles erzählt man sich seither vom Gral, und niemand weiß, wo dieser heilige Becher aufbewahrt wird.

(Abb. Seite 139)

Es gibt eine Reihe historischer Hinweise, die der burgenländischen Festung Lockenhaus das Prädikat **„Gralsburg"** verleihen. Angeblich soll hier der Templerorden einen wichtigen Stützpunkt besessen haben, dessen Hauptaufgabe es war, den Heiligen Gral zu schützen. Historisch belegt ist bereits zur Zeit der Römer ein Wachturm, aus dessen Mauerwerk der heutige Bergfried gewachsen ist.

Innerhalb der Festung lassen sich heute zwei große Bauabschnitte unterscheiden. Im 17. Jahrhundert schob sich die untere Burg vor die so genannte Hochburg. Der Bereich der unteren Burg erfuhr unter **Franz Nádasdy III.** Anfang der 70er-Jahre des 17. Jahrhunderts einen beträchtlichen Ausbau. Der Hof wird von drei Flügeln umschlossen. Die zweigeschoßigen Bauten bergen Zimmer mit kunstvollen alten Riemendecken und wuchtigen Gewölben. Der Italiener **Pietro Orsolini** gilt als Schöpfer des **Barocksaales**, der von mächtigen Gewölben überspannt wird und den stilvollen Rahmen für Veranstaltungen bietet. An der Südseite überragt der Torturm das Mauerwerk. Die **Hochburg**, die ursprünglich ohne Vorbauten aus dem Felsen ragte, besitzt nicht nur ein sehr reizvolles Ensemble an mächtigen Gewölberäumen, sondern auch ein beeindruckendes Verlies, das bereits 1557 erwähnt wird.

Der geheimnisvollste Raum in Lockenhaus allerdings ist der so genannte **Kultraum**, dessen wirkliche Bedeutung ungeklärt blieb. Die Historiker sind divergierender Meinung: Es könnte sich um ein Gefängnis handeln oder um einen Raum für astronomische Beobachtungen. Eine kleine kreisrunde Öffnung in der Decke des kleinen Saales, der mit zwei Apsiden ausgestattet ist, lässt Licht eindringen. Im Boden befindet sich eine Mulde, in der sich das Regenwasser sammelte. Die Deutung des Raumes als mystisch-sakral wird durch zwei Kreuze in je einer Apsis unterstrichen. Bei den Kreuzen handelt es sich um ein lateinisches gleichschenkeliges Kreuz und um ein Tatzenkreuz. Das Mauerwerk lässt auf einen der ältesten Räume des Schlosses schließen. Die Annahme, dass der Raum für astronomische Zwecke verwendet wurde, liegt nahe, da es ähnliche Observatorien in der Kathedrale zu Chartres und in der Burg Montségur in den Pyrenäen gibt. Ein erst kürzlich aufgefundener steinerner Tabernakel trägt an der Stirnseite ein sonderbares Zeichen, das als Symbol der Esoteriker identifiziert werden konnte.

Neben dem Kultsaal und dem Rittersaal ist der hohe **Kapellenturm** interessant, der durch ein romanisches Säulenpaar in Zinnenhöhe abgeschlossen wird.

Der mächtigste Bauteil der Burg ist der **Palas**, der den berühmten **Rittersaal** beherbergt. Die zweischiffige gotische Halle erstreckt sich über die Gesamtbreite der Südfront. Ein besonderes Phänomen ist der Winkel, den die Raumform beschreibt. Ob man sich hier nur den baulichen Gegebenheiten unterordnete oder ob es sich um eine kultische Absicht handelt, ist nicht klar. Unweigerlich wird der Eindruck einer gotischen Kathedrale vermittelt und eine Reihe von Fragen aufgeworfen, die sich mit dem Thema **Tempelritter** auseinander setzen. Für eine Burg der Tempelritter sprechen mehrfach architektonische Details, die Parallelen zu syrischen Wehrbauten zulassen. Besondere Merkmale finden sich im Kultraum und im Rittersaal. So befinden sich beispielsweise in der berühmten Festung von Akko, dem wichtigsten Hafendomizil der Kreuzfahrer, ähnliche bauliche Elemente wie beispielsweise Rippengewölbe, die in identer Verschneidung aus dem tragenden Mittelpfeiler wachsen. Hinweise auf die Tempelritter als Burgherren finden sich noch mehrfach in architektonischen Details. So kommt vor allem die Form des Fünf- und Sechseckes im Bereich des Bauwerkes immer wieder vor. Im 14. Jahrhundert wurden die Tempelritter ihrer Rechte beraubt, gefoltert und verfolgt. Dass dieser Umstand zu zahlreichen Geschichten rund um die Burg Lockenhaus anregte, ist nicht verwunderlich.

A 2 Südautobahn, aus Richtung Graz oder Wien, jeweils Exit 111 Oberwart/Lafnitztal, aus Richtung Oberwart oder Oberpullendorf Bundesstraße B 50
Burg Lockenhaus, Günserstraße 5, 7442 Lockenhaus, Tel. 02616/23 94, Fax: 02616/27 66

Ganzjährig geöffnet, täglich Burgbesichtigungen; Museumsbetrieb von 8–17 Uhr

Burgtaverne, Tel. 02616/23 21

Idyllische Radwege, Burgsee, Tennisplatz, Ritterspiele, Greifvogelwarte, lustige Bogenschützenbewerbe, Naturpark Geschriebenstein-Irrottkö

SCHLOSS MANNDORF

KÄRNTEN

In landschaftlich reizvoller Umgebung erhebt sich das ungemein massiv gebaute, wuchtige Schloss, ein turmloser, architektonisch einfacher, also ausgesprochen nüchterner Bau aus dem beginnenden 16. Jahrhundert.

Manndorf besitzt ein südseitig vorgezogenes Walmdach, dessen ausgedehnte Fläche durch eine Anzahl von Schleppgauben unterbrochen wird. An der Ostfront befindet sich, wie bei vielen Schlössern, ein später angefügter, schmaler Zweckvorbau mit Pultdach. Die zweigeschoßige Südseite weist im oberen Stockwerk acht Achsen, die dreigeschoßige Westseite fünf bzw. drei Achsen auf. Das ebenerdige Vestibül und die Küche sind gewölbt, alle anderen Räume des Hauses sind flach gedeckt, was man gerade bei der äußeren Bauart nicht erwarten würde. Die am Schloss angebrachte Jahreszahl 1520 scheint sich auf die Vollendung des Baues zu beziehen. Die damalige Bautätigkeit beschränkte sich darauf, aus dem Gutshof Edling ein Schloss zu gestalten. Als Baumeister scheint der aus Innichen stammende Bartlmä Vierthaler auf.

Hans von Mandorff, Pfleger zu Pittersberg und Goldenstein, erwarb den Gutshof Edling bei Kötschach und verwandelte ihn in ein Schloss, das er Manndorf nannte. Er starb als kaiserlicher Kriegszahlmeister 1530 in Wien. Aus seiner Ehe mit Anna Söll von Theisegg hatte er den Sohn Joachim (+ 1556), der mit Dorothea von Graben den Sohn Kaspar zeugte. Dieser heiratete 1567 die noch minderjährige, verwaiste Helene von Pibriach, deren Gerhaben (Vormünder) und Freunde Christoph von Khünburg, Andreas Seenuß und Christoph Meixner ihm am 21.9.1567 zu Manndorf das Heiratsgut in Höhe von fünfhundert Pfund Pfennig bar übergaben. Darauf sicherte er seiner Gemahlin als Witwensitz „seine Behausung zu Manndorf samt dem Maierhof“ zu. Kaspar von Mandorff starb 1618 und wurde zu Kötschach begraben. Das in der dortigen Pfarrkirche aufgestellte Epitaph stellt ihn mit seiner Gattin (+ 1619) und sechs Kindern vor dem Gekreuzigten kniend dar.

Der Name Manndorf wird gedeutet als „Dorf des Mannes oder der Männer“. Es ist zugleich der Name einer in der Geschichte Kärntens und seiner Wirtschaft oft begegnenden Familie. Ihr ältester urkundlich genannter Vertreter ist dominus milcs Hartemannus de Mandorf in einer am 15.11.1214 in Akko ausgestellten Urkunde, in der er als Zeu-

ge eines „Wicarius de Karlesperc" aufscheint. Da zu dieser Zeit kein Kreuzzug stattfand, dürften sich Wichard und Hartmann im Gefolge anderer Edelleute als Pilger im Heiligen Land aufgehalten haben.
Bis etwa 1765 blieb Manndorf im Besitz der gleichnamigen Familie. Dann sah sich Nikolaus Freiherr von Mandorff, der mit dem Fürsten Porcia in ständigem Streit und Prozess lebte, gezwungen, seine im Gailtal gelegenen Besitzungen, darunter auch das Schloss Manndorf, zu verkaufen. Johann Helfried von Lind, ein weltlicher Geistlicher, erwarb alles, und nach seinem 1779 erfolgten Tode gingen Schloss und Besitzungen im Kaufwege an Benedikt Freiherr von Rechbach über. Maximilian Freiherr von Rechbach, des Vorigen Sohn, verkaufte Manndorf 1801 an den Pfleger von Kötschach, Dominikus Illigstein, der aber schon ein Jahr darauf Schloss und Besitz an Anton Pichler veräußerte. Seither ist Manndorf im Besitze dieser Familie.

In der Zeit von 1960 bis 1989 wurde das Schloss in Form von Privatzimmervermietung geführt, seit 1989 als Gasthof-Pension. Mit Ausbau des dazugehörigen „Marhofes" im Jahre 1995 kamen im Parterre desselben ein Kreativzentrum, im 1. Stock und im Dachgeschoß Appartements hinzu. Seitdem wird der Betrieb als Seminar- und Kreativzentrum geführt.

Von Villach – Arnoldstein B 111, von Italien – Plöckenpass B 110, von Spittal/Drau über Oberdrauburg auf B 100 und von Oberdrauburg über den Gailberg auf B 110, von Tirol über den Felbertauern nach Lienz auf B 108, weiter nach Oberdrauburg auf B 100 und über den Gailberg auf B 110
Schloss Manndorf, 9640 Kötschach-Mauthen, Tel. 04715/292, Fax: 04715/292-4

Für Gruppen mit Voranmeldung

Das Schloss ist nicht zu besichtigen

Burg- und Wallfahrtskirche Mariastein

Tirol

Auf einer 12 Meter hohen, steil abfallenden Felsnase erhebt sich ein 42 Meter hoher Burgturm, der durch einen bewaldeten Höhenzug des Angerberges gegen das Inntal hin abgeschirmt ist. 1360 errichteten die Freundsberger aus Schwaz diese Anlage zur Sicherung ihres Besitzes.

Diese Burganlage liegt an der alten Straße von Innsbruck nach Rosenheim. Seit 1362 nannten sich die Freundsberger erstmals „von dem Stayn". 1379 ging die Burg an den bayrischen Herzog und bayrische Pfleger übten von hier aus das Richteramt aus. Der Fortschritt auf dem Gebiet der Kriegsführung brachte es mit sich, dass die Burg den im 15. Jahrhundert entwickelten Feuerwaffen nicht mehr standhalten konnte und so als Befestigung bedeutungslos wurde.

So wurde die Burg, die für damalige Begriffe schon reichlich unbequem zu bewohnen war, in der Folge von Hand zu Hand gereicht: Erst mit **Karl Schurff, Freiherr zu Schönwörth**, begann für das arg herabgewirtschaftete Anwesen eine neue Zeit des Aufbaus. Er kann mit Recht als zweiter Begründer der Herrschaft, die von nun an Mariastein heißt, betrachtet werden. Er sah es als seine vornehmste Aufgabe an, wieder Ordnung in die staatlichen und kirchlichen Institutionen zu bringen. Besonders nach seiner 2. Eheschließung mit der reich begüterten Maria Polyxena von Closen aus Niederbayern, Schlossherrin von Hohenaschau im Chiemgau, ließ Schurff das Schloss Mariastein nicht nur instand setzen, sondern erweiterte den Turm um den unteren Gebäudekomplex, den heutigen Wohnbau des Wallfahrtspfarrers. Als Schurff 78-jährig 1626 starb, standen Schloss und Wallfahrtskirche in geordneten Verhältnissen da wie nie zuvor. Reiche Sammlungen an kirchlichen Geräten, die damals berühmte Rüstkammer und eine ansehnliche Bibliothek waren der Stolz des Hauses. Schurff war es gelungen, Mariastein in den Rang einer Hofmark erheben zu lassen, mit der auch die niedere Gerichtsbarkeit verbunden war. Aus dieser Hofmark entwickelte sich über 200 Jahre später dann die politische Gemeinde Mariastein, heute die kleinste im Bezirk Kufstein. 1688 gingen Schloss und Herrschaft an eine Seitenlinie, die Grafen Stachelburg aus dem Vintschgau. 1747 kam das Schloss an Simon Felix von Crosina, der es 1773 den letzten Besitzern, den Grafen Klotz aus Südtirol, verkaufte. Der letzte seines Stammes, Graf Paris von Klotz zu Trient, veräußerte 1835 den ganzen Besitz an Wald und Feld, die Herrschaft wurde zerstückelt und zu Geld gemacht. Schloss und Wallfahrtskirche standen über Nacht ohne finanzielle Grundlage da. Damals hat man angefangen, Gebäude des Schlosses niederzureißen.

Der **Erzdiözese Salzburg** ist es zu danken, dass Schloss und Wallfahrtskirche 1835 übernommen und so vor der drohenden Zerstörung bewahrt und für kommende Generationen gerettet wurden. Im Grundbuch ist übrigens als Besitzer von alters her „Unsere Liebe Frau von Mariastein“ eingetragen. 1956 wurde mit grundlegenden Renovierungsarbeiten begonnen, die bis heute noch andauern. Für die Erhaltung von Schloss und Kirche sorgen heute die Wallfahrer, die Erzdiözese und das Land Tirol.

Die bedeutendste Attraktion stellen die **Landesinsignien** dar, der **Tiroler Erzherzogshut und das Szepter**. Beide sind seit 400 Jahren unlöslich mit der Wallfahrtskirche verbunden. Vermutlich hat sie Karl Schurff als Testamentsvollstrecker Erzherzog Ferdinands erhalten. Fortan gibt es keine Darstellung des Gnadenbildes mehr, auf dem nicht zugleich Herzogshut und Szepter zu Füßen der Himmelskönigin dargestellt wären. Sogar der österreichische Erzherzogshut wurde nach dem Vorbild in Mariastein angefertigt. Das silberne Szepter ist 101 cm lang und endet in einer korbartigen Kreuzblume.

Inntalautobahn, Abfahrt Kirchbichl, 3 km
Wallfahrtskirche Mariastein, 6322 Mariastein, Tel. 05332/64 85, Fax: 05332/64 85

Winter: 7–17 Uhr, Sommer: 7–19 Uhr

Mariasteinerhof, Mariastein Nr. 14, Tel. 05332/56 717
Kammerhof, Mariastein Nr. 11, Tel. 05332/56 483
Alpenhof, Mariastein Nr. 24, Tel. 05332/56 475

Herrliches Wander- und Langlaufgebiet rund um Mariastein, Sehenswürdigkeiten in der Stadt Kufstein

Burg Mauterndorf

Salzburg

Die Fremdenverkehrsprospekte des salzburgischen Lungaus bewerben die Burg Mauterndorf als Erlebnisburg. Hier können Eltern mit ihren Kindern hautnah das Mittelalter mit seinen Festen und Feiern, mit dem Burgleben und den Kriegen erfahren.
(Abb. Seite 144)

Im 4. Jahrhundert schon zog hier eine belebte Straße vorüber, die über Obertauern in die alte Römerstadt Juvavum führte. Mauterndorf galt als Amtssitz des römischen Provinzverwalters und als Waffen- und Lagerplatz römischer Truppen. Das alte römische Kastell geriet allerdings in die Wirren der Völkerwanderung und wurde vollkommen zerstört. 1002 wird in einer Schenkungsurkunde Kaiser Heinrichs II. eine Anlage zur Mauteinhebung erwähnt. Die Burg selber scheint erstmals 1253 auf. Durch päpstlichen Schutz wurde dem Salzburger Domkapitel die Errichtung einer Befestigungsanlage zum Schutze der Besitzungen im Lungau erlaubt. Gewiss war diese erste Anlage nicht sehr gediegen und dürfte nur aus dem Bergfried und einem Palas bestanden haben. 1339 ist die Kapelle das erste Mal erwähnt, die heute noch durch ihren prachtvollen Freskenschmuck beeindruckt.

Die unsicheren Zeiten veranlassten schließlich ab 1480 zu einem umfangreichen Ausbau der Festung. Die Erzbischöfe selbst nahmen sich des Bauwerkes an, und es gilt als erwiesen, dass im Besonderen **Bischof Leonhard von Keutschach** die Burg Mauterndorf zu einem seiner Lieblingssitze erkor. Dieser Bischof war es auch, der umfangreiche Ausbaumaßnahmen einleitete. Über der Kapelle ließ er 1494 die berühmten **Keutschach-Zimmer** errichten, die heute noch durch ihre grotesken Wandmalereien das Herz des Kunstkenners höher schlagen lassen. Das Wappen des Erzbischofs ist am großen Christophorusfresko im Bergfriedinnenhof zu sehen. Denselben Heiligen stellt ein weiteres Fresko in einer Mauernische des Schüttbodentraktes dar, das ungefähr 200 Jahre älter ist. Christophorus als Straßenheiliger mag wohl deshalb hier zu finden sein, weil die Tauernstraße durch die Burg führte und hier eine Mautstelle eingerichtet war. Das heute prägende Bild von Mauterndorf entstand zwischen 1546 und 1559.

Nach dem Tod Leonhards von Keutschach wurde Mauterndorf nur mehr selten als Wohnburg der Erzbischöfe verwendet. Im 18. Jahrhundert „hausten“ hier die Jäger und ein Torwart. Mit Ende des sou-

veränen Fürstentums Salzburg kam die Festung in die Verwaltung der Hofkammer, die schließlich ihren Verkauf beschloss. Durch Plünderung und Vandalismus setzte rasch der Verfall ein, der letztendlich 1832 zur Ruinenerklärung führte.
1894 kaufte der preußische Stabsarzt **Dr. Hermann Epenstein** das gesamte Areal. Mit großem Einsatz bemühte er sich um die Wiederinstandsetzung und den neuerlichen Aufbau. Für seine großartigen konservatorischen Leistungen wurde er von Kaiser Franz Joseph I. in den Adelsstand erhoben und nannte sich ab nun Ritter von Mauternburg. Noch öfter wechselte die Anlage ihren Besitzer, bis sie 1968 in den **Besitz des Landes Salzburg** überging.
Über dem Burgtor ist das Wappen des großen Förderers Leonhard von Keutschach zu sehen. Das so genannte Rübenwappen ist bezeichnend für den Erzbischof und zeugt von dessen Humor und Weltzugewandtheit. Ein wesentlicher Teil der alten Befestigungsanlage ist ein überdachter Wehrgang. Der Torwarthof bildet gewissermaßen das Entree, bevor man in den Haupthof weitergelangt. Dieser erste Hof war mit Sicherheit der Ort, an dem der Mauteintreiber den Händlern und Reisenden die Weiterfahrt verwehrte und die Mautgelder einhob. Der große Burghof wird durch den Schüttbodentrakt im Westen, den Palas im Süden, den Kapellentrakt im Osten und den Säulenaufgang im Norden begrenzt.
Der mächtige **Bergfried** mit 44 Meter Höhe ist das Wahrzeichen der Festung. Zwischen dem Schüttboden und dem Faulturm spannt sich in der Höhe von 11 Metern die „Seufzerbrücke“. Ähnlich wie in Venedig galt auch hier die Brücke als Übergang zum berüchtigten Burggefängnis. Der Turm hat noch heute seine Schrecken, und in der Bevölkerung sind Geschichten lebendig, die von grausamen Folterungen und entsetzlichen Qualen der Delinquenten erzählen. Der Aufgang zum Palas wird über eine 1557 errichtete steinerne Treppe geführt. Der erste Raum, den der Besucher betritt, ist der untere Rittersaal. Arabeskenmalereien zieren die Wände. Im Südteil sind die ehemaligen Wohnräume untergebracht. Großteils waren sie vertäfelt und mit farbigen Malereien geschmückt. Heute befindet sich hier die gemütliche Burgschenke, die zu gepflegter Gastlichkeit einlädt.
Einen Höhepunkt stellt der Besuch der **Burgkapelle** dar, die mit den hervorragenden Wandgemälden zu den bedeutendsten kunsthistorischen Kleinodien des Landes zählt. Dargestellt ist die Krönung Mariens und ihre Verherrlichung vor dem Thron Salomos.
Als Hauptraum der Burg mag der **Rittersaal** gelten, der im zweiten Obergeschoß gelegen ist. Durch Installationen wird dem Besucher

der Eindruck vermittelt, als ob eben ein Fest hier stattfinden würde und die Burg noch von Rittern und Edelleuten bevölkert wäre. Obwohl der Raum mehrmals Restaurierungen unterworfen war, hat er sich dennoch seinen ursprünglichen Charakter erhalten. Ein dreiteiliges gotisches Fenster an der Stirnseite lässt den Raum hell wirken. Die Wandmalereien haben allerdings unter mehrfachen Restaurierungen gelitten.
Durch eine Tür in der nordöstlichen Ecke des Saales betritt man die so genannten **Keutschacher Zimmer**. Es waren dies die persönlichen Räume des Bischofs, in denen er sich bei seinen Besuchen in Mauterndorf aufzuhalten pflegte. 500 Jahre alt sind die Malereien, die ungeheuer dynamisch und in ihrer Art einzigartig sind. Oberhalb der Eingangstür zum Bischofszimmer ist wiederum das Wappen des Erzbischofs angebracht, ebenso prangt darauf die gotische Jahreszahl 1494. Zur Gänze ist der Wohnraum mit Holztafeln ausgestattet. Durch einen Verbau ist eine Schlafkoje abgetrennt, in der sich eine interessante Toilette befindet. Heute noch ist dieser kleine Raum eine Besonderheit der Burg, und mancher verwöhnte Besucher unserer Tage wird sich wundern, wie man im Mittelalter gelebt hat.
Innerhalb der Burg befindet sich heute auch das Lungauer **Landschaftsmuseum**, das in einer Fülle von Exponaten die Geschichte des bäuerlichen Lebens in der Region schildert.

Burg Mauterndorf, 5570 Mauterndorf im Lungau, Tel. 06472/74 26, Fax: 06472/74 26; salzburger.burgen.schloesser@land.sbg.gv.at, www.salzburg.com/burgenundschloesser

VIA IMPERIALIS
Burgen • Schlösser • Stifte Österreichs

1. Mai–21. Okt. (letzter Einlass 16.30 Uhr), täglich 10–17.30 Uhr

Burgschenke, 5570 Mauterndorf 27, Tel. 06472/72 94

Ständige Ausstellungen in der Burg, Lungauer Landschaftsmuseum, einzigartiger Ritterspielplatz, Taurachbahn: Eisenbahn-Nostalgie im Lungau, Heilkräuterlehrpfad im Riedingtal, Busrundfahrt Lungau, Almhüttendorf im Göriachtal, Lungauer Heimatmuseum Tamsweg, Lungauer Holzstraße; Brauchtum: farbenprächtiges Blumenschauspiel, Prangstangenprozessionen, jedes Jahr vom 24.–29. Juni in Zederhaus.
Vital Silence Hotel Elisabeth, 5570 Mauterndorf, Tel. 06472/73 65: Kombiangebote mit Burg Mauterndorf

LANDESFÜRSTLICHE BURG MERAN

SÜDTIROL

Wer sich unter dem Namen „Landesfürstliche Burg" eine großartige Anlage mit weitläufigen Räumen und einer ausgedehnten Fortifikation erwartet, der muss enttäuscht werden, denn hinter dem klingenden Namen verbirgt sich ein kleines Schlösschen.

Allein in der Anlage schon wird das Schloss zwar dem Anspruch einer Burg und Feste gerecht, in dem alles vorhanden ist, was dazu erforderlich wäre: Schießscharten, vergitterte Putzenscheiben, Zinnen und Turm. Doch dieser Schein trügt, denn der ganze militärische Touch, der dieses Bauwerk umgibt, kann als bloße Romanze entlarvt werden. Der kriegerische Charakter war auch niemals ernst gemeint. **Herzog Sigmund der Münzreiche** ließ ein älteres Gebäude in dieser Form umbauen, als er im Jahre 1449 **Eleonora**, die Tochter des schottischen Königs, geheiratet hatte und dieser, wie es schon viele Fürsten vor ihm taten, eine angemessene Stadtwohnung zur Verfügung stellen wollte. So klein und unscheinbar das Gebäude auch nach außen hin wirken mag, so sehr bemühte sich der Herzog um die gediegene Ausstattung des Schlösschens. Die weitgehend erhaltene Inneneinrichtung kann heute als ein Dokument mittelalterlicher Wohnkultur gewertet werden. Nur wenige Burgen und Schlösser sind in der Lage, dem Besucher ein vollkommen erhaltenes Interieur zu bieten. Neben der Burg in Meran ist es vor allem das Tiroler Schloss Tratzberg, das über Einrichtungsgegenstände aus dieser Zeit verfügt.

Im gesamten Gebäude der landesfürstlichen Burg trifft man auf schöne Wandtäfelungen, reich geschnitzte Balkendecken, verzierte Türen, freskierte Wände, Wappenschilder, Holzreliefs, Tafelgemälde und sogar auf einen gotischen Ofen. Die **Einrichtung** dürfte den Geschmack der Zeit so getroffen haben, dass sich sogar Kaiser Maximilian I. sehr gerne hier aufhielt. Und dass Maximilian kein Verächter des schönen Lebensstiles und des Luxus war, beweist seine vielfältige Bautätigkeit im ganzen Land. Die heute erhaltene Inneneinrichtung ist klarerweise nicht mehr in allen Details original, denn in der Zeit des blühenden Barock, als sich der Geschmack der Wohnkultur entscheidend veränderte, kamen auch die mittelalterlichen Gebäude

„aus der Mode“. Im letzten Drittel des 19. Jahrhunderts, als Meran einen gewaltigen Aufschwung als Kurstadt erlebte und diesem Ruf das Stadtbild angepasst werden sollte, dachte man ernsthaft an die Schleifung der Burg. Es gelang allerdings einer Gruppe traditionsverpflichteter Bürger, den Erhalt des Gebäudes und dessen Renovierung durchzusetzen. Man versuchte dabei stilecht vorzugehen, das heißt aus ganz Tirol wurden gotische Kunst- und Einrichtungsgegenstände zusammengetragen, um die ehemalige Innenausstattung weitgehend wiederherzustellen.

Bemerkenswert ist die hübsche **Rankenmalerei** mit Jagdszenen im Hof. Durch die im Parterre gelegene Waffenkammer gelangt man über eine Treppe in den ersten Stock, der mit dem Kaiserzimmer, der Kapelle und dem fürstlichen Schlafzimmer die bedeutendsten Gemächer der Burg enthält. Als beachtenswerteste Sehenswürdigkeit der Kapelle können das als gotisches Maßwerk geschnitzte, reich verzierte **Holzgitter und das Kreuzigungsfresko der Altarwand** gewertet werden. Dieses Fresko stammt aus der Zeit um 1460. Hervorragend ist die aus der Mitte des 15. Jahrhunderts stammende Holzskulptur des hl. Georg im Kampf mit dem Drachen. Im Kaiserzimmer beeindrucken die Zirbenholztäfelung und der großartige Kachelofen, der die Form eines Turmes einnimmt. Die Kacheln sind als dünn glasierte Reliefs gearbeitet, die Wappen und Figuren der österreichischen Länder tragen. Es gibt kaum ähnliche Beispiele von erhaltenen gotischen Prunköfen. Aus derselben Zeit stammen die Malereien im Erker und die künstlerisch äußerst qualitativ gearbeiteten Wappenreliefs über den Türen. Einen besonderen Stellenwert nimmt das zeitgenössische Leinwandbild Kaiser Maximilians und seiner Gemahlin ein. Das angrenzende Schlafzimmer hält als besondere Rarität ein mit Maßwerk verziertes Bett bereit. Der Wandschrank mit dem Waschbecken, das schottische Wappen über der Tür und vor allem das ausgezeichnete Renaissancegemälde neben dem Bett sind sehenswert. Im freskierten Erker ist Kaiser Maximilian auf einem reliefierten Brustbild dargestellt.

Meran

Eine Woche vor Ostern bis Ende Okt., Mo–Fr 9.30–12, 14–18 Uhr, Sa 9–12 Uhr

Santer Klause, Meran, Tel. 0473/23 40 86, Do Ruhetag, bis auf Feb. ganzjährig geöffnet

Stadtführung Meran – Auskunft Kurverwaltung Meran, Tel. 0473/23 52 23

Schloss Mirabell

Salzburg

Dass der Erzbischof von Salzburg in den Zeiten des angehenden Barock andere Maßstäbe setzte, als sie für einen Kirchenfürsten angemessen wären, belegen viele Geschichten um Wolf Dietrich von Raitenau.

So ließ er 1606 vor den Toren der Stadt für seine **Mätresse Salome Alt** einen Adelssitz errichten, den er Altenau nannte. Noch heute lassen sich unverkennbar Spuren dieses Liebesbeweises des Erzbischofs erkennen. Sein Nachfolger allerdings, Markus Sittikus, gab dem Schloss den Namen Mirabell, um das Andenken an seinen Vorgänger auszulöschen. Unter **Erzbischof Paris Lodron** erhielt das Schloss neue Befestigungsanlagen und wurde in die Sicherung der Stadt einbezogen. Über die Entwicklung des Schlosses Mirabell im 17. Jahrhundert schweigen die Quellen zu einem großen Teil.

Erst aus der Regentschaft des Fürsterzbischofs **Franz Anton von Harrach** (1709–27) wissen wir mehr. Das inzwischen relativ groß gewordene Gebäude, das einem quadratischen Geviert entsprach, ließ er von 1721–27 unter der baulichen Leitung des berühmten Villenarchitekten **Johann Lukas von Hildebrandt** vollkommen umgestalten und gab ihm ein einheitliches barockes Aussehen. Ein sehr massig wirkender, bereits um 1710 über dem Ostflügel gewachsener Turm wurde von Hildebrandt mit einem Kuppelhelm abgeschlossen und charakterisierte die Silhouette des Schlosses. Als 1818 eine mächtige Feuersbrunst in Salzburg wütete, blieb auch Mirabell nicht verschont. Die großartigen Deckengemälde von Johann Michael Rottmayr und Gajetano Fanti im Marmorsaal und im Stiegenhaus fielen dem Feuer zum Opfer. Der Vertreter des Wiener Klassizismus **Peter di Mobile** ließ seine Gedanken und kühnen Überlegungen Stein werden.

1866 ging das Schloss, nachdem es bereits seit Anfang des 19. Jahrhunderts nicht mehr im Besitz der Bischöfe gewesen war, in das Vermögen der Stadt Salzburg über. Seit 1950 bildet Schloss Mirabell das Zentrum der städtischen Verwaltung und ist Sitz des Bürgermeisters und des Magistrats.

Nach dem Brand von 1818 hat das Äußere des Schlosses sein barockes Kleid weitgehend eingebüßt. An der Hauptfront hat sich ein wenig vom Hauch der architektonischen Überlegenheit Hildebrandts erhalten. Allerdings hat auch hier der Klassizismus seine unverkennbaren Spuren hinterlassen. Die ovalen Mauerluken mit den eingestellten Vasen sind typische Dekorationselemente des großen barocken Baumeisters. Das regelmäßige Gebäude umschließt einen mächtigen Innenhof, der von drei Seiten aus zugänglich ist. Das Innere des Schlosses ist kaum mehr als ein Gedächtnis der barocken Wohnarchitektur zu verstehen, von der einstigen prächtigen Ausstattung haben sich lediglich drei repräsentative Räume erhalten, nämlich das **Treppenhaus**, der **Marmorsaal** und die **Schlosskirche**. Die meisterhaft konzipierte Stiegenkonstruktion steigt durch eine fantastische Marmorbalustrade betont in die oberen Bereiche empor. Die Wandgliederung versteht sich in Nischen mit eingestellten mythologischen Figuren, die wie auch die Putti der Balustrade aus der Hand Georg Raphael Donners stammen. Man könnte das Stiegenhaus von Mirabell gleichsam als einen Wettkampf der Elemente bezeichnen, der hier eine Gegenüberstellung von einfachen, stereotypen Formen und kuriosen, nahezu akrobatischen Dekorteilen erlebt.

Vornehm wirkt der **Marmorsaal**, der eine kühle und noble Eleganz ausstrahlt. Das Schimmern des rötlich grauen Stucco Lustro, dessen glatte Flächen von einem Netz vergoldeter Linienornamente überzogen wird, taucht die Halle in ein elegantes Korsett, dessen Maschen nicht beengend sind, sondern die Großzügigkeit rokokozeitlicher Manier dokumentieren. Allein der Abschluss des Raumes ist ein Opfer der Geschichte geworden. Sicher großartig hat Johann Michael Rottmayr hier ein Thema der Mythologie interpretiert und somit eine Verbindung der Helden von einst mit dem Betrachter von damals hergestellt. Dieses Gemälde ist Geschichte, denn der Brand 1818 ließ davon nichts übrig. Heute können wir nur erahnen, welche Wirkung der Raum hätte, würde das Deckengemälde die Komposition der Architektur nach oben abrunden. Die Ovalfenster, die Hildebrandt hier in den Bau einbezog, sind typische Charakteristika für den Wiener Baumeister Fischer von Erlach.

Die schon erwähnte **Schlosskirche** bildet den südöstlichsten Teil des Schlosses. Kannelierte Pilaster werden hier mit Stuckmarmor überzogen und unterstreichen somit die Bedeutsamkeit dieses sakralen Raumes. Der mächtige Altar, der eine Säulenkonstruktion aus rotem und grauem Marmor mit goldenen Standfiguren und einer goldenen Baldachinkrone darstellt, zeugt von der Sensibilität seines Schöpfers. Harmonisch bindet sich dieses Raumelement in die Gesamtheit der Architektur ein.

Eine Besonderheit des Schlosses Mirabell ist die ausgedehnte **Gartenanlage**, die jährlich von zigtausenden Besuchern frequentiert wird. Die Entwicklung des Gartens lässt sich durch eine Vielzahl von historischen Stichen dokumentieren. Ende des 17. Jahrhunderts erfolgte eine generelle Umgestaltung durch **Erzbischof Johann Ernst von Thun**. Im 19. Jahrhundert erlebte die Gartenanlage, die sich vor allem im Barock um eine symmetrische Linienführung bemühte, einen furchtbaren Niedergang, der erst in jüngster Zeit im Bemühen um Authentizität aufgehoben wurde. Der heute sich wieder an das barocke Bild annähernde Garten orientiert sich an den Vorbildern des um 1690 unter dem Einfluss von Fischer von Erlach und 1730 durch **Franz Anton Dannreiter** konzipierten Parks. An den Eingang sind zwei geschwungene Reihen mit Götter- und Göttinnenstandbildern gesetzt. Den Mittelgang bestimmen zwei Fechterpaare. Aus dem wunderschön gearbeiteten Vasen lässt sich die Mitarbeit Fischer von Erlachs durchaus belegen, da sie nahezu ident mit seinen Entwürfen im Stichwerk „Historische Architektur" sind. Die Mittelfontäne wird von vier mythologischen Skulpturengruppen (Raub der Helena, Aeneas verlässt das brennende Troja, Herkules und Antäus, Raub der Persephone) gerahmt. Eine weitere Deutung führt in Richtung der vier Elemente.

Unmittelbar vor dem Schloss befindet sich der Rosengarten, die ursprüngliche Orangerie, deren Balustradenvasen zu einem Großteil aus der Zeit Fischers und Hildebrandts stammen. Im Schloss befand sich ursprünglich ein eigener **Zwergengarten**, von dessen Ausstattung sich allerdings nur wenige der kleinwüchsigen Figuren erhalten haben, die heute den so genannten **Bastionsgarten** bevölkern. Im südlichen Bereich liegt das älteste deutsche **Heckentheater** und unmittelbar dahinter das **Zauberflötenhäuschen**, das sich ursprünglich im Freihaus zu Wien befand. Hier hat Mozart 1791 seine wohl berühmteste Oper „Die Zauberflöte" komponiert.

Schloss Mirabell, 5020 Salzburg, Tel. 0662/80 72-0

Mirabellgarten: 7 Uhr – Einbruch der Dunkelheit; Schloss: nach Voranmeldung

Sacher – Österreichischer Hof, Schwarzstraße 5–7, 5020 Salzburg, Tel. 0662/88 97 70

Festung Hohensalzburg, Festungsmuseum und Rainer-Regimentsmuseum, Informationsschau, Original Salzburger Marionettenmuseum, Festungsbahn, Carolino Augusteum, Salzburger Landestheater, Mozartmuseum, Schloss Hellbrunn

Schloss Niederweiden im Marchfeld

Niederösterreich

Ernst Rüdiger Graf Starhemberg war der erste Adelige, der Ende des 17. Jahrhunderts das Marchfeld als Standort für ein Jagdschloss wählte, denn die Zeit des Hochbarock in Österreich war auch eine Hochzeit der höfischen und adeligen Jagdkultur.

Starhemberg beauftragte 1693 **Johann Bernhard Fischer von Erlach** mit der Ausarbeitung eines Entwurfes für ein „Lustgebäude". Bei dem nur einstöckigen Bau nahm Fischer wohl behutsam auf die ebene Landschaft des Marchfeldes Rücksicht. Fischer setzte hier seinen typischen Landschlösschenstil ein, bei welchem er immer wieder verschiedene geometrische Raumformen miteinander kombinierte und auf diese Weise Raum schuf.

Am 23. September 1726 kaufte **Prinz Eugen von Savoyen** Schloss Niederweiden. Ein Jahr zuvor hatte er das benachbarte Schloßhof erworben, das er grandios umbauen ließ. In Niederweiden wurde am Schloss selbst nichts verändert, es diente dem Prinzen vor allem als Rahmen für seine großen Jagdgesellschaften. Nur der Garten, der Fasangarten und ein Glashaus wurden in seiner Zeit in Niederweiden errichtet.

Lange konnte sich Prinz Eugen allerdings nicht an seinen neuen Residenzen im Marchfeld erfreuen, in der Nacht vom 20. auf den 21. April 1736 starb er in Wien. Sein gesamtes Erbe ging an seine 52-jährige Nichte Victoria, Tochter seines älteren Bruders Ludwig Thomas von Savoyen-Soissons. Die Prinzessin ehelichte am 17. April 1738 in der Kapelle von Schloßhof den um 18 Jahre jüngeren Prinzen Joseph Friedrich von Sachsen-Hildburghausen und überließ ihrem Gemahl als Morgengabe die Schlösser Niederweiden und Schloßhof. Ihr fürstliches Geschenk sollte ihr aber kein Glück bringen. Das Zusammenleben mit ihrem Gemahl wurde für Victoria im Laufe der Zeit unerträglich. Nachdem Maria Theresia einer Trennung von „Tisch und Bett" zugestimmt hatte, kehrte die Prinzessin nach Turin, in die Heimat ihrer Ahnen, zurück. Schloßhof und Niederweiden blieben im Besitz des Prinzen, der sich sehr gerne im Marchfeld aufhielt. Nichts bereitete dem Prinzen mehr Freude, als für Freunde, Bekannte oder hoch gestellte Persönlichkeiten Feste zu veranstalten. Besonders hervorgehoben sei das große Fest vom

Schloss Porcia – Innenhof

Residenz mit Dom und Residenzbrunnen

Schloss Riegersburg im Waldviertel

Schloss Riegersburg – Detail der Fassade

Riegersburg

Riegersburg – Brunnengitter im Innenhof

Schloss Rohrau – die Gemäldesammlung in der „Langen Galerie“

Schloss Rosenau – Außenansicht

Schloss Rosenburg im Kamptal – Turnierhof

Rosenburg – Innenraum

23.–26. September 1754. Der Anlass: Der Prinz war aufgrund seines opulenten Lebensstils in finanzielle Schwierigkeiten geraten und wollte die Schlösser verkaufen – natürlich an jemanden Zahlungskräftigen. Also lud er **Maria Theresia**, ihren Gemahl Kaiser Franz Stephan von Lothringen und deren Familie als Ehrengäste zu einem prunkvollen Fest mit Hintergedanken ...

1755 kaufte Maria Theresia die Schlösser Niederweiden und Schloßhof und schenkte sie ihrem Gemahl, einem begeisterten Jäger. Wie viele ihrer Schlösser war Maria Theresia auch Schloss Niederweiden zu klein. 1765 wurde deshalb **Nikolaus von Pacassi** mit dem Umbau bzw. der Aufstockung des Fischer-von-Erlach-Baus beauftragt. Durch die Aufstockung wurde ein Treppenhaus notwendig, dadurch kam es auch am Außenbau zu gravierenden Veränderungen. Pacassi gab Niederweiden sein heutiges Aussehen.

Im Zuge dieser Umbauphase wurden neue Räume geschaffen, vor allem entstand der prächtige Festsaal im ersten Stock. Das ganze Schloss wurde im Stil der damals beliebten Chinamode ausgestattet. Der Festsaal ist heute noch ein typisches Beispiel dafür. Die Malerei stammt vom Hofmaler Jean-Baptiste Pillement, der hierfür aus der kaiserlichen Privatschatulle entlohnt wurde.

Farblich dominieren im Festsaal die verschiedensten Grünschattierungen. Aus den Lambris wachsen exotisch blühende Bäume bis in den Bereich der Decke hinauf. Diese Bäume sind mit Musikinstrumenten dekoriert. In den Wandfeldern dazwischen sitzen orientalisch anmutende Musikanten. Auch die übrigen Räume wurden damals mit kostbaren Möbeln nach chinesischer Art ausgestattet. Vier Salons zierten chinesische Reispapiertapeten.

Mit dem Ableben Maria Theresias 1780 begann für die Schlösser allmählich der Niedergang. Der Wiener Hof hatte neue Residenzen als Landschlösser auserkoren.

Bis 1918 wurde Niederweiden von der k. k. Familienfonds-Güterdirektion in Wien verwaltet, allmählich geriet es in Vergessenheit. Bereits 1898 begann man das Schloss völlig leer zu räumen. Die Möbel und jegliches wertvolle Stück wurden nach Wien gebracht bzw. ins benachbarte Schloss Eckartsau, das sich Erzherzog Franz Ferdinand zu diesem Zeitpunkt zu seinem Landschlösschen ausbauen ließ. Mit diesem Akt war der Verfall von Niederweiden besiegelt. Während des Ersten Weltkrieges diente das Untergeschoß des Schlosses als Pferdestall. Nach dem Ende des Krieges wurden am Schloss keine Instandsetzungsarbeiten mehr gemacht. In der Zwischenkriegszeit wurde Niederweiden dem Kriegsgeschädigten-Fonds einverleibt. Der Zweite Weltkrieg fügte dem Schloss weitere Schäden zu.

Schloss Niederweiden war jedoch nicht ganz in Vergessenheit geraten. Ein Kreis von Idealisten hatte es sich nach 1945 zum Ziel gesetzt, das Schloss zu retten.
Am 24. April 1956 wurde mit einem langfristig angelegten Renovierungsprojekt begonnen.
Seit 1986 sind nun die beiden ehemaligen Prinz-Eugen-Schlösser Schloßhof und Schloss Niederweiden für die Öffentlichkeit wieder zugänglich: In diesem Jahr wurde hier die Niederösterreichische Landesausstellung „Prinz Eugen und das barocke Österreich“ gezeigt. 375.000 Menschen besuchten diese grandiose Schau – seit damals erfüllt wieder kulturelles Leben die beiden Schlösser.
Ein Jahr später, im Frühjahr 1987, wurde der „Marchfelder Schlösserverein“ gegründet, der es sich zur Aufgabe gemacht hat, Niederweiden und Schloßhof auf Dauer öffentlich zugänglich zu machen, was ihm bis zum heutigen Tag mit zahlreichen erfolgreichen Ausstellungen auch gelungen ist.

Schloss Niederweiden, Marchfelder Schlösserverein, 2292 Engelhartstetten, Tel. 02214/28 03

Mai bis Ende Okt., täglich 10–17 Uhr

Schlosstaverne Weber, 2294 Schloßhof 1, Tel. 02285/65 80

Safari- und Abenteuerpark Gänserndorf, Nationalpark Donau-Auen, Archäologischer Park Carnuntum; Wochenendtouren im Auland (Info: Auland-Touristik, Tel. 02163/35 56-11)

Schloss Pöllau

Steiermark

Neben den großen Schloss- und Burganlagen zählen die Stifte zu den imposantesten Dokumenten der Baugeschichte unseres Landes. Der große Klostersturm unter Joseph II. setzte dem Leben vieler dieser Stifte ein jähes Ende. Die Säkularisation der geistlichen Häuser bedeutete nicht nur das Ende großer Kulturträger, sondern auch die Verwaisung weitläufiger Gebäude.

Aus dem **ehemaligen Augustiner-Chorherren-Stift** ist das heutige im Volksmund so bezeichnete Schloss Pöllau geworden. Schon um die Mitte des 12. Jahrhunderts wurde an dieser Stelle durch die Herren von Stubenberg eine Burganlage errichtet, die der Sicherung dieses Landstriches dienen sollte. 1488 geriet das Stift in die Auseinandersetzungen zwischen dem Kaiser und Ungarn hinein und wurde in der Folge von Wilhelm Baumkircher, den Matthias Corvinus zum Hauptmann von Fürstenfeld und Hartberg bestellt hatte, eingenommen. Die Kirche und die ausgedehnten Gebäude wurde teilweise zerstört.

Zwischen 1669 und 1696 erhielt das Stift, das von Vorau aus besiedelt wurde, sein neues Aussehen. Aus den Personallisten der Pöllauer Chorherren geht hervor, dass Söhne reich begüterter steirischer Adelsgeschlechter dem Konvent angehörten und dadurch gewaltige finanzielle Ressourcen für den Neubau der Stiftsanlage zur Verfügung standen. Unter Propst Johann Ernst von Ortenhofen konnte die großräumige Stiftskirche mit ihrer imposanten Kuppel vollendet werden. Die umfangreichen Besitzungen des Stiftes sowie die wertvollen Kunstschätze fielen an den Religionsfonds, während die Bibliothek und das Archiv verloren gingen. Am Beginn des 19. Jahrhunderts besetzte das Militär die verlassenen Stiftsgebäude. 1827 standen Schloss und Herrschaft öffentlich zum Verkauf und wurden von Karl Freiherr von Kulmer erworben. Vier Jahre später gelangte Pöllau im Zuge eines Exekutionsverfahrens in den Besitz der Herrschaft Sauritsch und schließlich 1834 an den pensionierten Hofrat Anton Raimund Graf von Lamberg. Dieser ermöglichte die vollständige Renovierung des Schlosses und brachte das Haus zu neuer Blüte. 1941 überließ der letzte Lamberg, Graf Vollrat, das Schloss der Marktgemeinde Pöllau, die in den Räumlichkeiten die Gemeindeadministration, eine Schule und private Wohnungen errichtete.

Pöllau gilt heute als eine der schönsten Barockanlagen der Steiermark. Auf den Resten der mittelalterlichen Wasserburg entstand gegen Ende des 17. Jahrhunderts die großzügige Stiftsanlage nach Plänen des Baumeisters **Jakob Schmerlaib**. Die **Kirche**, die zwischen 1701 und 1712 unter Baumeister **Joachim Carlone** errichtet wurde, zählt zu den größten Kirchenbauten des Landes und wird ehrfürchtig als der „steirische Petersdom" bezeichnet. Teilweise kann man heute noch Spuren der Außenmauer der mittelalterlichen Wasserburg erkennen. Die Seiten der Nordfassade werden je von einem achteckigen Turm flankiert, während der dreigeschoßige Flügelbau im Süden durch die Stiftskirche abgeschlossen wird.

Die beiden Innenhöfe sind in ihrer Ausführung schlicht, aber trotzdem vornehm-elegant gehalten. Die Arkadenfassaden werden von durchlaufenden Pilastern segmentiert und sind in ihrer Charakteristik der vornehmen Arkadengestaltung höfischer Bauwerke angeglichen. Im Mitteltrakt des Schlosses befindet sich die ehemalige **Bibliothek** mit einem Deckenfresko der Allegorie der „weltlichen und geistlichen Wissenschaften" von Antonio Maderni aus dem Jahre 1699. Pate für dieses Meisterwerk barocker Deckenmalerei stand die Ausstattung des Palazzo Parderini in Rom. Heute dient dieser Saal nicht mehr der Pflege der Wissenschaft, sondern bietet sich als reizvolle Kulisse für Konzerte und andere kulturelle Veranstaltungen an. Ein weiterer bemerkenswerter Saal, der mit einem Deckenfresko von Matthias von Görz ausgestattet ist, befindet sich an der Südwestecke. Die Apotheose der Malerei bildet den thematischen Hintergrund des Werkes und ist gleichzeitig als eine Hommage an die Kunst zu verstehen. An die Stelle der ehemaligen Wehranlagen trat 1747 ein ebenerdiges Vorgebäude, das aus zwei Flügeln besteht. Heute kann Schloss Pöllau als Zentrum der Kultur angesehen werden. Neben einer steirischen Landesausstellung, die in den Räumen des Schlosses abgehalten wurde, werden jährliche kulturelle Veranstaltungen dem Anspruch und dem jahrhundertelang gepflegten Geist des Gebäudes gerecht.

A 2 Südautobahn, aus Richtung Graz, Exit 161 Gleisdorf-West; aus Richtung Wien, Exit 115 Hartberg; Wechsel-Bundesstraße B 54 von Gleisdorf bzw. von Hartberg nach Kaindorf, Abzweigung nach Pöllau

Schlossstüberl Eckhart, Schloss Pöllau, Tel. 03335/44 80

Konzerte und diverse Kulturveranstaltungen, Stiftskirche und Markt Pöllau, Pöllauberg: Blumendorf, erster österreichischer Naturkraftpark, Lebzelterei Ebner, Obsthof Retter, Ölmühle Fandler, Ferrari-Museum Pöllau, Rad- und Wanderwege

Schloss Porcia

Kärnten

Nicht nur die berühmten Komödienspiele, die jährlich tausende in die Kärntner Bezirksstadt Spittal locken, sondern auch das Schloss, das heute den Namen eines berühmten Adelsgeschlechtes trägt, ist einen Besuch wert.

(Abb. Seite 161)

Nach italienischen Vorbildern erbaut, wurde Schloss Porcia, das seltsamerweise nicht nach seinem Erbauer, sondern nach einem späteren Besitzer benannt ist, schnell zu einem Zentrum der Kunst und Kultur sowie des gesellschaftlichen Lebens. Aufgrund der Verträge von Worms (1521) und Brüssel (1522) übergab Kaiser Karl V. seinem Bruder Ferdinand die fünf österreichischen Länder Ober- und Niederösterreich, Steiermark, Kärnten und Krain. Seinem Günstling und Schatzmeister **Gabriel von Salamanca** übertrug Ferdinand am 10. März 1524 die in Kärnten gelegene Grafschaft Ortenburg und ernannte ihn zum Grafen von Ortenburg. Die Grafschaft gehörte zu den vermögendsten im Land und wurde durch Ankäufe und Erwerbungen immer größer, sodass der regierende Graf zur Führung seiner Amtsgeschäfte einen angemessenen Regierungssitz brauchte. Um 1527 entschloss er sich zum Neubau eines prächtigen Schlosses, das den bisherigen Sitz, die alte Ortenburg, ablösen sollte.

Über die Meister, die an dem hervorragenden Beispiel österreichischer Palastarchitektur der Renaissance arbeiteten, ist wenig bekannt; lediglich der Venezianer **Vincenzo Scamozzi** gilt als gesichert. Der kühne Plan, nach italienischem Vorbild einen nicht vergleichbaren Palast zu errichten, nahm längere Zeit in Anspruch. Die Bauphasen können an den verschiedenen Stockwerken durch Inschriften terminisiert werden. Über mehrere Jahrzehnte erstreckte sich der Bau, der erst unter Gabriels Sohn Johann (+ 1612) vollendet war. 1639 starb das Geschlecht der Salamanca aus und die Herrschaft Ortenburg fiel an den Kaiser zurück.

Zwischen vier runden Ecktürmen spannen sich die Trakte, die einen rechteckigen Innenhof umschließen, der wegen seiner Arkaden berühmt ist. Die Qualität der Architektur wird an vielen Details deutlich. Schon das im Norden gelegene Hauptportal, das von zwei frei stehenden Säulen mit verkröpftem Gesims aus Marmor umrahmt wird, unterstreicht den herrschaftlichen Charakter des Bauwerkes. Das Portal wird nach oben hin durch den Fürstenhut abgeschlossen, unter dem sich der ovale Wappenschild der Porcia befindet: goldenes Schildhaupt, darunter auf blauem Grund sechs goldene Lilien. Auf dem oberen Gesims sitzen zwei männliche Gestalten, darunter sind zwei weibliche Figuren angebracht, die allegorische Bedeutung besitzen. An den Seiten des Portals schufen die Bauleute sowohl im ersten als auch im zweiten Stock je einen Steinbalkon mit einem dreifach gekuppelten Bogenfenster. Obwohl die Fassadengliederung sehr einfach gehalten ist, verleiht sie dem Bau doch eine vornehme Eleganz. Die Ostfront ist der Nordfront ähnlich, jedoch sind an dieser Seite keine Balkone angebracht. Der Westseite ist ein kleiner Rundturm vorgesetzt. An der gartenseitigen Südfassade erhebt sich, aus mächtigen toskanischen Säulen gebildet, ein weiteres Portal, das Beachtung verdient.

Überrascht ist der Besucher von der **prachtvollen Ausstattung des Innenhofes**, der heute als Kulisse für Theateraufführungen genutzt wird. Im Erdgeschoß wird der Hof von Arkaden umschlossen, die im ersten und zweiten Stock nur an drei Seiten ausgebildet sind. Man fühlt sich wirklich nach Italien versetzt, wo die großen Palazzi in den Städten ähnliche Innenhöfe aufweisen. Eine zweifache Treppe an der Westseite führt zu der das erste Drittel der Ostseite einnehmenden Stiege. Einfach gehalten sind die Säulen im Erdgeschoß mit ihren simplen Kapitellen. In den Bogenzwickeln lassen sich Reliefs, Caesarenköpfe, allegorische Gestalten und Krieger erkennen. Die oberen Balustraden werden aus vornehm wirkenden Säulengruppen gebildet, die jeweils durch einen Pfeiler segmentiert sind. Aus diesen ragen schlanke Säulen, die wiederum in weite Arkaden münden. Die Türen in den Arkadengängen sind mit Pflanzen- und Trophäenornamenten verziert und betonen den höfischen Charakter. Die Gesimse der Türen, wie jene der Fenster der Außenwand tragen das Wappen des Bauherrn Gabriel Salamanca.

Heute befindet sich im Schloss eines der reizvollsten **Heimatmuseen** Kärntens, das nicht nur Historisches der Region, sondern auch Besonderheiten der Kärntner Geschichte aufgreift.

Schloss Porcia, 9800 Spittal an der Drau, Tel. 04762/34 20, Fax: 04762/32 37

Schlosshof 8–20 Uhr, Museum 15. Mai–31. Okt., täglich 9–18 Uhr, Nov.–14. Mai, Mo–Do 13–16 Uhr

Restaurant Da Piero, Am Lurnbichl 71, 9800 Spittal, Tel. 04762/36 555

Museum für Volkskultur, Konzerte, Theateraufführungen, diverse Veranstaltungen, Millstätter See

Burg Reifenstein

Südtirol

Vor der Kulisse einer dicht bewaldeten Hügellandschaft steht auf einem Felskegel die Burg Reifenstein, die zu den bedeutendsten Sehenswürdigkeiten der Gegend um Sterzing zählt. Die Festung versinnbildlicht das Ideal der Ritterburg schlechthin und lässt in ihren mit Zinnen bekrönten Mauern, den Türmen und Erkern die Welt des Mittelalters aufleben.

Heute noch bietet die Burg Reifenstein ein eindrucksvolles Dokument der Schaffenskraft des ausklingenden Mittelalters in Resten der erhaltenen **gotischen Einrichtung**. Besonderes Augenmerk sei dabei auf das **Kapitelzimmer** gerichtet, dessen Holztäfelung aus Zirbenholz geschnitzt ist. Die prächtigen gotischen Möbel mit Maßwerk und die intarsierten Wandschränke komplettieren den Eindruck mittelalterlicher Wohnkultur, der zum Spiegel des Geschmacks seiner Zeit wird.

Im zweiten Stock des Wohntraktes der Burg befindet sich der **Grüne Saal**, der seinen Namen auf die sonderbare Bemalung aus 1498 zurückführt. Die Wände sowie die Decke und ein großer schrankartiger Einbau sind mit grünem Rankenwerk versehen, das in seiner prachtvollen Ausführung den illusorischen Effekt eines plastischen Reliefs hervorruft. Diese Arbeit kann mit Recht als eine der kunstvollsten Freskenmalereien des Landes Südtirol gewertet werden. Bei genauerem Hinsehen verrät das wirr und willkürlich scheinende Geflecht eine präzise Ordnung und Struktur. Zwischen den Ranken erkennt man gemalte Jünglinge und Vogeldarstellungen. Ein prachtvoll gearbeitetes Gitter trennt den Raum von einem Erkerzimmer, das als Kapelle verwendet wurde. Dieses Gitter ist insofern interessant, als es 1878 bei der Pariser Weltausstellung als Beispiel gotischer Maßwerkkunst gezeigt wurde.

Die Burg selbst ist in ihrer architektonischen Eigenwilligkeit ein herausragendes Beispiel Tiroler Burgbaukunst.

Gemeinde Freienfeld, Elzenbaum 19, südlich von Sterzing auf der rechten Seite

Führungen von Ostern bis Allerheiligen jeweils um 9.30, 10.30, 14 und 15 Uhr, Fr Ruhetag, Tel. 0472/76 58 79

Lechnerhof, Stilfes, Tel. 0472/76 61 31, Mi Ruhetag

53

Residenz Salzburg

Salzburg

Der Traum, eine Residenzstadt zu errichten, die ihresgleichen im deutschsprachigen Raum suchen würde, beflügelte den Salzburger Fürsterzbischof Wolf Dietrich von Raitenau. Ganze Stadtteile ließ er niederreißen, um seinem Wunsch, nach italienischen Vorbildern ein einheitliches Fassadenbild entstehen zu lassen, gerecht zu werden.

(Abb. Seite 162)

„Rom der Alpen" wird Salzburg genannt, und im Herzen dieser Stadt gelegen, erinnert heute noch die mächtige fürsterzbischöfliche Residenz an die einstige Macht und Vorrangstellung der Salzburger Patriarchen.

Die Ursprünge dieses Palastes reichen wohl schon in das 12. Jahrhundert zurück, als Erzbischof Konrad I. mit dem Bau eines Bischofshofes begann, der in einer Urkunde des Jahres 1232 als „Pallatinum" (Palast) erwähnt wird. Salzburg selbst führt seine Wurzeln zurück auf den legendären **Wandermönch Rupertus**, der um 700 an dieser Stelle ein Kloster errichtete, von dem sich die christliche Missionierung über ganz Österreich ausbreitete. Dieser Rupert, der in der Kunstgeschichte als Bischof im Ornat mit dem Attribut des Salzfasses dargestellt wird, war erster Abt des Benediktinerklosters St. Peter und gleichzeitig erster Bischof von Salzburg. Schon 798 wurde Salzburg zum Erzbistum erhoben. Daraus entwickelte sich ein selbstständiges Staatssystem, das über tausend Jahre Bestand hatte. Gleich großen weltlichen Fürsten residierten die Bischöfe, die nicht nur die kirchliche, sondern auch die weltliche Obrigkeit innerhalb des zur Stadt gehörigen Fürstentums ausübten. Als „Primas Germaniae" nahm das Oberhaupt der Salzburger Erzdiözese innerhalb der Reihe der deutschen Bischöfe eine Sonderstellung ein. Als „Legatus natus" waren ihm Sonderprivilegien zugedacht, die allein schon durch die Erlaubnis des Tragens von Purpur zum Ausdruck kamen. Diesem Status gemäß waren die Erzbischöfe stets bemüht, Macht und Ansehen dieses Amtes durch entsprechende Repräsentationsgebäude nach außen hin sichtbar zu machen.

Erzbischof Burkhart von Weißpriach erweiterte die bischöfliche Residenz durch einen neuen Trakt. 1553 dokumentiert eine Ansicht der Stadt Salzburg die gewaltigen Dimensionen des Doms und der daran angebauten Residenz.

Das heutige Aussehen der Residenz wurde maßgeblich durch den Geschmack **Wolf Dietrichs von Raitenau** geprägt. Schon in dieser Zeit des angehenden Barock galt die Salzburger Residenz als eine der feudalsten und prächtigsten des gesamten deutschsprachigen Raumes.
Kurz vor 1600 entstand der gewaltige Südtrakt mit der großen Stiege und dem Carabinierisaal. In diesem Teil der Residenz befand sich auch eine große Hofanlage mit wunderschönen Gärten, Nischen und Grotten, ebenso wie die Wohngebäude der Salome Alt, der berühmten Mätresse des Erzbischofs. So fulminant und großartig die bauliche Tätigkeit des Bischofs war, so traurig und ruhmlos war sein Ende. Als Gefangener seines Nachfolgers, Markus Sittikus, starb er, abgeschieden von aller Welt, in der Festung. Markus Sittikus und dessen Nachfolger Paris Lodron bemühten sich um eine zeitgerechte Ausstattung und um eine Erweiterung der gewaltigen Anlage.
1792 ließ Bischof Hieronymus Colloredo, der letzte souveräne Fürst Salzburgs, den Nordtrakt fertig stellen, der heute als **Toskanatrakt** bekannt ist. Über den mächtigen Ehrenhof, mit dem imposanten Brunnen mit Herkulesfigur gelangt man über die breite Haupttreppe in den **Carabinierisaal**, der den Namen der Leibgarde Wolf Dietrichs trägt. Die anschließenden Prunkräume entstammen einem Konzept des bedeutenden Barockarchitekten **Johann Bernhard Fischer von Erlach** und wurden am Beginn des 18. Jahrhunderts vom nicht minder bedeutenden **Lukas von Hildebrandt** ausgestattet. Darstellungen aus dem Leben Alexanders des Großen füllen thematisch die Decken. Alle Arbeiten sind Schöpfungen von **Johann Michael Rottmayr** und **Martino Altomonte**. Der an den Carabinierisaal anschließende **Rittersaal** war Mittelpunkt des gesellschaftlichen Lebens. Große Konzerte fanden hier statt, und kein Geringerer als Wolfgang Amadeus Mozart, der berühmteste Sohn Salzburgs, konzertierte hier vor der höfischen Gesellschaft.
Insgesamt verfügt die Residenz über etwa 180 Säle und Räume, die in ihrer Ausstattung individuell sind und Zeugnis für den Geschmack der Erzbischöfe ablegen. Im großen Ratsherrenzimmer wurde europäische Politik gemacht. Hier trafen sich die Monarchen der Welt, um über die Schicksale und die Zusammenarbeit ihrer Länder zu beraten. Tapisserien aus Flandern, die in der zweiten Hälfte des 17. Jahrhunderts entstanden, zeigen in der „Ante camera“ Motive der zwölf Monate. Der zweifellos prachtvollste Raum des Stadtpalastes ist der **Audienzsaal**. Hier wurden Diplomaten, Fürsten und Staatsmänner empfangen. Die Decke gestaltete Johann Michael Rottmayr und widmete sie wiederum der Thematik um Alexan-

der den Großen. Bemerkenswert sind in diesem Raum die französischen Sitzgarnituren, die heute weltweit als einzigartig zu gelten haben. Das Arbeitszimmer des Bischofs eröffnet die Flucht der eigentlichen Privatgemächer. Alles was Rang und Namen innerhalb der Kunstwelt des deutschsprachigen Raumes hatte, wurde zusammengerufen, um am Sitz des Erzbischofs mitzuarbeiten. Räume wie die Schöne Galerie oder der Weiße Saal sind ausgesprochen geglückte Beispiele einer barocken Schlosskonzeption. Im Weißen Saal, der 1776 unter Erzbischof Colloredo klassizistisch stuckiert wurde, fanden zwischen 1802 und 1806, durch den mehrfachen Regierungswechsel bedingt, die Erbhuldigungen statt. Den Abschluss einer Führung durch die Prunkräume der Residenz in Salzburg, die über eine Vielzahl von Zimmern und Sälen führt, bildet der Kaisersaal. Porträts der Kaiser und Könige aus dem Hause Habsburg schmücken die Wände des eher einfach wirkenden Saales. Die umlaufenden Lakaienholzbänke tragen das Wappen des Erzbischofs Franz Anton Harrach, der 1709 bis 1727 die Geschicke des Bistums leitete.

Vis-a-vis vom Bischofspalast entstand unter Wolf Dietrich von Raitenau 1588 ein Neubau, der eigens für die Unterbringung der Gäste konzipiert war. Ein Türmchen, das den Bau überragt, birgt heute noch das berühmte Glockenspiel, das aus 1695 stammt. Insgesamt erklingen 14 Stücke, die von Michael Haydn sowie Leopold und Wolfgang Amadeus Mozart eigens komponiert wurden. Im Bereich des heutigen Kunsthistorischen Institutes der Universität Salzburg, das in diesem „Neubau“ untergebracht ist, besticht vor allem die prachtvoll ausgestattete Max-Gandolf-Bibliothek, die nach dem gleichnamigen Erzbischof von Salzburg benannt ist.

Schlossverwaltung Residenz, Residenzplatz 1, Stiege 2, 5010 Salzburg, Tel. 0662/80 42-2690, Fax: 0662/80 42-2978; salzburger.burgen.schloesser@land.sbg.gv.at, www.salzburg.com/burgenundschloesser

VIA IMPERIALIS
Burgen • Schlösser • Stifte Österreichs

Führung Jän.–April, Nov., Mo–Fr um 10, 11, 12, 14, 15 Uhr; Mai, Juni, Sept., Okt., täglich um 10, 11, 12, 14, 15 Uhr; Juli, Aug., täglich halbstündlich 10–16.30 Uhr

Restaurant Alt-Salzburg, Bürgerspitalgasse 2, 5020 Salzburg, Tel. 0662/84 14 76

Ständige Ausstellungen, Festung Hohensalzburg, Festungsmuseum und Rainer-Regimentsmuseum, Informationsschau, Original Salzburger Marionettenmuseum, Festungsbahn, Carolino Augusteum, Salzburger Landestheater, Mozartmuseum, Schloss Hellbrunn, Schloss Mirabell

Barockschloss Riegersburg

Niederösterreich

Wer nach der Schönheit barocker Architektur in Österreich fragt, wird wohl zunächst Namen wie Schloss Schönbrunn oder Schloss Belvedere genannt bekommen. Die wahren Perlen allerdings liegen abseits der Hauptverbindungen, wie etwa das Barockschloss Riegersburg, das als Geheimtipp nur von Insidern gefunden wird.

(Abb. Seite 163)

In einem der abgelegensten Winkel des Waldviertels, wo kaum jemand ein derart hochwertiges kulturelles Kleinod vermutet, befindet sich eine der reizvollsten architektonischen Schöpfungen Österreichs. Schon 1376 wird ein Ort Riegersburg in einem Hardegger Urbar erwähnt. In diesem Ort befand sich ein schlossähnliches Gebäude, ein Vorgänger des heutigen Schlosses. 1568 gelangte das Anwesen an die **Grafen von Hardegg**, die sich rasch um eine Erweiterung bemühten. Die Hardegger scheinen auch hier gewohnt zu haben, denn ein gewaltiger Brand vernichtete 1607 einen Großteil der Anlage und gefährdete den Besitz ernsthaft. Zwischen 1645 und 1646 verlagerte sich einer der Schauplätze des Dreißigjährigen Krieges in die unmittelbare Nähe des Schlosses. Durch die vorbeimarschierenden Truppen arg in Mitleidenschaft gezogen, war das Haus unbrauchbar und unbewohnbar geworden.

1655 wurde die Herrschaft in Bausch und Bogen verkauft und gelangte wenige Jahrzehnte später in den Besitz des Reichsgrafen **Sigmund von Khevenhüller**. Anfänglich hatte die Burg sicher den Charakter einer Wasserburg, doch mit dem Zeitgeschmack änderte sich auch die Vorstellung für das Bauwesen. Graf Khevenhüller trieb den Umbau voran und plante ein Schloss nach dem Vorbild großartiger Palastanlagen. **Franz Anton Pilgram**, ein Schüler Hildebrandts, übernahm die Verantwortung für den Umbau. Heute noch dokumentiert ein Aquarell den ursprünglichen Plan des Schlosses, der jedoch nicht umgesetzt wurde. Ähnlichkeiten zu Bauwerken Johann Lukas von Hildebrandts sind nicht zu leugnen, unterstreichen aber einmal mehr die enge Verbindung Pilgrams zu seinem Lehrmeister. Besonders stark sind stilistische Elemente des Stiftes Göttweig wieder zu finden, wie etwa die Rundbogenfenster und

Dreiecksgiebel an der Hauptfront, aber auch die „Ochsenaugen", die beispielsweise am oberen Klausurgang des Göttweiger Stiftes zu sehen sind. Sämtliche Steinmetzarbeiten in Riegersburg stammen vom Eggenburger Steinmetzmeister Steinböck. Die Hauptfassade verfügt über sehr interessante Steinmetzarbeiten, die Josef Krakher aus Eggenburg aus heimischen Steinen erstehen ließ. Beachtenswert und virtuos ist dabei die Atlantenfigur, die als Krönung den Mittelgiebel überragt. Demselben Meißel entstammen die allegorischen Figuren der Gerechtigkeit, der Weisheit, der Aufrichtigkeit und der Einigkeit, aber auch das Khevenhüllerwappen, die beiden Adler mit Kugeln und die über dem Portal stehenden Vasen sind diesem Meister zuzuschreiben. 1733 war der Großteil der Maurerarbeiten abgeschlossen.

Wesentlich mehr Zeit beanspruchte die Innenausstattung, deren zweite Bauphase bis zum Tod des Grafen Sigmund 1742 noch nicht zum Abschluss gekommen war. Dem Namenspatron des Grafen ist die kleine **Kapelle** geweiht, die am 4.9.1755 ihrer Bestimmung übergeben werden konnte.

Die Familie Khevenhüller, die 1763 in den Fürstenstand erhoben wurde, stellte immer wieder Mitglieder für bedeutende Ämter bei Hof. So war auch Fürst Johann Josef Obersthofmeister Kaiserin Maria Theresias. Der Fürst galt als einer der großen Förderer des Bauwesens und bemühte sich um eine rasche Weiterführung der Bauvorhaben. Nach seinem Tod stand das Gebäude über einen längeren Zeitraum leer und wurde erst 1867 durch Johann Karl, der aus Mexiko zurückkehrte, zum ständigen Wohnsitz erkoren. Viele Renovierungsarbeiten waren notwendig. Der kunstverständige Besucher des Barockschlosses wird aber merken, dass im Inneren vieles fehlt und Geplantes nicht zur Vollendung kam. So sind die Säle beispielsweise ohne malerischen Dekor und geplante Fresken nicht ausgeführt worden. Am Ende des Zweiten Weltkriegs zogen die russischen Besatzungssoldaten in Riegersburg ein, zerstörten die Einrichtung und wertvolle Kulturgüter. Ebenso fiel die Bibliothek der Vernichtung anheim.

Heute erinnert wenig an das Treiben dieser barbarischen Menschen und die Inneneinrichtung des Schlosses vermittelt einen gediegenen Eindruck. Die kühle Schlichtheit erfüllt die Räume mit vornehmer Eleganz. Die prächtige Hauptstiege, die in einfachem Weiß gehalten ist, führt in den Vordertrakt, in dem sich der Festsaal befindet. Ein Bleikristallluster, der noch von der ursprünglichen Ausstattung stammt, beherrscht den Saal. Gemälde des Hofmalers Martin von Meytens (Werkstatt) schmücken den Saal. Heute wird dieser Raum für Konzerte und kulturelle Veranstaltungen genutzt und besticht durch seine ausgezeichnete Akustik. Die Riesendarstellung Neapels, aus 35 Kupferstichen zusammengesetzt, stellt eine grafische Kostbarkeit in den Barockzimmern dar. Wertvollste Möbel stehen an den Wänden und vermitteln nicht den Eindruck eines Museums, sondern eines belebten Wohnbereiches. Überhaupt ist die Einrichtung des Schlosses, die zu einem Großteil zwar erst im 20. Jahrhundert hierher gebracht wurde, äußerst gediegen und von höchster Qualität. Französische Möbel gehören zu den Raritäten, die hier zu bewundern sind. Nach den Mitgliedern der Familie Dietrichstein, deren Porträts an den Wänden zu sehen sind, benennt sich ein weiteres eindrucksvolles Zimmer. Neben den erlesenen Stücken der Barockkunst sind aber auch Erzeugnisse des Fernen Ostens in Riegersburg zu bewundern, wie Porzelanarbeiten, Textilien und seltene Seidenmalerei. Als eine Kuriosität besonderer Art gilt die alte **Schlossküche**, die seit einer sorgfältigen Renovierung 1988 in ihrem ursprünglichen Zustand erstrahlt. Von der ersten Feuerstelle, einem offenen Herd mit Abzugshaube, haben sich der Kamin und Spuren eines daran angeschlossenen Kachelofens erhalten. Im 19. Jahrhundert entstanden der gemauerte Herd und der verkachelte Backofen, in dem 14 Laibe Brot Platz fanden. Besonders skurril mutet der Hundefriedhof an, der ab 1881 im Umfeld des Schlosses Riegersburg entstand.

Wer sich auf die Spuren der Geschichte des Barock in Österreich begeben möchte, der wird um einen Besuch dieses Juwels nicht umhinkommen und begeistert sein von der Harmonie, die sich zwischen der Natur und dem virtuosen Bauwerk entfaltet.

VIA IMPERIALIS
Burgen • Schlösser • Stifte Österreichs

Barockschloss Riegersburg, 2092 Riegersburg 1, Tel. 02916/400, Fax: 02916/425; pilati@eunet.at, www.members.eunet.at/pilati

April oder Ostern (wenn früher) bis 15. Nov., täglich von 9–17 Uhr, Juli und Aug. bis 19 Uhr; Führungen sind jederzeit möglich

Hotel Althof Retz, Althofgasse 14, 2070 Retz, Tel. 02942/37 11-0

Ständige Ausstellungen, Hundefriedhof, diverse Konzerte, Vernissagen, Lesungen, Burg Hardegg, Radfahren, diverse Feste (Retzer Weinwoche im Juni, Bezirksweinlesefest im September oder Kürbisfest im Oktober), Nationalpark Thayatal Podyji, Retzer Erlebniskeller; Souvenir-Shop

55

Riegersburg

Steiermark

Stolz beherrscht die Riegersburg die Landschaft. Von einem geschichtsträchtigen Basaltkegel, der schon in der Urnenfelderzeit (8.–7. Jahrhundert v. Chr.) besiedelt war, genießt man einen überwältigenden Ausblick in alle Richtungen. Ein Ort, der nahezu dafür geschaffen wurde, um eine Burg zu tragen.

(Abb. Seite 164, 165)

Nachdem die Ungarn 955 in der Schlacht am Lechfeld durch Otto I. vernichtend geschlagen worden waren, kamen die ersten Siedler ins Tal, zu deren Schutz 1122 Rüdiger von Hohenberg die erste Festung errichtete. Mehrfach wechselten die Besitzer, ehe die Herren von Wallsee 1301 die Herrschaft erwarben. Diese Familie zählte zu den einflussreichsten Adelsgeschlechtern der Steiermark. Im Zuge der „Wallseerfehde" (1412) belagerte Herzog Ernst die Festung und zwang die Besatzung schließlich zur Kapitulation. Schon wenige Jahre später erhielten die Wallseer ihre Burg zurück, bevor nach deren Aussterben das Geschlecht der Burger mit der Festung belehnt wurde. 1571 kamen die Freiherren von Stadl in den Besitz der Burg und leiteten große Umbauten und Renovierungsarbeiten ein. In den unsicheren Zeiten der Ungarneinfälle diente die Festung stets als Zufluchtsort der Bürger. Aus der Hand der Stadler erwarb 1619 dic Familic Urschenpeck die Herrschaft. Aus dieser Zeit hat sich das berühmte „Sauffenster" auf der Burg erhalten, auf dem heute noch eine Inschrift von einem 20-tägigen Besäufnis kündet. 1648 erbte Elisabeth Katharina Wechsler die Festung. Die als „Gallerin" bekannte Frau ging mit großer Energie daran, die Befestigungsanlagen auszubauen. Tore und Bastionen wurden errichtet. Insgesamt verfügte die Burg schon damals über **11 Basteien, 5 Tore und Wehrmauern** mit einer Länge von 3 Kilometern. Seit Oktober 1822 befindet sich die Riegersburg im Besitz der **Familie Liechtenstein** und wird auch heute noch von deren Nachkommen verwaltet.

Wenn man heute die Riegersburg „erstürmen" möchte, so braucht man dafür schon ein wenig Kondition, denn der Anstieg ist beschwerlich und muss zu Fuß zurückgelegt werden. Das erste Tor, das 1690 errichtet wurde, erinnert an Johann Rudolf Graf von Purgstall, einen Verwandten der „Gallerin". Das zweite Tor, das „Cillitor" entstand 1678. Der wuchtige Torbau ist mit Ecktürmen ausgestattet und stellt das einzige Gebäude des Anstiegs dar, das im Laufe der Jahrhunderte unverändert blieb. Im oberen Bereich des Torbaus hielten sich die Wachen auf, deren Aufgabe es war, den Weg zur Burg zu sichern. Weiter führt der Weg zur Leopoldibastei und von dort zum Annator, hinter dem die ehemalige Pferdeschwemme liegt.

Beim sechsten Tor angelangt, ist man ein wenig erschöpft, wird allerdings durch die prachtvolle Aussicht belohnt. Von hier gelangt man in die Vorburg, in der vor allem das Zeughaus erwähnenswert ist, in dem sich eine stattliche Anzahl von Waffen befindet, die zur Verteidigung der Burg notwendig waren. Durch das große Portal kommt man weiter in einen 34 Meter langen und 4 Meter breiten Hof. Von hier aus sind die Zugänge zur alten Kapelle, zum Archiv, zur Schmiede und in den Keller möglich. Über eine schlichte Basalttreppe kann der Zugang zum heutigen Museum erreicht werden.

Der zweite Burghof ist in seinen Abmessungen um einiges bescheidener angelegt als der erste und an drei Seiten mit verschieden gestalteten Bogengängen versehen. In diesem Bereich der Festung befindet sich ein eindrucksvoller Brunnen, der aus dem Felsen gemeißelt wurde und dessen Tiefe 26,5 Meter beträgt. Das prachtvolle schmiedeeiserne Rankengitter entstand um 1640. Kunstvoll in das Gitter eingearbeitet ist ein Hufeisen, das angeblich dem, der es entdeckt, Glück bringen soll.

Die Räume des heutigen **Museums** widmen sich dem Thema der **Familiengeschichte der Liechtensteiner**. Unter den Adelsgeschlechtern Mitteleuropas gelten die Liechtensteiner als eine der herausragendsten Familien. Sie standen im Dienst der Habsburger und waren in hohen Positionen in Politik, Diplomatie, Militär und Kirche tätig. Obwohl die Liechtensteiner dem Kaiserhaus loyal ihre Dienste leisteten, standen und stehen sie auch heute noch einem souveränen Fürstentum als Herrscher vor.

Das **Innere der Riegersburg** ist prachtvoll ausgestattet. Mehrere Decken sind mit beeindruckenden Schnitzereien geschmückt und mit wertvollen Malereien ausgestattet. Einer der zentralen Räume ist das Bilderzimmer, das mit eigentümlichen, manieristischen Deckenmalereien besondere Beachtung verdient.

Die Gemälde eines nachfolgenden Raumes beschäftigen sich mit der römischen Geschichte, die in den einzelnen Feldern wiedergegeben ist. Im so genannten Türkenzimmer befindet sich ein renaissancezeitliches Portal, während die Decken und Wände mit Grotesken bemalt sind. Im „Breiten Zimmer" fasziniert ein großer Kachelofen, der äußerst reizvoll vergoldet ist. Der Ofen repräsentiert sehr eindrucksvoll die Zeit des Historismus. Zwei

Stufen geleiten zum großen Rittersaal, der allein schon durch seine großartige Deckengestaltung und die drei Riesenportale beeindruckt. Die mächtigen, intarsierten Türen, die aus 1600 stammen, gehören gemeinsam mit der Decke zu den eindrucksvollsten Zeugnissen der Schnitzkunst überhaupt. Eine touristische Attraktion besonderer Art ist der „Zweiklafterofen", der nach der Menge des benötigten Brennholzes so genannt wird.

Der an den Rittersaal angrenzende **„Weiße Saal"** wurde 1658 vollendet und stammt in seiner Konzeption vom berühmten Grazer Baumeister Antonio Solar. Die kunstvolle Stuckdecke mit Knorpelornamenten birgt in den Kartuschen Malereien des Eggenberg'schen Hofmalers Johann M. Otto. Dargestellt sind die vier Erdteile sowie mythologische Szenen und Schlachten. Wappen erinnern an die Familie der Wechsler und an die „Gallerin", die als herausragendste Gestalt der Baugeschichte der Riegersburg gilt. Eine zweiläufige Treppe erschließt von hier aus den Zugang zu den ehemaligen Gästezimmern, während man unter dieser Treppe hindurch in den Bereich der ehemaligen Schlossküche gelangt. Hier ist auch der Blick in die **Schlosskapelle** möglich, die mit einem hervorragenden barocken Hochaltar aus 1630 ausgestattet ist.

Die Riegersburg beherbergt heute nicht nur ein modernes Museum, sondern erinnert auch in einer Flucht von Räumen an die Zeit der Hexenverfolgung, der ein eigenes Hexenmuseum gewidmet ist. In früherer Zeit galt die Riegersburg als das Zentrum der Hexenprozesse in der Steiermark. Heute noch wird in erschütternden Dokumenten die Grausamkeit jener Tage vor Augen geführt.

VIA IMPERIALIS
Burgen • Schlösser • Stifte Österreichs

A 2 Südautobahn, aus Richtung Graz, Exit 157 Gleisdorf-Ost, auf der B 68 nach Feldbach, von Feldbach auf der B 66 nach Riegersburg; aus Richtung Wien, Exit 138 Ilz/Fürstenfeld, auf der B 66 von Ilz nach Riegersburg
Prinz Liechtenstein'sche Gutsverwaltung, 8333 Riegersburg 1, Tel. Burg 03153/82 13-1, 03153/83 46, Fax: 03153/74 38, 03153/85 13; www.riegersburg.com

1. April–31. Okt., täglich 9–17 Uhr

Burgtaverne, Tel. 03153/82 132
Gasthof Fink „Zur Riegersburg", 8333 Riegersburg 29, Tel. 03153/82 16

Ständige Ausstellungen, Greifvogelwarte, Styrassic-Park, Kurtherme Bad Gleichenberg

SCHLOSS RODENEGG

SÜDTIROL

Für den Liebhaber ritterlicher Epen ist Schloss Rodenegg im Pustertal eine Pilgerstätte geworden. Das berühmte Werk Hartmanns von Aue „Erik und Iwein" (die älteste Abschrift dieses berühmten Ritterepos befindet sich im Stift St. Paul in Kärnten) bildete die Grundlage für die berühmten Iweinfresken, die zu den kunsthistorischen Glanzlichtern des deutschsprachigen Raumes zählen. Der Freskenzyklus, der sich dem ritterlichen Ideal (Gottesdienst, Herrendienst und Frauendienst) widmet, gilt als die älteste Wandmalerei mit profanem Thema.

Bereits 1269 befindet sich die Burg im Besitz der Grafen von Görz in Tirol, wurde aber bereits 1142 von einem Brixner Ministerialen gegründet. 1491 übernahm Kaiser Maximilian von Sigmund dem Münzreichen die Regierung Tirols und übergab die Festung der **Familie Wolkenstein**. Einer der bedeutendsten Söhne dieses bekannten Südtiroler Adelsgeschlechtes ist Oswald von Wolkenstein, der als Minnesänger in die Geschichte der Literatur eingegangen ist. Die Wolkensteiner bauten die Burg im Stil der Renaissance prächtig aus und schufen im Hof eine prachtvolle Loggienfront. Nach dem Vorbild Ferdinands von Tirol, der in Schloss Ambras eine Kunst- und Wunderkammer errichten ließ, gingen auch die Wolkensteiner einer regen Sammeltätigkeit nach. Eine Antiken- und Gemäldesammlung sowie eine kostbare Bibliothek wurden angelegt.

Ein verheerendes Feuer vernichtete 1694 einen Teil der Anlage, diese wurde allerdings nach dem Verkauf der Sammlungen wieder aufgebaut. Der Niedergang der Burg war jedoch nicht aufzuhalten. So plünderten 1797 und 1805 französische Truppen die Gebäude. Der Verfall trat ein. 1897 bemühte man sich um eine Restaurierung, die den Bestand der Burg sicherte und sie vor dem endgültigen Zerfall bewahrte. Da Rodenegg heute noch eine Wohnburg und kein Museum ist, können nur Teile der Anlage besichtigt werden. Es sind dies die Befestigungsanlagen der Vorburg, die Vorwerke der Hauptburg, der romantische Innenhof mit seiner interessanten Zierbrunnenanlage, eine Waffenkammer und die mit Fresken reich verzierte Burgkapelle.

1972/73 wurden die berühmten **Fresken des Iwein-Epos** freigelegt. Der um 1200 entstandene Abenteuerzyklus, der insgesamt aus 12 Szenen besteht, erzählt vom ritterlichen Ideal des Iwein. Dieser erste Zyklus zeigt Iwein, der sich

von einem Riesen den Weg zum Zauberquell des Königs Ascalon weisen lässt. Iwein besitzt einen Ring, der ihm die wunderbare Fähigkeit verleiht, sich unsichtbar zu machen. In der Folge kann Iwein die Liebe der Königinwitwe Laudine gewinnen und wird als Herrscher über das Reich Ascalons eingesetzt.
Es ist erstaunlich, in welch theatralischer Weise diese frühen Malereien in der Lage sind, Stimmungen einzufangen und bewegte Momente einer fantastischen Geschichte wiederzugeben. Die Iweinfresken sind ein gelungenes Beispiel dafür, wie sich das Profane aus dem Sakralen löst und Eigenständigkeit gewinnt. Die Thematik der kirchlichen Malerei, die zweifelsohne der Verherrlichung Gottes unterworfen ist, wirkt statisch und ist in ihrer Ausdrucksform dem Bemühen des untergeordneten Charakters verpflichtet. Die Iweinfresken sind allein schon durch das Thema wesentlich belebter und vermögen in spannender Erzählform das Geschehen deutlich zu machen. Als Maler wird ein gewisser Hugo in Betracht gezogen, der für den Freskenzyklus in der Johannes- und in der Frauenkirche von Brixen verantwortlich zeichnete.

Besonders sehenswert in Rodenegg ist im Hintergrund des Hofes am Südtrakt die **zweigeschoßige Loggia mit Freitreppe**. Davor beeindruckt vor allem durch seine technische Finesse ein interessanter Ziehbrunnen. Die **Burgkapelle**, die 1582 geweiht wurde, hat den hl. Michael als Patron. Die bemalten Holztüren gelten als besondere Raritäten. Die Innenseite zeigt die Kirchenväter, während die Außenseite durch Ornamentmalerei geschmückt ist. Die Holztürchen über den Fensteröffnungen stellen innen Barbara und Katharina und außen ein Christus- bzw. Marienmonogramm dar. Im Inneren der kleinen Kapelle sind besonders dramatisch dargestellte Szenen des Jüngsten Gerichtes zu sehen. Im ersten Stock des Südtraktes ist ein Saal untergebracht, der mit Wandgemälden und Wappen von Thomas Plattner aus 1697 ausgestattet ist. Auch im zweiten Stock sind Wandmalereien des 16. und 17. Jahrhunderts zu finden, die in Landschaftsbildern die Burgen Rodenegg und Trostburg zeigen. Im dritten Stockwerk gilt als kunsthistorische Besonderheit ein Raum, der mit einer Vertäfelung mit drei romanischen Schlitzfenstern versehen ist.

Schloss Rodenegg
Ab Beginn des Pustertales, nördlich von Brixen

1. Mai–15. Okt. Besichtigung mit Führung, 11 und 15 Uhr, Mo Ruhetag

Flötscherhof, Natz-Schabs, Tel. 0472/41 20 77, Mo Ruhetag, Anfang Jan.–Anfang Feb. geschlossen

Schloss Rohrau

Niederösterreich

Der kunstbegeisterte Reisende, der sich auf der Suche nach den großartigsten Gemäldesammlungen in Österreich begibt, wird an dieser Adresse besonders fündig werden.

(Abb. Seite 165)

Das von außen eher schlicht wirkende Gebäude reicht historisch bis ins 13. Jahrhundert zurück. Mehrfach wechselten die Besitzer, bis 1524 Festung und Herrschaft Rohrau von Leonhard III. von Harrach übernommen wurden. Rohrau, zum Mittelpunkt der Harrach'schen Besitzung geworden, vergrößerte sich im Laufe der Zeit stark und umfasste bald ein stattliches Territorium. Am Ende des 16. Jahrhunderts verwüsteten die Türken diese Gegend und auch die Festung mit ihrem Umland kam nicht ungeschoren davon. Die Zerstörung muss so schlimm gewesen sein, dass ein Wiederaufbau der vernichteten Teile nicht in Angriff genommen wurde. Erst Ferdinand Bonaventura Graf von Harrach entschloss sich Mitte des 17. Jahrhunderts zu einer Generalsanierung. Vom alten Gebäude, das nach dem Schema mittelalterlicher Burgen aufgebaut war, ist heute nichts mehr zu sehen. Eine Vedute aus 1672 schildert den Bauzustand des Schlosses und weist es in der Charakteristik als Wasserburg aus. Im Wesentlichen hat sich die Gliederung der Fassade, die einfach gehalten ist, bewahrt. Die Wirtschaftsgebäude, die dem Schloss vorgelagert sind, blieben ebenfalls weitgehend erhalten.

Der letzte Umbau des Schlosses erfolgte zwischen 1776 und 1777 unter Graf Leonhard. Einer der bekanntesten Architekten, **Andreas Zach**, der schon mit anderen sehr prominenten Schlossbauten beauftragt worden war, zeichnete für die Veränderung verantwortlich. Die Stiegenhäuser wurden dem Geschmack der Zeit angepasst. Heute ist Schloss Rohrau eines der wichtigsten Beispiele josephinischer Schlossarchitektur.

Zeitweise pflegte die Familie Harrach hier zu wohnen. Die Kriegswirren und die Belegung durch russische Soldaten allerdings verwüsteten das Schloss. Während der Zeit nach dem Zweiten Weltkrieg wurde die Anlage für landwirtschaftliche Zwecke genutzt. Die Überlegung, die bedeutende Gemäldesammlung der Familie Harrach aus Wien hierher zu verlegen, begründete schließlich die Weiterexistenz des Schlosses. Umfassende Renovierungsarbeiten konservierten die alten Mauern und ließen das Haus in neuem Glanz erstrahlen. Die Bilder der

Gemäldegalerie erlebten ab 1940 eine Odyssee, die sie durch mehrere Länder führte, ehe sie 1966 nach Rohrau gelangten. Erstmals öffnete die neu konzipierte Ausstellung 1970 ihre Pforten einem interessierten Publikum. Worauf bei dieser Neuanlegung der Gemäldesammlung strengstens geachtet wurde, ist die Vermeidung des musealen Charakters. Vielmehr sollten die Räume und Fluchten von Zimmern den Eindruck eines bewohnten Ensembles vermitteln. Zehn Säle des Schlosses, darunter die Kapelle und ein 34 Meter langer Raum, bilden die Flucht der Galerie.

Der erste große Sammler der Familie Harrach war **Graf Ferdinand Bonaventura**, der als kaiserlicher Botschafter in Madrid wirkte. Er bemühte sich vor allem um die Kollektion spanischer Maler, darunter Werke von Ribera, Luca Giordano oder Arbeiten des Velázquez-Schülers Franzisco de Palacios. Ein weiterer Raum der Sammlung ist dem bedeutenden Italiener Solimena gewidmet, der als einer der Hauptmeister der neapolitanischen Schule gilt. Beeindruckende Werke sind Schöpfungen des Cavallino Salvator Rosa und Bonisoli. Die hohe niederländische Malkunst wird repräsentiert durch außerordentliche Bilder des Flamen Peter Snayers, deren Thematik auf den Hintergrund von Schlachtfeldern bezogen ist. Das zweifellos bekannteste Objekt der Harrach'schen Sammlungen ist „Das Konzert“ vom so genannten Meister der weiblichen Halbfiguren. Die meisten der Bilder stammen aus dem 17. und 18. Jahrhundert.

Ende des 18. Jahrhunderts entstand die **Kapelle**, in der sich der Rohrauer Altar aus dem 16. Jahrhundert befindet. Er ist das Werk eines unbekannt gebliebenen Antwerpener Künstlers.

In Rohrau wurde der berühmte Komponist **Josef Haydn** geboren, der vor allem wegen seines Engagements im Dienste des Fürsten Esterházy Bedeutung erlangte. Ein eigenes Zimmer innerhalb des Schlosses ist diesem bedeutenden Komponisten der „Wiener Klassik“ gewidmet. Bemerkenswert ist hier die Porträtbüste Antonio Grassis.

Graf Harrach'sche Familiensammlungen,
Schloss Rohrau, 2471 Rohrau,
Tel. 02164/22 536 bzw. 02164/22 538,
Fax: 02164/22 515

Ostern–1. Nov., Di–So bzw. Fei 10–17 Uhr;
Führungen nach Vereinbarung

Schlosstaverne im Schloss Rohrau, Tel. 02164/24 87
Hotel-Restaurant Kaiserbad, 2405 Bad Deutsch-Altenburg, Tel. 02165/62 617

Gemäldesammlung, wechselnde Sonderveranstaltungen und Ausstellungen,
Nationalpark Donau-Auen, Schloss Prugg, Haydn-Geburtshaus

Schloss Rosegg

Kärnten

Eine der schönsten Tallandschaften Kärntens, das Rosental, birgt neben seinen landschaftlichen Reizen auch einige sehr bedeutende baugeschichtliche Denkmäler. Eines davon ist das Schloss Rosegg.

Die ursprüngliche Burg dürfte spätestens im 11. Jahrhundert befestigt worden sein. Zu Füßen der Festung lag im Norden die schon 1069 genannte Urpfarre St. Michael. 1171 erfolgte bereits die erste urkundliche Erwähnung als „Raseg". Im 12. und 13. Jahrhundert erlebte die Festung einen großzügigen Ausbau, bei dem der nordwestliche Wohntrakt von einem mächtigen Turm vorgelagert wurde, der heute noch die Silhouette des Schlossberges beherrscht. Bis ins 17. Jahrhundert erfolgten ständige Modernisierungen. Die „Topographia Archiducatus Carinthiae" von Valvassor zeigte 1688 bereits eine bestens erhaltene Wohnburg der Spätrenaissance mit drei Geschoßen, die von Bastionen umgeben war. Heute noch haben sich Reste der äußeren Ummauerung aus spätgotischer Zeit erhalten. Die Herren von Ras verfügten ab der Mitte des 12. bis zum Ende des 13. Jahrhunderts über die größte Machtausdehnung. 1318 starb das Geschlecht im Mannesstamm aus.

Zahlreiche Adelsgeschlechter wechselten sich nun als Besitzer der Burg und der Herrschaft ab. Die Burghauptleute von Rosegg dürften immer sehr gebildete Männer gewesen sein, denn als der berühmte Paolo Santonino 1486 als Begleiter des visitierenden Bischofs Pietro Carlo von Caorle, der im Auftrag des Patriarchen von Aquileja Marinus Grimanus die von den Türken zerstörten Kirchen einweihte, erzählte er in seinen Reiseberichten von einer Begegnung mit Burghauptmann Andreas Raunacher: „Wahrlich, wir alle haben die Bildung des Mannes bewundert, welcher in bester Zucht aufgewachsen, seinen echten Adel im Mienenspiel, Rede und Tat allseits zur Geltung und Ausdrucke bringt."

Das 16. Jahrhundert brachte schlimme Zeiten für die Herrschaft. 1605 erwarb der Bruder des Erzbischofs von Salzburg, Wolf Dietrich von Raitenau, Hans Rudolf die Herrschaft und hatte, obwohl sein Bruder als Bischof gestürzt wurde, in Klagenfurt und Wien eine glänzende Karriere gemacht. Der weltaufgeschlossene Hans Rudolf brachte Leben in das Schloss und machte es zu einem gesellschaftlichen Mittelpunkt. Nach dem Aussterben der Raitenauer drohte das Schloss zu veröden, bis es die **Familie Orsini-**

Rosenberg übernahm, die 143 Jahre lang die Geschicke des Schlosses lenkte. Eine der bedeutendsten Persönlichkeiten aus dem Geschlecht der Orsini-Rosenberg war Franz Xaver, der als Vertrauter Maria Theresias galt. Die Krönung seiner Laufbahn war die Erhebung in den Reichsfürstenstand. Schloss Rosegg wurde entsprechend dieser herausragenden politischen Bedeutung seines Herrn zu einer schillernden Kulisse politischer Repräsentation. Das Schloss stellt nicht ein absolutistisches barockes Gebäudewesen dar, sondern ist ein äußerst reizvolles, vom Geist des Klassizismus geprägtes Ensemble. Ähnlich wie Schloss Hellbrunn in Salzburg standen italienische Vorbilder Pate. Es war mehr der Reiz des gesellschaftlichen Zeitvertreibes und das festliche Ambiente, das die Bedeutung des Hauses bestimmte, als der eigentliche Charakter als Wohnsitz. 1829 und 1831 wechselten die Besitzer neuerlich. Diesmal ging die Liegenschaft an **Johann Fürst von Liechtenstein**.

Von der ursprünglichen Anlage der groß angelegten Gärten ist heute nicht mehr viel erhalten. Durch zahlreiche Überschwemmungen waren sie mehrmals zerstört worden.

Heute sind die Besitzer des Schlosses in erste Linie darum bemüht, die ursprüngliche Bedeutung als „Villa Suburbana" wieder aufzugreifen und das grundgelegte Ideal des Fürsten Orsini-Rosenberg zu beleben. Seit kurzem befindet sich innerhalb des Schlosses ein **Wachsfigurenkabinett**, das den Großen der Geschichte gewidmet ist. Auch der **Tierpark**, der alle Arten heimischen Wildes präsentiert, ist in das Gesamtkonzept einer touristisch genutzten Liegenschaft aufgenommen. In der Kärntner Kulturlandschaft spielt Rosegg neben anderen Feudalbauten eine wichtige Rolle und ist heute ein Beispiel für die Brückenfunktion eines Hauses zwischen Tradition und Moderne.

Schloss Rosegg, 9232 Rosegg, Tel. 04274/30 09; www.rosegg.at
Wildpark Rosegg, Tel. 04274/52 357

Schloss geöffnet: 1. Mai–Anfang Okt. 10–18 Uhr
(letzter Einlass Schloss 17.30 Uhr), Juli und Aug. tägl., sonst Mo Ruhetag
Wildpark Rosegg, April–Anfang Nov. täglich 9–17 Uhr (Juli und Aug. bis 18 Uhr)

Landhaus Kutsche, Göriacher Straße 2, 9220 Velden, Tel. 04274/29 46

Wachsfigurenkabinett, Tierpark, Gartenlabyrinth, Stadt Klagenfurt mit Sehenswürdigkeiten und kulturellen Veranstaltungen, Wörthersee

SCHLOSS ROSENAU

NIEDERÖSTERREICH

Acht Kilometer westlich von Zwettl befindet sich die aus einer Gutshofsiedlung entstandene Ortschaft Schloss Rosenau. **(Abb. Seite 166)**

Im Jahre 1593 legte Freiherr Wolf Dietrich von Greiß den Grundstein für das Schloss. Zur gleichen Zeit entstanden auch die Wirtschaftsgebäude, der Meierhof und die Stallungen mit den Scheunen und Wohnungen sowie der große Schüttkasten zur Einlagerung des Getreides, eine Schlosstaverne und eine Bierbrauerei, die heute leider nicht mehr erhalten ist. Gut 100 Jahre später, um 1700, entstand das Bandelhaus, in dem Leinenbänder erzeugt wurden.

Die zweite Bauperiode wurde 1736 eingeleitet und dauerte 9 Jahre lang. Der Bauherr **Leopold Christoph Graf Schallenberg** versuchte den barocken Geist in Stein zu bannen. Die gesamte Anlage wurde diesem Stilempfinden untergeordnet, ebenso erhielten die Wirtschaftsgebäude ein neues Aussehen. Graf Schallenberg hatte eine ausgesprochen soziale Ader und errichtete neben der Volksschule ein Spital, das der Versorgung alter, arbeitsunfähiger Gutsarbeiter diente. Ebenso stiftete er die Pfarrkirche mit dem angeschlossenen Pfarrhof. Der Graf gilt auch als Begründer einer Freimaurerloge. Historische Aufzeichnungen über den Aufenthalt Wolfgang Amadeus Mozarts auf Schloss Rosenau sind zwar nicht vorhanden, allerdings wird überliefert, dass Mozart während einer Reise nach Prag die übliche Route verließ und auf Schloss Rosenau übernachtete. Für die Umbauarbeiten wurde kein Geringerer als der berühmte **Baumeister Munggenast** herangezogen. Die Gutshofsiedlung, die in dieser Zeit entstanden ist, hat sich bis auf den heutigen Tag erhalten.

Nach einer sehr bewegten Besitzgeschichte gelangte das herrschaftliche Gebäude schließlich 1964 in den Besitz des Landes, das zehn Jahre später nach einer umfassenden Renovierung ein Schlosshotel mit einem Restaurant eröffnete.

Besonders auffällig sind die einstöckige Bauweise und der einheitlich gelbfarbige Verputz. Der Hauptfassade ist ein Eingangspavillon vorgelagert, der in einen flachen, hellen, bekrönten Turm mündet. Links und rechts des Mittelpavillons sind die jeweils vierachsigen Flügel durch Lisenen gegliedert und vermitteln einen sehr vornehmen Eindruck. Im vorgelagerten Pavillon öffnet sich ein großes Rundbogentor, das den Zugang zum Schloss erlaubt. Darüber sind rundbogig abgeschlossene Fenster angebracht, die ein wenig den strengen Gesamteindruck durchbrechen. Der Turm scheint sich mit Volutenfüßen an das Dach des Mittelrisalites zu klammern. 1974 konnten die eindrucksvollen Fresken in der Vorhalle identifiziert werden, und Historiker bestätigten die lang gehegte Vermutung, dass Schloss Rosenau ein **Zentrum der Freimaurer** war. Die Freimaurerloge war in den prachtvoll ausgestatteten Räumen des Südtraktes untergebracht. Daraufhin entschloss sich die Großloge von Österreich, hier ein **Freimaurermuseum** einzurichten. Seit dieser Zeit finden regelmäßige Sonderausstellungen statt, während die rituellen Räume von in- und ausländischen Logen für Zusammenkünfte genutzt werden.

Das Deckenfresko der Kirche zeigt die Anbetung der Hl. Dreifaltigkeit und wird dem berühmten österreichischen Barockmaler Paul Troger zugeschrieben. Im Schloss selbst sind Arbeiten des Perspektivmalers Rincoli und des berühmten Barockkünstlers Daniel Gran zu sehen. Das Schlosshotel bietet heute in historischem Ambiente den idealen Rahmen für entspannte Urlaubstage, stilvolle Seminare, Feste, Hochzeiten und Feiern.

Schlosshotel Rosenau, 3924 Schloss Rosenau 1, Tel. 02822/58 221-0, Fax: 02822/58 221-8; schloss.rosenau@wvnet.at, www.tiscover.com/schloss.rosenau

Ganzjährig, von Nov. bis März nur nach Voranmeldung; Führungen täglich für Gruppen ab 10 Personen, Abendführungen auf Anfrage

Schlossrestaurant, Tel. 02822/58 221

Freimaurermuseum, Bibliothek, Golfplatz, Sauna und Dampfbad, Solarium, Massagen, Beauty-Line-Behandlungen, ausgedehnte Wanderungen, Fitnessparcours, Radtouren, Tennisplatz, Fischteiche, Reitmöglichkeit

Schloss Rosenburg

Niederösterreich

„Es liegt ein Schloss in Österreich ...", so beginnt ein altes Volkslied und bezeichnet die im Kamptal gelegene Rosenburg. Über die Anfänge dieses gewaltigen Schlosses wissen wir wenig. Doch stellte die Region schon vor über tausend Jahren einen wichtigen Schutzraum des Landes dar. Daraus mag auch die Vielzahl der Burgen erklärt sein, die, auf Hügeln und Felsen errichtet, das Land überwachen.

(Abb. Seite 168)

Eine Reihe von später sehr bedeutenden Adelsgeschlechtern kultivierte das Land und schuf hier wertvollen Wohnraum. Ständig lag die Bedrohung durch Böhmen in der Luft und zwang die hier wohnenden Menschen, sich ein dichtes Befestigungsnetz zu errichten, das die Sicherung der Straßen gewährleistete. Einen der schönsten Plätze innerhalb des Tales nimmt die Rosenburg ein. Schier unüberwindlich scheint das Felsmassiv, auf dem sich heute der stattliche Bau erhebt. 1175 wird das erste Mal eine Burg auf diesem Felsen erwähnt. Das hier lebende Adelsgeschlecht dürfte anfänglich sehr unbedeutend gewesen sein. Es kam aber rasch zu einem Wechsel der Besitzverhältnisse. 1478 erstand Kaspar von Rogendorf die Herrschaft. Damit wird in der Geschichte der Rosenburg der Anfangspunkt eines glanzvollen Aufstieges markiert. Große bauliche Veränderungen trugen die Bedeutung des Geschlechtes nach außen. Auch die Befestigungsanlagen rund um die Burg wurden verstärkt und den militärischen Erfordernissen der Zeit angepasst. Schon 1486 machten sich diese Investitionen bezahlt, als die Ungarn in das Waldviertel eindrangen.

Das 16. Jahrhundert stand ganz im Zeichen der Glaubensauseinandersetzungen. Martin Luthers neue Lehre fiel auch in Niederösterreich auf fruchtbaren Boden und die Rosenburg wurde ein **Zentrum der neuen Konfession**. Sebastian Grabner, der zu Ende dieses Jahrhunderts den machtvollen Bau besaß, ließ hier ein Renaissanceschloss entstehen, das weithin sichtbar zu einem Denkmal einer neuen Kulturrichtung wurde. Andere große Baudenkmäler, die in dieser Zeit entstanden, sind etwa die Schallaburg in Niederösterreich oder das Schloss Porcia in Spittal an der Drau in Kärnten. Familiäre Gründe veranlassten den Schlossherrn schließlich 1604 zum Verkauf der Anlage. Schon 1611 gelangte sie in den Besitz Kardinal Franz' von

Dietrichstein (Bischof von Olmütz), der das ehemals protestantische Bollwerk in ein Zentrum des Katholizismus umwandelte und von hier aus die Überwachung sämtlicher protestantischer Bewegungen vornehmen konnte. Schon drei Jahre später verkaufte der Bischof das Schloss. Doch auch dieses Jahrhundert stand unter keinem guten Stern. Die mordenden und plündernden Söldnerhorden, die im Dreißigjährigen Krieg unter dem Deckmantel ihrer Glaubensüberzeugung durch die Lande zogen, machten auch vor dieser Gegend Österreichs nicht Halt. 1620 stürmten die Protestanten die Rosenburg und richteten ein ungeheures Blutbad an, an dessen Grausamkeit heute noch ein Steinmal im Ziergarten erinnert. Rasch änderte sich die Situation, als die kaiserlichen Truppen nach Horn vorrückten und die Rosenburg befreiten. 1681 übernahmen die **Grafen Hoyos** die Herrschaft über die Rosenburg. Diese Familie ist nach wie vor Hüter dieses einmaligen Baudenkmales und bemüht sich um dessen Weiterbestand.

Im Norden befindet sich die aus dem 11. bis 12. Jahrhundert stammende gotische **Hochburg**. Daran schließt sich der am Ende des 16. Jahrhunderts errichtete Renaissancebau, und im Süden öffnet sich der gewaltige **Turnierhof**, der als der größte Europas gilt. Die Gliederung der Außenfront ist im Norden wesentlich reicher als im Osten und als typisches Merkmal der Rosenburg ist der Bergfried mit der umlaufenden Galerie bekannt. Der Turnierhof wird an drei Seiten von Doppelgalerien und kleinen Türmen umschlossen, während die vierte Seite in das mächtige Schlossgebäude mündet. Durch italienisch anmutende Arkadengänge wird der Reiz der Architektur besonders unterstrichen; diese Gänge dienten als Logen für die Zuschauer, die begeistert den hier abgehaltenen Turnieren folgten. Obwohl es an diesem Ort niemals echte Ritterturniere gab, so liebte man dennoch die Tradition dieser Reiterspiele und war mit Eifer darauf bedacht, diesen Usus aufrechtzuhalten. Prachtvolle Malereien schmücken die Arkaden und zeugen von einem hervorragenden Kunstgeschmack der Besitzer. Etwas östlich gelegen befindet sich der **Zier- oder Lustgarten**, der obligat zu jeder Renaissanceanlage gehört.

Innerhalb des Schlosses entfaltet sich der Prunk renaissancezeitlicher Wohnkultur. Von der ursprünglichen Einrichtung hat sich freilich wenig erhalten, denn 1751 gab es einen Großbrand, der vieles vernichtete. Erst Mitte des 19. Jahrhunderts konnte die Familie Hoyos darangehen, das Schloss neuerlich auszustatten. Bemerkenswert sind die erhaltenen **Holzkassettendecken**, wie etwa jene der Bibliothek, die in der Zeit zwischen 1593 und

1597 von Sebastian Grabner geschaffen wurden. Der **Bibliotheksraum** gehört zu den bedeutendsten Sälen des Schlosses und ist mit eindrucksvollen Bücherschränken ausgestattet. Ebenso interessant ist der **Rittersaal**, der über eine gotische Holzvertäfelung verfügt. Auch der **Vortragssaal** beeindruckt durch sein vornehmes Interieur. Hier ist vor allem ein Renaissancekamin hervorzuheben, der in seiner Art als wichtiger Beleg der Hafnerkunst jener Epoche zu werten ist. Wohl als auffälligster Raum des Herrschaftssitzes mag das „Vogerlzimmer" bezeichnet werden, das um 1600 mit Wandmalereien geschmückt wurde. Die Vorliebe, Natur auch in Räumen darzustellen, wird hier eindrucksvoll umgesetzt – eine Vielzahl von Vögeln ist in einen fiktiven Garten gestellt.

Die Rosenburg ist heute eines der wichtigsten Ausflugsziele in Niederösterreich und verbindet das Genießen von Kultur in bemerkenswerter Weise mit kulinarischen Erlebnissen.

VIA IMPERIALIS
Burgen • Schlösser • Stifte Österreichs

Schloss Rosenburg, 3573 Rosenburg,
Tel. 02982/29 11, Fax: 02982/45 11
Ansprechpartner: Hoyos'sche Forstverwaltung, Schlossplatz 1, 3580 Horn, Tel. 02982/23 03, Fax: 02982/45 12; fvhoyoshorn@via.at, www.rosenburg.at

1.4.–1.11., täglich 9–17 Uhr
Burgmuseum nur mit Führung, Gruppen nach Voranmeldung

Gasthof zur Stadt Horn, Hamerlingstraße. 17, 3580 Horn, Tel. 02982/22 570
Landgasthof Mann, Rosenburg 51, Tel. 02982/29 150

Ständige Ausstellungen, Barockstift Altenburg, barocke Wallfahrtskirche Maria Dreieichen, Babenbergerburg Gars am Kamp, Stadt Horn: Höbarth-Museum, Mader-Museum, Schloss Greillenstein

61

Burg Runkelstein

Südtirol

Die Maler der Romantik liebten es, verträumte Burgen über bizarren Felsen und steilen Schluchten darzustellen. In diesen Bildern wollten sie den Mythos der Vergangenheit einfangen und einer neuen Generation weitergeben. Das ritterliche Ideal spielte dabei zweifellos eine sehr wichtige Rolle. Kaiser, Könige und Edelleute in einem beneidenswerten Ambiente, das für Feste und üppige Mahlgelage geradezu prädestiniert war.

Eine Burg, die solche Fantasien wach werden lässt, ist Runkelstein, die sich hoch über der Sarnaschlucht in abenteuerlicher Lage erhebt. In mehreren Stockwerken enthält die Festung **großflächige Wandmalereien**, die zu den bedeutendsten Fresken der Gotik zu zählen sind. 1237 von Friedrich und Beral von Wanga erbaut, spielte die Burg in den Jahrzehnte andauernden Kämpfen zwischen den Grafen von Tirol und dem Bischof von Trient und dessen Parteigängern, der Wanga, eine bedeutende Rolle. Nach der Niederlage der bischöflichen Partei wurde 1270 auch Runkelstein erobert und geplündert. 1385 erwarben die reichen Bozener Bürger **Niklas und Franz Vindler** die Burg und bemühten sich um eine reiche Ausstattung derselben. In dieser Zeit entstanden auch die prachtvollen Fresken. Schon im 16. Jahrhundert waren die Bilder, die dem ritterlichen Ideal verschrieben waren, so angesehen, dass sich Maximilian I. 1508 zu einer Restaurierung entschloss. Nach 1754 verfiel die Burg zusehends, doch konnten weit blickende Geister durch eine groß angelegte Rettungsaktion dieses besondere Kleinod der Nachwelt bewahren. 1884 verfügte Kaiser Franz Joseph die Renovierung der Burg, die 1893 als kaiserliches Geschenk der Stadt Bozen übergeben wurde. Die Stadt ging allerdings nicht ruhmreich in die Geschichte Runkelsteins ein, da ein neuerlicher Verfall einsetzte und in dieser Zeit viel an Kostbarem verloren ging.

Dennoch besitzt Runkelstein heute den umfangreichsten profanen **Freskenzyklus der höfischen Gotik**, der erst kürzlich durch eine sorgfältige Restaurierung im neuen Glanz erstrahlt. Die besondere Gastfreundschaft, die in Runkelstein herrschte, ist schon in einem 600 Jahre alten Spruchband festgehalten: „Ir herrn und gest, ir sollt mir all willkummen sein …“ Wie schon die Fresken des Iweinzyklus in Rodenegg eindrucksvoll unter

Beweis stellen, hat auch hier der Künstler, der sich aus der sakralen Malerei befreit hat, ein enormes Fantasiepotenzial frei werden lassen. Die Bilder zeigen den Hof bei der Jagd, beim Turnier, beim Spiel, im fröhlichen Flanieren durch Wälder und über Auen.

Interessant auch aus textilhistorischen Gründen, da die **Menschen in ihren höfischen Trachten** dargestellt sind: farbenprächtig, mit viel Fantasie und Verschiedenheit in der Ausführung der Gewänder. Besonders die Damenmode besticht durch ihre kapriziöse Vielfalt. Hochgeschlossene Roben mit weitem Faltenwurf sind neben eng anliegenden Kleidern mit tiefem Ausschnitt zu sehen. Die Ärmel, um das Handgelenk eng geschlossen, fallen nach unten glockig auseinander und bedecken fast die ganze Hand. Die Herren sind mit Wämsern bekleidet, mit gepolsterter Brust und Wespentaille. Wie die Damen so besitzen auch die Herren Glockenärmel. Die Männer tragen ferner hautenge Strumpfhosen und besitzen spitze Schnabelschuhe. Nicht minder reizvoll ist die abwechslungsreiche Hutmode, die auf den Runkelsteiner Fresken Kapriolen schlägt.

Die berühmtesten Fresken der Burg befinden sich im Westpalas, im zweiten Obergeschoß. Die so genannte **Kammer der Ritterspiele** zeigt die höfische Gesellschaft bei allerlei Vergnügungen. Besonders eindrucksvoll ist die erstaunlich realistische Darstellung der Burg während des Umbaus durch die Vindler. Im **Wappenzimmer** ist ein Panoptikum der Wappen der bedeutendsten Adelsgeschlechter des Bozener Raums zu sehen, während die so genannte Badestube in einer umlaufenden Arkadengalerie vornehme Damen und Herren auf Tiere, Fabelwesen und herumschreitende Jünglinge blicken lässt. Darunter reicht ein freskierter Wandteppich fast bis zum Boden. Die Bedeutung der Tiere und der Jünglinge konnte bis heute nicht geklärt werden. Wohl ist anzunehmen, dass in ihnen das Leben schlechthin symbolisiert ist und gewissermaßen auf den „Jungbrunnen" Bezug genommen wird.

Zu den herausragendsten Räumen gehört der im letzten Stockwerk gelegene **Rittersaal**, dessen Südseite im oberen Feld mit Rundbogenabschluss von einer Turnierszene beherrscht wird. Zwei Drittel des Halbkreises werden von Rittern im vollen Turnieraufputz eingenommen, während rechts eine fantasievolle Burg zu sehen ist, deren Türme von Balkonen besetzt sind. Auf ihnen sind Menschen zu sehen, die das Turnier beobachten. Der untere Teil der Südwand wird vom so genannten **Reigen** dominiert. Dabei teilt sich das Gesamt in zwei Hälften, wovon die linke mit einem dunkelroten und die rechte mit einem blauen Hintergrund versehen ist. Besonders hervorzuheben sind Musikanten und eine Darstellung des Ballspieles. Die anderen Wände zeigen Fragmente von Jagdszenen.

Vom Westpalas erreicht man über einen Wehrgang das Obergeschoß des Sommerhauses, dem zum Burghof hin ein überdachter, hölzerner Söller vorgebaut ist. An der Wand befinden sich die so genannten **Triaden**, riesige Bilder von Dreiergruppen historischer und mythologischer Personen und Dinge: die drei größten Helden der Antike und des Alten Testaments, die christlichsten Könige, die edelsten Ritter, die berühmtesten Liebespaare, die größten Riesen und Riesinnen, die berühmtesten Zwerge und die sagenhaftesten Schwerter. Die Innenräume des Obergeschoßes ließ sich Kaiser Maximilian als Jagdquartier einrichten. Aus dieser Zeit stammen das Wappen am prachtvollen gotischen Kamin und Reste der Deckenmalerei. Hier befindet sich auch das **Tristanzimmer**, dessen Wände die spannende Geschichte des Epos Tristan und Isolde des Gottfried von Straßburg schildern. Die älteste erhaltene Aufzeichnung dieses Epos befindet sich im Kärntner Benediktinerstift St. Paul. Der angrenzende Saal widmet sich dem Thema „Rund um die Tafelrunde des Königs Artus". Erwähnenswert ist ferner die Burgkapelle, deren Westwand dem Katherinenmartyrium gewidmet ist. An der Südwand sind Reste einer Christophoruslegende und in der Apsis eine leider nur mehre teilweise erhaltene Kreuzigungslegende zu sehen. Über dem Schöpfer dieser qualitativ hochwertigen Malerei ist uns heute nichts mehr bekannt. Ähnlichkeiten mit veronesischen Fresken lassen eine Beeinflussung aus dem oberitalienischen Raum wahrscheinlich werden.

Nördlich von Bozen

1. März–30. Nov. von 10–17 Uhr, Mo, So und Fei. geschlossen, Besichtigung mit Führung

Gasthaus Rafenstein, Tel. 0471/97 16 97, Di Ruhetag, Juli und Aug. geschlossen

Schloss Schallaburg

Niederösterreich

Schräg vis-a-vis vom berühmten Benediktinerstift Melk steht eines der markantesten Schlösser Niederösterreichs, die Schallaburg. Während der vergangenen Jahre hat sie sich einen Namen als internationales Ausstellungs- und Kulturzentrum geschaffen.

(Abb. Seite 217)

Schon sehr früh war dieser Ort besiedelt und ein wichtiger Stützpunkt zum Schutz der römischen Limesstraße. Schon im 11. Jahrhundert gab es in dieser Gegend Niederösterreichs eine Vielzahl von Burgen, deren Hauptaufgabe die Sicherung des Landstriches war. Es ist sehr wahrscheinlich, dass auch der heutige Standort der Schallaburg eine solche Festung getragen hat. Urkundlich wird die Burg Schalla das erste Mal 1242 erwähnt. Zweifellos waren die Aspekte der Verteidigung und des Kriegswesens beim Bau der Burg ausschlaggebend. In einer Länge von 102,5 Metern umspannte eine Ringmauer das gesamte Areal. Heute noch ist es möglich, sich einen guten Eindruck der mittelalterlichen Wohnburg zu verschaffen, denn die Mauern dieses imposanten Bauwerkes, das über mindestens fünf Stockwerke reichte, stehen noch. Rundbogenfenster im dritten Geschoß weisen auf einen Versammlungsraum hin, der nach typischen Baumustern von mittelalterlichen Burgen angelegt war. Ebenfalls aus dem Bestand des alten Baus stammt die romanische Burgkapelle, die ursprünglich wohl frei stand, heute aber in den Schlosskomplex integriert ist.

In der Zeit zwischen dem 13. und 15. Jahrhundert erlebte die Schallaburg eine rege Bautätigkeit, die eine Zusammenfügung aller frei stehenden Elemente bewirkte. Zwar entstand so ein einheitliches Gepräge, das allerdings eine starke Unregelmäßigkeit der Grundform aufwies. Im 16. Jahrhundert vollzog sich die Wandlung der Burg zu einem herrschaftlichen Schloss. Unter dem Geschlecht der **Losensteiner** entstand zwischen 1540 und 1550 eine italienisch anmutende Palastkonzeption, die im Umland einmalig war. Es kam zur Schleifung der Vorburg und zur Abtragung eines Teiles der Ringmauer. Auf dem gewonnenen Platz entstand ein frei stehendes, unterkellertes Saalbauwerk. Ein einfacher Laubengang stellte die Verbindung zu den Räumen her.

Heute umfasst die Schallaburg zwei Höfe, wovon der kleine nach und nach zwischen dem 12. und

15. Jahrhundert entstand, der große zwischen 1572 und 1573 seine heutige Form annahm.
Dieser Hof zählt zu den bedeutendsten Renaissancehöfen Europas. In Skelettbauweise schmiegen sich die **Arkaden** an den etwas älteren Wohntrakt an. Insgesamt sind es 1600 **Terrakotten**, die das tragende Element des Laubenganges bilden. Dekorative Konsolen über den Nischenreliefs sind ebenso zu sehen wie Hermen und Atlanten, die zuletzt in eine Wappengalerie münden. In der untersten Reihe der Konsolen sind fantasievolle Masken wie gehörnte Männer, Satyrköpfe, Maskarone mit Brillen und Eselsohren sowie Frauengestalten mit Schleierhauben, Reifen und Kronen zu sehen. Ein ungeheures Leben entsteht und scheint den Hof in ein riesiges Theater zu verwandeln, bei dem jedem Gesicht und jeder Skulptur eine besondere Rolle zugedacht ist. Sie scheinen Geschichten zu erzählen, die mit der Baugeschichte des Schlosses in Verbindung stehen.
Darüber hinaus sind die dargestellten Figuren aber auch als symbolische Vertreter der Tugenden zu verstehen, die mahnend den Betrachtern einen Spiegel vor das eigene Leben halten. Der vielfältige Terrakottaschmuck ist nicht allein auf Fassaden und Arkaden beschränkt, sondern zieht sich an der Innengestaltung der Galerien weiter. In den Gewölbeansätzen finden sich zwanzig Medaillons mit den Porträts römischer Kaiser. Ähnlich wie auf antiken Münzbildern soll hier der humanistische Gedanke einer Belebung der Antike zum Tragen kommen. Die Gestaltung der Kapitelle und Konsolen deutet auf einen äußerst erfinderischen Schöpfer hin und erheitert in der Vielfältigkeit.
Am Westportal des Arkadenganges, das von reich verzierten Gewänden eingefasst ist, prangt ein ovaler Doppelschild mit den Wappenbildern der Losenstein-Montforts. Auch das Südportal verfügt über zwei ovale Wappen – Losenstein-Polheim. Am äußersten Tor ist ein Wappen angebracht, das an den Bauherrn Hans Wilhelm von Losenstein und dessen Gemahlin Radegunde erinnert.
In das letzte Jahrzehnt des 16. Jahrhunderts sind die **Malereien** zu datieren, die zwischen Ober- und Untergeschoßen farbliche Akzente setzen. Die figuralen Fensterrahmungen an den arkadenlosen Wänden zeigen manieristisch schlanke Frauenfiguren und Hermen. Grotesken, Engelsköpfe, Tiere und Rankenwerk bestimmen die Aufsätze. Nicht eindeutig kann die Urheberschaft dieser qualitätvollen Malerarbeiten eruiert werden. Vieles spricht für einen gewissen David Holzschuh, der in anderen Schlossanlagen Ähnliches geschaffen hat. Dem Zeitgeschmack entsprechend werden plastische Elemente vorgetäuscht und somit kokett der Wett-

streit zwischen den Terrakotten und der Malerei eingeleitet. Der malerische Raumschmuck des nordöstlichen Turmzimmers stammt ebenfalls vom Ende des 16. Jahrhunderts. Teilweise sind die Arbeiten stark in Mitleidenschaft gezogen, allerdings kann man noch einige fantastische Figuren erkennen. Den Höhepunkt stellen Grotesken in duftigen Farben auf hellem Grund dar.

Bis auf einen Kachelofen vom Ende des 17. Jahrhunderts mit Kaiserbildnissen hat sich von der Einrichtung der Schallaburg nichts mehr erhalten. 1928 wurden noch zwei hölzerne Kassettendecken erwähnt, die allerdings heute nicht mehr vorhanden sind. Im Südtrakt des großen Arkadenhofes ist eine Balkendecke mit origineller Schablonenmalerei zu sehen. Der Geist der Renaissance entfaltet sich am Grabmal Hans Wilhelms von Losenstein, das sich heute in der Kapelle befindet. Als Symbol seiner Stärke, des Mutes und der Zielstrebigkeit steht der Löwe, der zu Füßen des Ritters dargestellt ist. Andererseits mag hier eine theologische Deutung Anwendung finden, die in der Kraft der Auferstehung durch den Löwen Juda begründet ist.

Im unmittelbaren Bereich des Schlosses befindet sich der äußerst reizvolle **Turnierhof**, der schon 1588 erwähnt wird. Der 60,6 Meter breite und 106 Meter lange Garten lädt heute den Besucher der Schallaburg zum Spazieren und Verweilen ein. Der herrliche Blick auf das Schloss, den man von hier aus genießt, entrückt aus der Welt des 21. Jahrhunderts und lässt für einen Moment die Zeit der Renaissance Wirklichkeit werden. Ehrfürchtig lauscht der Betrachter, ob irgendwo eine Stimme der Vergangenheit vernehmbar, das Spielen der Musikanten und das fröhliche Singen einer ausgelassenen Gesellschaft zu hören ist. Mit Bedauern nimmt man Abschied von dieser Welt des Schönen und tritt durch das Hofportal in die Gegenwart.

Renaissanceschloss Schallaburg, 3382 Loosdorf, Tel. 02754/63 17, Fax: 02754/63 17-55; office@schallaburg.at, www.schallaburg.at

VIA IMPERIALIS
Burgen • Schlösser • Stifte Österreichs

Mai–Nov., Mo–Fr 9–16 Uhr, Sa, So, Fei 9–17 Uhr

Schlosstaverne

Ständige Ausstellungen, Kulturzentrum für diverse Veranstaltungen, Stift Melk

Schattenburg

Vorarlberg

Angeschmiegt an einen dicht bewaldeten Hügel zwischen hervorlugenden Felswänden erhebt sich die sehr massig wirkende Schattenburg. Die Geschichte dieses Bauwerkes, das nach außen hin eher schmucklos wirkt, umfasst einen Zeitraum von mehr als 800 Jahren.

Um 1200 saß hier der berühmte **Graf Hugo von Bregenz**, der sich Graf von Montfort nannte, und hielt innerhalb der Festung die Fäden der Stadtverwaltung in der Hand. Während dieser Zeit gelang es ihm, den Ort Feldkirch zu einem großen Handels- und Verkehrszentrum auszubauen. In der Erbschaftslinie standen nach seinem Tod die Söhne, die das Erbe ab 1258 aufteilten. Rudolf II. bekam Feldkirch, während seine Brüder sich Bregenz und Tettnang teilten. Dass diese Erblösung nicht ohne Streitigkeiten über die Bühne ging, wird letztlich am Niedergang des Adelsgeschlechtes deutlich. Am 17. Juni 1405 wurde den Österreichern von den Appenzellern in der Schlacht von Stoß eine verheerende Niederlage zugefügt. Das Vorrücken der Schweizer hatte schließlich Erfolg und im Jahre 1406 fiel die Schattenburg und wurde teilweise zerstört. Allerdings erlangte Österreich neuerlich das Besitzrecht über Feldkirch und König Ruprecht von der Pfalz gewährte der Stadt umgehend die alten Privilegien. Nachdem 1415 Friedrich mit der leeren Tasche von Kaiser Sigismund wegen seiner Kollaboration mit Papst Johannes XXIII. mit der Reichsacht belegt worden war, wurden die Besitzungen des Herzogs vom Reich eingezogen. Feldkirch kam an Hans von Boodmann. 1417 wechselten die Besitzverhältnisse neuerlich, als **Graf Friedrich von Toggenburg** die Herrschaft in die Hand nahm. Die Bürger wehrten sich gegen den neuen Herrn, und erst nach zweimaliger Belagerung gelang es dem Toggenburger schließlich, in Feldkirch Einzug zu halten. Die Bürger gingen einer Reihe von Privilegien verlustig, während der Graf selbst ein geradezu fürstliches Leben pflegte. Ab 1423 ließ er die Festung gewaltig ausbauen und verlieh ihr repräsentativen Charakter. Heute noch wirkt die Schattenburg auf den Besucher äußerst wehrhaft und macht deutlich, dass sie oft Mittelpunkt von kriegerischen Auseinandersetzungen gewesen sein muss.

Der Graf ließ den bollwerkartigen Palas erbauen und eine Vorburg errichten, die als Vorgängerin des späteren Tortraktes zu werten ist. In dieser Zeit stellte die Schattenburg aber nicht nur einen militärischen Mittelpunkt des Landes, sondern auch ein Zentrum der Hofhaltung und diplomatischen Begegnungen dar. 1431 besuchte Kaiser Sigismund die Stadt. Dass diese glänzenden höfischen Veranstaltungen allerdings auch eine enorme finanzielle Belastung darstellten, liegt auf der Hand. Fast ausschließlich flossen Steuergelder in den Bereich der privaten Hofhaltung des Grafen. Prächtige Schützenfeste und großartige Ritterspiele sowie tagelang dauernde kulinarische Veranstaltungen erschöpften die finanziellen Mittel der Stadt schnell.

Nach dem Tod Graf Friedrichs von Toggenburg am 30. April 1436 löste Herzog Friedrich IV. die Pfandschaft von 1415 wieder ein. Dadurch kam Feldkirch erneut zu Österreich und erhielt die Privilegien und Freiheiten zurück. Im Namen Kaiser Maximilians verwaltete zwischen 1490 und 1511 Hans von Königsegg als Vogt die Schattenburg und deren Güter. Maximilian selbst sah in der Schattenburg einen wichtigen Stützpunkt seines Reiches und bestand auf deren Ausbau. So sind zu den Baumaßnahmen dieser Zeit der Rundturm und die Erweiterung der Befestigungsanlagen zu zählen. 1499 erlitten die Österreicher bei Frastanz eine vernichtende Niederlage, die Stadt Feldkirch selbst aber wurde von den Schweizern nicht angegriffen.

Die Zeit des angehenden 16. Jahrhunderts bedeutete für die Schattenburg nicht nur einen Aufstieg als militärischer Mittelpunkt, sondern auch eine zentrale Rolle als Ort der Rechtspflege. Das Verlies im Untergeschoß des mächtigen Bergfrieds ist heute noch stummer Zeuge des Strafvollzugs in seinen verschiedenen Formen. Durch das so genannte Angstloch wurden die Gefangenen vom ersten Obergeschoß in den Kerker gestoßen. Aus schriftlichen Dokumenten geht hervor, dass in der zweiten Hälfte des 16. Jahrhunderts die Hexenverfolgung in dieser Gegend aufkam und dass es hier sogar zu Hexenverbrennungen kam. In dieser Zeit übte Graf Hannibal I. die Herrschaft über Feldkirch aus. Er verfügte über einen weiten Geist, der geprägt von der humanistischen Lehre war, dem Ideal der Renaissance verpflichtet. Der große Traum von Macht beseelte ihn. So plante er, ein gewaltiges Fürstentum zu errichten, das bis an den Bodensee reichen sollte. Zur Verwirklichung dieser kühnen Pläne kam es allerdings nicht. Das Dröhnen der Kanonen, die sich feindselig im Dreißigjährigen Krieg gegenüberstanden, ging an Feldkirch nicht spurlos vorüber. 1647 nahmen die Schweden Bregenz ein und rückten nach Feldkirch vor. Durch die Zahlung hoher Kriegskontributionen verschonten die Schweden die Stadt und zogen an ihr vorbei.

Nach dieser letzten militärischen Bedrohung schien die Bedeutung der Schattenburg als Befestigungsanlage hinfällig zu sein und zusehends begann sich der Niedergang abzuzeichnen. Bis 1773 war die Festung noch Sitz der Vogteiverwalter, doch schon 1750 wurde deren Amt in seiner Kompetenz empfindlich beschnitten. Schon einige Jahre später kam es zur ersten Versteigerung der Burg, deren Kauf allerdings wieder rückgängig gemacht wurde. 1813 erfolgte die zweite Versteigerung, die zu Gunsten der Stadt ausging. Man ging daran, die Burg wieder herzurichten. Zunächst war hier eine Kaserne untergebracht und später wurde diese in ein Armenhaus umgewandelt. Dass der Burg in den Folgejahren kaum eine Bedeutung zugesprochen wurde, geht aus der Tatsache hervor, dass sie im 19. Jahrhundert dem Verfall preisgegeben war.

Erst seit 1912 wurde der Verfall gestoppt und eine systematische Restaurierung eingeleitet. Ein **Heimatmuseum** konnte errichtet werden, das heute noch zu den bedeutendsten Museen des Landes zu zählen ist.

VIA IMPERIALIS
Burgen • Schlösser • Stifte Österreichs

A 14, Autobahnabfahrt Frastanz, rechts in Richtung Feldkirch-City, vor dem City-Tunnel links **Schattenburg Feldkirch, Kultur-Kongress-Freizeit-Betriebe, Feldkirch GmbH, 6800 Feldkirch, Tel. 05522/72 444, Fax: 05522/72 444-18; service@kkf.feldkirch.com, www.feldkirch.com/kkf**

Täglich außer Mo, 9–12 Uhr und 13–17 Uhr, Abendführungen und Gruppen nach Vereinbarung

Schlosswirtschaft Schattenburg, Burggasse 1, 6800 Feldkirch, Tel. 05522/72 444

Von Mai bis September jeden Donnerstag Heimatabende im Rittersaal, im Juli/August jeden Montag Feldkirchner Schloss- und Palaiskonzerte, Minigolf-Anlage mit Café im Sommer direkt auf der Burg, Tierpark mit Spielplatz am Ardetzenberg, oberhalb der Stadt Feldkirch, Reichenfeld – Erholungsgebiet, Domkirche St. Nikolaus, Landeskonservatorium, Altes Siechenhaus mit Magdalenenkirche; Bregenz (40 km) am Bodensee: Seefreilichtbühne Bregenzer Festspiele, Casino, Pfänderbahn in Bregenz (auf den Pfänder mit herrlichem Ausblick), Insel Mainau – die Blumeninsel, Silvretta-Stausee, Lünersee, Erlebnisschwimmbad in Bludenz (ca. 20 km), Burgruine „Tostner Burg“, zu Fuß erreichbar, Marienwallfahrtsort Rankweil (5 km) mit Basilika, mit der Karrenbahn von Dornbirn (ca. 30 km) auf den Karren mit Ausblick auf die Stadt

Schloss Schielleiten

Steiermark

Wer nach der Pracht und Eleganz des steirischen Barocks fragt, wird an einem Zeugnis herrschaftlicher Architektur nicht vorüber können: Schielleiten. Der Name des Schlosses leitet sich von seiner Lage auf einer Anhöhe am Abhang des Vockenberges her , der „schilche" oder „schiefe Leiten" genannt wurde.

Die ursprüngliche alte Burg, die hier das Land dominierte, dürfte wehrhafte Funktionen gehabt und dem Schutz der Straße, die von Kaindorf nach Stubenberg führte, gedient haben. Es ist auffallend, dass diese Gegend des Steirerlandes einen enormen Burgen- und Schlösserreichtum aufweist, und dadurch von einer belebten Geschichte zeugt. Im Schutze dieser Anlagen blühte der Handel, aber auch das adelige Leben, das den Schönheiten und Annehmlichkeiten zugewandt war. Das **Geschlecht der Schielleitner** war relativ unbedeutend und erlosch um 1400.

Bis zum Ende des ersten Viertels des 16. Jahrhunderts veränderte sich das Aussehen der ehemaligen Burganlage zu einem Renaissanceschloss. Der alte Bau umschloss einen rechteckigen Arkadenhof, der von vier umlaufenden Wohntrakten gebildet wurde. Vier mächtige Rundtürme flankierten die Seiten und betonten die Wehrhaftigkeit des Anwesens. Im Westen verstärkte ein quadratischer Turm das Mauerwerk. Nach 1558 erfolgte eine bauliche Erweiterung der Burg. Ein zweiter Mauerring zog sich nun um die Anlage. Schließlich wurde am Beginn des 17. Jahrhunderts ein **prachtvoller Garten** angelegt, dessen Mittelpunkt das so genannte Lusthaus bildete.

Die den Schielleitnern gefolgte Familie Rindscheidt sympathisierte mit dem Protestantismus und musste im Zuge der Gegenreformation die Steiermark verlassen. Durch Kauf gelangte das Schloss in den Besitz des späteren Landeshauptmannes Karl Graf von Saurau. Am Beginn des 18. Jahrhunderts entschloss sich der neue Besitzer **Graf Max Rudolf von Wurmbrand-Stuppach**, dem Zeitgeist entsprechend, am Talboden ein **neues Schloss** zu errichten. Dieses sollte wesentlich größer, bequemer und den repräsentativen Erfordernissen angemessener sein. 1731 war dieser Bau bereits so verschuldet, dass man beim Tod des Grafen ernsthaft an eine Einstellung der Bauarbeiten dachte. Dann erwog man auch die Variante, Alt-Schielleiten zu restaurieren. Der zu Rate gezogene **Baumeister Joseph Carlone** setzte sich für das Projekt des Neubaus ein und

konnte in einer argumentativen Diskussion schließlich überzeugen.
Über die Urheberschaft der Baupläne des neuen Schlosses besteht nach wie vor Ungewissheit. Einerseits wird der Grazer Baumeister Johann Georg Stengg in Erwägung gezogen, da sich auffallende Parallelen zur Fassade der Stiftskirche von Rein erkennen lassen. Da allerdings Wurmbrand mit Prinz Eugen sehr gut befreundet war, ist auch die Möglichkeit eines Baumeisters aus dem Kreis des Bernhard Fischer von Erlach nicht auszuschließen.
Die angespannte finanzielle Situation der Familie Wurmbrand erlaubte über mehrere Jahrzehnte die Fertigstellung der Schlossanlage nicht. Auch spätere Generationen waren nicht in der Lage, den Torso zu vollenden. Nach dem Verkauf des Schlosses 1906 an die Familie Tacoli, die es ihrerseits 1921 weiter veräußerte, gelangte das Schloss schließlich 1935 in den Besitz der Republik Österreich, die es bis 1938 der **österreichischen Turn- und Sportfront** zur Verfügung stellte. Während dieser Zeit kam es schließlich auch zur Vollendung des Baues, in dem der fehlende Ostrisalit ergänzt wurde.
Heute präsentiert sich das Schloss als langgestreckter Bau mit zwei Eckrisaliten und einem geschwungenen Mittelrisalit. Der Giebel dieses Mittelteiles wird von vier steinernen Figuren beherrscht. Schloss Schielleiten orientiert sich in seiner Bauform am klassischen Typus des Wiener Schlossbaues im Hochbarock. Dem Erdgeschoß kommt die Funktionalität einer Sockelzone zu, die sehr schlicht gehalten ist. Der obere Teil des Baues erfährt durch Lisenen und aufwändig gestaltete Fensterrahmen einen besonderen Akzent. In die Rundungen der vorspringenden Fenstergiebel sind alternierend Vasen und Muscheln eingefügt. Heute beherbergt dieses reizvolle Ambiente die erste **Bundessportschule Österreichs**. In den ehemaligen Repräsentationsräumen finden internationale Veranstaltungen, Konzerte und rauschende Feste statt.

A 2 Südautobahn, aus Richtung Graz Exit 161 Gleisdorf-West; aus Richtung Wien, Exit 115 Hartberg. Wechsel-Bundesstraße B 54 von Gleisdorf bzw. von Hartberg nach Kaibing; Abzweigung Richtung Herberstein, Stubenbergsee und Schielleiten, Von Weiz über „Steirische Apfelstraße" nach Stubenberg und Schielleiten.
Schlossverwaltung und Bundessportschule Schielleiten, 8223 Stubenberg/See, Tel. 03176/88 11-120, Fax: 03176/88 11-342

Besichtigung nur während der Veranstaltungen möglich

Schlossschenke Herberstein, Tel. 03176/88 78
Mostschenke Herberstein, Tel. 03176/83 81

Schielleitner Barockabende, Radwege, Wanderwege, Ballonfahrten

Burg Schlaining

Burgenland

Der moderne Gedanke der Völkerverständigung belebt das alte Gemäuer der schon im 13. Jahrhundert erwähnten Burg Schlaining im Burgenland. Ein Institut für Friedensforschung und Konfliktlösung hat hier einen Ort gefunden, um in einem weiten Radius tätig zu werden.

(Abb. Seite 218)

Heute betritt man über eine mächtige Brücke, die sich über 70 Meter spannt, den eigentlichen Burgbereich. Beim zweiten Torbau wird der Blick auf den mächtigen Zwinger, auch **„Großer Burghof"** genannt, freigegeben. Dieser Hof wird von Mauern umschlossen und von einem imposanten quadratischen **Wehrturm** beherrscht. Die Fundamente des Turmes sind gotisch, wurden allerdings später aufgestockt und mit einer Dachhaube abgeschlossen. Den eigentlichen Mittelpunkt der Burg erreicht man über den dritten Graben. Der so genannte **Schwarze Hof** ist renaissancezeitlich in den Farben Weiß und Rosa sowie Schwarz gehalten. An der Westecke des inneren Burghofes befindet sich der gewaltige runde Wehrturm mit der offenen Kanonenhalle, die den Beschuss des gesamten Umlandes erlaubte. Die Ostseite des Hofes ist dem Palas reserviert, wobei die restlichen Bauteile wahrscheinlich ursprüngliche Wehrmauern sind. Im Westtrakt ist die **Burgkapelle** untergebracht, deren Zentrum ein Altar aus dem 18. Jahrhundert bildet. Die Vorhalle des Sakralraumes ist mit bemerkenswerten Bauskizzen und ornamentalem Schmuck versehen. Im anschließenden **Rittersaal**, dessen Wirkung durch spätere Installationen und Möblierung leider sehr beeinträchtigt wird, wurden Dekorationen aufgedeckt, die um die Mitte des 17. Jahrhunderts geschaffen worden waren. Im zweiten Stock des Palas befinden sich die Prunkräume, die ebenfalls aus dieser Zeit stammen. Die Stuckierung der Räume entstand um 1720. Auch die beiden Treppenhäuser sind dem Stil des Barock zuzuordnen und stammen aus dem 17. bzw. 18. Jahrhundert.

Ein mehrfacher, oft rasch aufeinander folgender Besitzerwechsel brachte die Festung in den Besitz **Andreas Baumkirchers**. Mitte des 15. Jahrhunderts bemühte sich Baumkircher um eine komplette Sanierung des Mauerwerkes und um Stärkung der Befestigungsanlagen. Für die Dienste als Gefolgsmann des Kaisers war Baumkircher zu großem Besitz und Ansehen gekommen und konnte in der Folge weite Ländereien erwerben, die Schlaining zu einer stattlichen Liegenschaft machten. Innerhalb des Ortes selbst gründete der Burgherr die Kirche und das Kloster der Pauliner. Besonders erwähnenswert sind aus dieser Zeit die wirtschaftlichen Fortschritte, die der Region beschieden waren. Die Errichtung eines Handelsplatzes mit freiem Handelsrecht brachte Geld und ließ das Umland wohlhabend werden.

Bis 1574 saßen die Nachkommen Baumkirchers in Schlaining, bevor die Herrschaft durch Kauf an **Balthasar Batthyány** fiel. Bis ins 19. Jahrhundert regierten die Batthyánys. 1849 wurde Ludwig Batthyány aufgrund seiner Beteiligung an der Revolution von 1848 erschossen, seine Besitzungen gingen verloren. Während des Ersten Weltkrieges waren hier russische Kriegsgefangene untergebracht. Im Zweiten Weltkrieg diente die Festung als Kriegsgefangenen- und Ostarbeiterlager und in den ersten Jahren der Nachkriegszeit befand sich in den Burgmauern ein Gefängnis. 1957 gelangte die Burg in den Besitz des ehemaligen Handelsministers Udo Illig, der sich um den Fortbestand des Gemäuers bemühte und umfangreiche Restaurierungsarbeiten einleitete. Schon vor dem Ersten Weltkrieg war die Festung sämtlichen Inventars beraubt worden. Nun wurde sie von DDDr. Illig aus den Beständen seiner reichen Privatsammlung neu ausgestattet. Von dieser Ausstattung ist heute hier nichts mehr zu sehen, denn vor der Landesausstellung 2000 wurden die Gegenstände aus Burg Schlaining entfernt und in der Burg Güssing neu aufgestellt. Heute befindet sich die imposante Festung im Besitz des Landes Burgenland und steht für Seminare und Kongresse zur Verfügung. 1986/87 wurde innerhalb des „Granariums“ ein **Seminarzentrum** geschaffen, das in den letzten Jahren erneuert und auf modernsten Stand gebracht wurde.

Ein **volkskundliches Museum** ergänzt das vielfältige Angebot.

A 2 Südautobahn, aus Richtung Graz oder Wien, jeweils Exit 111 Oberwart/Lafnitztal; aus Richtung Oberpullendorf, Bundesstraße B 50
Burg Schlaining, Rochusplatz 1, 7461 Stadtschlaining, Tel./Fax: 03355/23 06, Infobüro: Tel. 03355/22 01-30, Fax: 03355/22 011; werner.gloesl@stadtschlaining.bgld.gv.at, www.stadtschlaining.co.at

Palmsonntag–31. Okt. täglich von 9–12 und 13–17 Uhr, Mo geschlossen

Hotel- und Konferenzzentrum, Burg Schlaining, Tel. 03355/26 00, Mike's Café-Pub/ITA-Pizza, Baumkircher Gasse 1, Stadtschlaining, Tel. 03355/26 38

Ausstellungen, Open-Air-Konzerte, Stadtführung, Burgenland-Therme, Naturpark Geschriebenstein, Weinidylle Südburgenland

Schlosshof

Niederösterreich

Eine der glanzvollsten Gestalten der österreichischen Geschichte, Prinz Eugen von Savoyen, der große Sieger über die Türken, steht über der Geschichte von Schloßhof im Marchfeld.

(Abb. Seite 219)

Eugen, der kleinwüchsige Kriegsheld, liebte die prächtige Hofhaltung und das Bauen. Allein sein Lieblingsschloss Belvedere in Wien gibt Auskunft über diese Leidenschaft, Schönheit in Stein zu bannen. Neben dem Schloss Niederweiden errichtete der Prinz einen zweiten Prachtbau im Marchfeld. Es mag wohl die Geschichtsträchtigkeit dieser Landschaft gewesen sein, die ihn anzog. Wichtige politische Bestimmungen und entscheidende Schlachten wie jene von Dürnkrut und Jedenspeigen 1278 prägten die Geschichte Österreichs. Wo Glanz und Glorie, der Aufstieg der Habsburger Dynastie begannen, dort endeten sie auch wieder, als am 23. März 1919 der letzte Kaiser Karl I. die Reise ins Exil antrat.

Zum ersten Mal wird hier 1413 ein schlossartiger Bau erwähnt, der die Form eines zweigeschoßigen Kastells hatte, dessen vier Flügel einen Arkadenhof umschlossen. Auf einem alten Kupferstich aus dem Jahre 1672 ist der umlaufende Wallgraben zu sehen, der für den Verteidigungscharakter des Vorgängerbaus spricht. 1718 kehrte Frieden durch die Verträge von Passarowitz in das Marchfeld ein und das Grenzland konnte aufatmen. Schon wenige Jahre später kaufte Prinz Eugen die Herrschaft mit allem, was dazugehörte, und beauftragte den berühmten Wiener Architekten **Johann Lukas von Hildebrandt** mit der Planung einer prachtvollen Residenz. Dass Hildebrandt sich auf einige Teile des alten Bauwerkes stützte, ist leicht zu erkennen. Dennoch stellt dieser Umstand keinen Bruch in der Einheitlichkeit der Architektur dar, sondern führt zu äußerst reizvollen Lösungen, die für das Genie des Baumeisters sprechen.

Terrassenartig gruppierte sich um das Schloss der **Park mit Wasserspielen**, Steinplastiken und kunstvoll angelegten Pflanzenarealen. Der Prinz, der sich als Mäzen der Baumeister und Künstler hervortat, verband mit den großzügigen Baustellen aber immer wieder auch den sozialen Aspekt der Einbindung der ländlichen Bevölkerung in den Arbeitsprozess. Wirtschaftlich schwache Regionen erfuhren dadurch eine Belebung und eine ungeahnte Aufwertung. 1728 war ein Ende der Bauarbeiten abzusehen. Obwohl das

Barock blühte, schien das Schloss ein wenig aus der Reihe zu tanzen, denn seine Fassaden wirken eher schmucklos. Eine Ausnahme stellt die Gartenseite dar. Auf der Terrasse der Südseite entstand ein **Theater**, das Mittelpunkt zahlreicher Aufführungen beliebter Opern- und Theaterinszenierungen wurde. Leider verkam dieses Gebäude mit der Zeit und wurde schließlich 1860 abgebrochen.

Wenn das Schloss nach außen hin auch sehr schlicht wirkt, so sind die **Innenräume** in ihrer Ausstattung gediegen und prachtvoll. Das Vorhaus, das sich seit der Zeit des Prinzen nicht verändert hat, gibt den Weg durch ein kunstvoll gearbeitetes Schmiedeeisentor zum Stiegenhaus frei. Im ersten Stock befanden sich die **Privaträume des Prinzen**, die in den Farben Braun und Gold gehalten waren. Die einfache, aber dennoch nicht plump wirkende Dekoration der Räume vermittelt ein wenig vom Geist, von dem der Feldherr geprägt war. Die schlichte, vornehme Eleganz stellt ihrem Bauherrn das Zeugnis eines weitsichtigen und gebildeten Diplomaten aus – eines Menschen, der weit gereist und belesen war. Die Stuckarbeiten bestimmen vielfach das Ambiente der Räume und zeigen mythologische Gestalten, musizierende Putti und üppiges Rankenwerk. Im Esszimmer des Schlosses befanden sich ursprünglich zwei große Nussholztische mit grünen Marmorplatten, die 24 Gedecke fassen konnten. Andere Räume widmen sich dem Thema Krieg und Frieden, betonen allerdings den Triumph der friedlichen Zeit über jene der Waffengewalt.

Überhaupt weisen die Themen einen starken Hang zu den schönen Künsten auf. Dabei spielen die Götter der antiken Welt eine wesentliche Rolle. Prinz Eugen liebte die Universalität und bemühte sich in seinen Schlössern um eine ausgefallene Innenarchitektur mit Verwendung von Materialien aus verschiedenen Ländern.

Das erste Kabinett des Osttraktes trägt eine Stuckdecke, die als schönste des Schlosses aufgefasst werden kann. Dass Schloßhof im Laufe seiner Geschichte Zeiten des Glanzes und des Niederganges erlebte, machen die Räume dieser Flucht klar. Kaum etwas ist von der ursprünglichen Ausstattung übrig geblieben. Die Stuckdecken fielen Wasserschäden zum Opfer und die Kamine sind zerstört worden. Relativ unversehrt präsentiert sich die quadratische **Kapelle**. Das Kuppelfresko von Innocenzo Carlone stellt Gottvater und den Heiligen Geist dar, während das Altarbild von Francesco Solimena Jesus Christus wiedergibt.

Bemerkenswert ist neben den erwähnten Räumen der fünfachsige **Festsaal**, von dessen ursprünglicher Ausstattung sich lediglich die barocke Decke erhalten hat. Dargestellt ist die Licht bringende Göttin Eos auf einem Wagen, der von den göttlichen Rossen Lampos und Phaeton gezogen wird. Im Anschluss an den Festsaal folgt eine Flucht von Repräsentationsräumen. Nach dem Tod des Prinzen erbte dessen Nichte sämtliche Güter. Vieles vom ursprünglichen Einrichtungsbestand des Schlosses wurde verkauft und verstreute sich in alle Himmelsrichtungen. Das Schloss selbst ging an Kaiserin Maria Theresia und wurde ein beliebter Aufenthaltsort des Kaiserpaares. Fröhliche Jagdgesellschaften erfreuten sich an den großen Wildbeständen des zum Schloss gehörenden Besitzes. Die drastischen Sparmaßnahmen am Ende des 18. Jahrhunderts sperrten auch für Schloßhof jene Gelder, die für dringende Renovierungsarbeiten notwendig gewesen wären. 1809 zogen napoleonische Soldaten durch diese Gegend, 1866 die Preußen. Die Errichtung eines k. u. k. Militärreit- und eines Fahrlehrinstitutes 1898 schien das Ende von Schloßhof zu besiegeln. Erst durch die große Landesausstellung 1986 „Prinz Eugen und das barocke Österreich" revitalisierten umfangreiche Sanierungsarbeiten das Schloss. 10 Jahre später konnte man diese Arbeiten als abgeschlossen betrachten.

Heute ist das Schloss neben seinem kulturellen Auftrag ein Beispiel barocken Schaffens und barocker Lebensfreude.

Schloßhof, 2294 Schloßhof 1, Tel. 02285/65 80, Fax: 02285/65 80

VIA IMPERIALIS
Burgen • Schlösser • Stifte Österreichs

Ostern bis Allerheiligen,
Di–So und Fei 10–17 Uhr

Hotel-Restaurant Kaiserbad, 2405 Bad Deutsch-Altenburg, Tel. 02165/62 617
Auland-Restaurant Weber, 2292 Loimersdorf 60, Tel. 02214/22 52

Historische Sonderausstellungen, barocke Schlosskapelle, regelmäßige Veranstaltungen, Konzerte, Lesungen, Reitvorführungen, Pferdeschauen, Gespannfahrturniere, Archäologischer Park Carnuntum, Nationalpark Donau-Auen, Safari- und Abenteuerpark Gänserndorf, Auland-Touren

67

Schloss Schönbrunn

Wien

Wie eine Oase inmitten der Stadt wirkt das weitläufige Areal rund um eines der bedeutendsten Schlösser Österreichs. Wo einst die vornehme höfische Gesellschaft flanierte, tummeln sich heute tausende Touristen, um in und um das Schloss das Flair längst vergangener Tage zu genießen. Die großzügigen Grünflächen mit ihren Springbrunnen und Blumenrabatten sind einmalige Beispiele gepflegter Gartenarchitektur.

(Abb. Seite 219, 220)

Schon im 14. Jahrhundert stand hier ein Bauwerk, das „Katterburg" genannt wurde und zu den Besitzungen des Chorherrenstiftes Klosterneuburg gehörte. Häufig wechselten die Besitzer, ehe das Anwesen 1548 durch **Maximilian II.** erworben wurde. In erster Linie konzentrierte er sich auf den Ausbau des **Tiergartens**, der ursprünglich für die Zucht des Jagdwildes und des Geflügels bestimmt war. Kaiser Matthias war der Jagdleidenschaft verfallen, der er in den Auen rund um das Schloss frönte. Bei einer dieser Jagdveranstaltungen soll er den „schönen Brunnen" entdeckt haben, dem der Herrschaftssitz schließlich seinen Namen verdankt.

Nach dem Tod Kaiser Ferdinands II. 1637 erbaute seine Witwe Eleonora hier ein Lustschloss, das allerdings 1683 im Zuge der türkischen Belagerung Wiens zerstört wurde. Der baufreudige und kunstsinnige **Kaiser Leopold I.** hatte den Plan der Errichtung einer Residenz für den Thronfolger Joseph. Der Monarch beauftragte **Johann Bernhard Fischer von Erlach** mit der Errichtung einer prachtvollen Anlage, deren Mitteltrakt bereits im Frühling 1700 fertig gestellt war. Der Spanische Erbfolgekrieg und der jähe Tod Josephs zogen die Einstellung der Bauarbeiten an den Seitentrakten nach sich. Die Kaiserswitwe Wilhelmine Amalie bewohnte das noch nicht fertig gestellte Schloss, ehe es 1728 durch Kaiser Karl VI. erworben wurde. Der Kaiser nutzte das Areal aber lediglich für Jagdausflüge. Erst seine Tochter **Maria Theresia**, der er das Schloss mitsamt den umliegenden Gütern schenkte, leitete für Schönbrunn eine glanzvolle Epoche ein. Unter dem Architekten **Nikolaus Pacassi** erhielt das Schloss durch großzügige Umbauten seine heutige Form. Aus dem Jagdschloss war eine Residenz geworden, die einen der großen Mittelpunkte des Reiches darstellte.

Im Osttrakt befanden sich die **Wohn- und Audienzräume**, während im Mittelteil, über einer weiten Hofdurchfahrt, die Große und die Kleine Galerie als **Festsäle** entstanden. Das repräsentative Entree bildete die Blaue Stiege. Erst eine zweite Umbauphase (1755–1760) brachte den Festsälen ihre prachtvolle Ausstattung mit Stuck- und Freskenarbeiten. Während dieser Phase wurden auch zahlreiche hofseitig gelegene Räume in typischer Rokokomanier mit Spiegeln, Rocailles und luxuriösen Lustern ausgestattet. Eine Besonderheit von Schönbrunn sind die so genannten **Bergl-Zimmer**, die während der Sommermonate von Maria Theresia bewohnt wurden. Exotische Landschaften mit üppiger Flora und Fauna schmücken die Wände, die das fantastische Eintauchen in Landschaften anderer Kulturen erlauben. Besonders bemerkenswert ist das **„Millionenzimmer“**, das wegen seiner Kostbarkeit so genannt wurde. Die Errichtung dieses Raumes verschlang eine Million Gulden. Der Boden ist mit Rosenholz-Parkett belegt, das eigens von den Antillen importiert werden musste. An den Wänden sind 60 entzückende Medaillons mit Miniaturen aus Istanbul zu sehen. Das heute nach dem französischen Kaiser benannte Napoleonzimmer diente Maria Theresia nach dem Tod ihres Gemahls als Schlafzimmer. Die Wände dieses Raumes sind mit Wandteppichen geschmückt, die Soldatenszenen darstellen.

Die Kaiserin hielt sich gerne in Schönbrunn auf, vernachlässigte aber auch hier ihre Staatsgeschäfte nicht. Besonders das Chinesische Rundkabinett diente der Erledigung dieser Arbeiten. Lacktafeln und feinstes Porzellan bildeten die Zierde dieses Zimmers, dessen Geheimtreppe direkt in die darüber liegenden Gemächer des Leibarztes der Monarchin führte.

Maria Theresia war eine sehr aufgeschlossene Frau, die als große Förderin der Kunst ihrer Zeit gilt. In Schönbrunn ließ sie ein eigenes **Theater** errichten. Sie soll sogar selbst ab und zu auf der Bühne gestanden haben. Regelmäßig fanden in Schönbrunn Konzerte statt, bei denen Werke von Mozart, Gluck, Haydn und anderen Komponisten zur Aufführung gelangten.

Ab 1770 entstanden nach und nach die reizvollen Elemente der **Gartenanlage**: Der Neptunbrunnen, die Gloriette und die „römischen Ruinen“ wurden unter der Leitung des Hofarchitekten **Johann Ferdinand Hetzendorf von Hohenberg** verwirklicht. Die Außen- und die Innengestaltung des Schlosses harmonierten streng miteinander. Die baumgesäumten Wege, die zu den mythologischen Figuren führen, stehen in einer ausgewogenen Symmetrie zueinander. Kleine Plätze und Brunnen lockern das Erscheinungsbild auf, während kleine Gartenbauwerke besondere Blickpunkte bilden. Maria Theresia plante eine

aufwändige Gestaltung des „Schönbrunner Berges", zu der es allerdings nicht mehr kam. Heute führen Zickzackwege zur **Gloriette**, die den imposanten Abschluss der Mittelachse des Gartens markiert.
Nach dem Wiener Kongress 1814/15 ließ Kaiser Franz I. die Fassaden des Palastes dem Zeitgeschmack anpassen. Die aufwändigen Rokokodekorationen Pacassis wurden entfernt und das äußere Erscheinungsbild so gestaltet, wie es sich dem Besucher heute präsentiert.
Kaiser Franz Joseph I. wurde in Schönbrunn geboren und entfaltete auch eine besondere Liebe zu diesem Haus. Während seiner Jugendzeit verbrachte er hier, neben Bad Ischl, die meiste Zeit des Sommers. Nach seiner Thronbesteigung 1848 machte er Schönbrunn wieder zu einem gesellschaftlichen Brennpunkt und verbrachte selbst die meiste Zeit dort. Heute noch tragen einige der Räume in Schönbrunn die persönliche Note des Kaisers, der ein sehr bescheidener Mann gewesen ist. Einfache Möbel und eine überaus sparsame Ausstattung charakterisieren die privaten Gemächer des Kaisers, die sich im Westflügel Schönbrunns befanden. Das Monarchenpaar unterschied sich in Charakter und Lebensart so sehr, dass dies heute noch in der Ausstattung der Räume deutlich wird. **Kaiserin Elisabeth** liebte Gobelins, fernöstliche Lacktafeln wie jene des Vieux-Laque-Zimmers, Porzellan und Kristall, während Franz Joseph nahezu asketisch lebte.
Heute ist Schönbrunn ein Tourismusmagnet ersten Ranges. Jährlich besucht weit über eine Million Menschen diesen Nabelpunkt österreichischer Geschichte, um das Flair, der Anlage zu erleben.

Schloss Schönbrunn Kultur- und Betriebsges. m. b. H., 1130 Wien, Tel. 01/81 113-239; www.schoenbrunn.at

Schauräume (nur mit Führung): April–Okt., täglich 8.30–17 Uhr, Nov.–März, täglich 8.30–16.30 Uhr
Park: täglich 6 Uhr bis zur Dunkelheit
Wagenburg: April–Okt. täglich 9–18; Nov.–März Di–So 10–16 Uhr
Tiergarten: täglich 9 Uhr bis zur Dunkelheit (spätestens aber bis 18.30 Uhr)
Gloriette: Mitte April–Okt., tägl. 9–17 Uhr, Kaffeehaus-Betrieb täglich 9 Uhr bis zur Dunkelheit
Palmenhaus: Einlass Mai–Sept. täglich 9.30–17.30, Okt.–April täglich 9.30–16.30 Uhr
Marionettentheater: Programme / Information 01/81 73 247

Café-Restaurant Residenz (im Ehrenhof), täglich 9.30–18 Uhr, Sommer 9–20 Uhr, teilweise bis 24 Uhr, Tel. 01/81 75 715-0

Kunsthistorisches Museum, Österreichische Nationalbibliothek, diverse naturwissenschaftliche Museen, Heeresgeschichtliches Museum, Historisches Museum der Stadt Wien, Hermesvilla, Hofburg, Schloss Belvedere, Stephansdom, Hundertwasserhaus, Parlament, Staatsoper, Karlskirche, Konzerte, Musicals

Schloss Starhemberg

Oberösterreich

Als die Türken 1683 das zweite Mal vor Wien standen und die Stadt arg in Bedrängnis geriet, war es der Persönlichkeit des Stadtkommandanten, Graf Rüdiger von Starhemberg, zu verdanken, dass die Bürger und die Stadtmiliz bis zum Eintreffen des Entsatzheeres die türkischen Angreifer unter Kara Mustafa abwehren konnten.

(Abb. Seite 221)

Die fürstliche Familie Starhemberg spielt heute noch eine wichtige Rolle in wirtschaftlichen und gesellschaftlichen Bereichen. Gegenwärtig befindet sich der Hauptsitz der Familie im Schloss Starhemberg in Eferding.
Der Vorgänger des heutigen Schlosses diente den Bischöfen von Bamberg schon im 12. Jahrhundert als Wirtschaftshof. Aus dem ursprünglichen Herrenhof entwickelte sich im Laufe der Zeit eine Burg, die in einer Urkunde aus dem Jahre 1167 als „Castaldi" bzw. 1255 als Burg erwähnt wurde. Dieser Befestigungsanlage kam historisch allerdings keine besondere Rolle zu. Erst durch die Übertragung der Herrschaft auf die **Grafen von Schaunberg** 1367 begann der Aufstieg. Schon am Beginn des 16. Jahrhunderts verlegte die Familie der Schaunberger ihren Hauptwohnsitz nach Eferding, wo die Burg zum Mittelpunkt des gesellschaftlichen Interesses wurde. Mehrere Umbauten begleiteten die Herrschaft der Schaunberger. Matthäus Merian und der bedeutende Topograf Vischer hielten Mitte bzw. in den 70er-Jahren des 17. Jahrhunderts die Ansicht des Schlosses in Veduten fest. Schon die alte Anlage war eine geschlossene, und es ist anzunehmen, dass sich der heute vierflügelige Bau im Wesentlichen auf die alten Grundmauern beruft, die in die Neukonzeption integriert wurden. Am Ende des 18. Jahrhunderts war der Wassergraben noch vorhanden, der die Burg von der Stadt trennte. Die Zeit der Ritter war längst vorüber und die wehrhaften Zwecke eines Wassergrabens überholt. So entschied man sich zur Entfernung desselben und zur Planung eines weitläufigen Parks mit schönen Gartenanlagen.
1785 erfolgte eine deutliche Veränderung des Bauwerkes, die besonders die Südseite des Gebäudes betraf. Mittlerweile besaß die **Familie Starhemberg** das Schloss. Fürst Georg Adam bemühte sich selbst, eine Konzeption erstehen zu lassen, die den Repräsentationsaufgaben gerecht wurde. Die Schaffung von

Plätzen und Höfen entsprach vollkommen dem aufklärerischen Geist, der Klarheit liebte und Strukturen schaffen wollte. Vor allem in England hat man sich um ein derartiges Konzept bemüht, dem sich der Schlossbau generell unterordnete. Eine detaillierte Dokumentation des Bauvorganges lässt heute die einzelnen Bauphasen des Schlosses sehr gut nachvollziehen. Im Wesentlichen sind die ursprünglichen Pläne des Schlossbaumeisters **Andreas Zach** umgesetzt worden. Als Vorlage für die Planung kommt das Wiener Palais Pallavicini in Betracht. Lediglich der spitze Giebel, der auf den vorgelagerten Mittelrisaliten aufgesetzt wurde, ist eine Abweichung gegenüber den Bauplänen. Das freie Giebelfeld wurde geschickt zur Aufnahme des starhembergischen Familienwappens genützt. Die dem Stadtplatz zugewandte Seite reicht über 11 Fensterachsen und erfährt im Mittelrisalit eine Gliederung durch vier ionische, über zwei Stockwerke reichende Säulen. Die Liebe zum antiken Architekturelement wird in dieser Phase klassizistischen Stilempfindens besonders deutlich. Obwohl man Ende des 18. Jahrhunderts durchaus das gotische Element wieder entdeckte, ist diese Strömung an Eferding spurlos vorüber gegangen.

Der Umbau bewirkte allerdings nicht nur die bloße äußerliche Veränderung, sondern schuf auch im Inneren des herrschaftlichen Hauses eine neue Raumstruktur. 1785 begann man mit den Maurerarbeiten, die drei Jahre später zum Abschluss kamen. 1789 allerdings mussten aufgrund statischer Probleme die Decken bereits saniert werden. Ursprünglich war Eferding nicht der Hauptsitz der Familie, sondern wurde lediglich sporadisch bewohnt. Meist residierten die Fürsten in Erlaa, das in der Nähe Wiens gelegen war und so eine schnelle Verbindung zur Residenzstadt des Kaisers ermöglichte.

Heute befindet sich innerhalb des Schlosses ein eindrucksvolles **Familienmuseum**, das mit bemerkenswerten Exponaten ausgestattet ist. Im **Ahnensaal** hängen mehr als 50 überlebensgroße Bilder, die um 1680 entstanden sind und Angehörige der Familie zeigen. Schon 408 wird ein Vinulph genannt, der den Anfangspunkt der Familie Starhemberg setzte. Schnell gelangte die Familie zu enormem Einfluss und großem Besitz. Wichtige Ämter, die der Landesfürst zu vergeben hatte, kamen an die Starhemberger. 1643 erlangte die Familie die Reichsgrafenwürde und 1765 die Erhebung in den Reichsfürstenstand. In den Räumen des heutigen Museums wird in bemerkenswerten Objekten der Aufstieg dieses Hauses dokumentiert. Ein wichtiger Bereich ist dem Verteidiger Wiens, Graf Rüdiger von Starhemberg, gewidmet. Das Familienmuseum zeigt neben

Schloss Schallaburg

Schallaburg – Innenhof

Schloss Schlaining

Schloßhof im Marchfeld

Schloss Schönbrunn – Fassade zum Schlosspark

Schönbrunn

Familienmuseum Schloss Starhemberg in Eferding – Tisch, auf dem Mozart die Zauberflöte komponierte

Schloss Straßburg im Gurktal

Schloss Tratzberg

Innenhof von Schloss Tratzberg

Schloss Trautenfels im Ennstal

Schloss Weitra – Theatersaal

Schloss Weitra – Außenansicht

Waffen aus dem Kriegs- und Jagdbereich persönliche Gegenstände bedeutender Starhemberger und Beutewaffen aus den Türkenkriegen. Eine Besonderheit stellt dabei die Tischplatte eines Möbels aus dem Zelt des Großwesirs Kara Mustafa dar, ebenso eine Reihe von türkischen Prunkwaffen, die 1683 vor Wien erbeutet wurden. Wer nach Eferding kommt, erlebt im Schloss Starhemberg auch ein Stück Nostalgie – wird hier doch der Tisch verwahrt, an dem Wolfgang Amadeus Mozart die legendäre Zauberflöte komponierte. Als Adelssitz ist Schloss Starhemberg heute ein Beispiel dafür, dass Vergangenheit und Gegenwart eng miteinander verbunden sind. Das Museum erzählt Geschichte, während die Mitglieder der Familie Starhemberg, die heute das Schloss bewohnen, Geschichte schreiben.

VIA IMPERIALIS
Burgen • Schlösser • Stifte Österreichs

Schloss Starhemberg, Kirchenplatz 1,
4070 Eferding, Museum: Tel. 07272/55 55-0,
Fax: 07272/55 55-33,
Verwaltung: Tel. 07272/23 01-9, Fax: 07272/23 01-10

Museum: 1. Mai–30. Sept. Sa, So und Fei: 9.30–12 und 14.30–17 Uhr;
Führungen: Mitwoch–So und Fei 10 und 15 Uhr

Brummeier's Kepler-Stube
Gasthof Kreuzmeyer – Zum Goldenen Kreuz
Gasthof Zum Stadtkrug

Ständige Ausstellungen, Konzerte, Eferdinger Stadtpfarrkirche, reichhaltiges Freizeitangebot: Rad- und Wanderwege, Erlebnisbad, Tennis- und Reitanlage, Segel- und Motorflugplatz (Rundflüge)

69

Schloss Strassburg

Kärnten

Für die kirchliche Entwicklung Kärntens stellt das Gurktal einen wichtigen Eckpfeiler dar. Der berühmte Dom zu Gurk wird in die Reihe der bedeutendsten romanischen Kirchen Österreichs eingegliedert. Lange Zeit waren hier der Sitz des Bistums und das Machtzentrum der katholischen Kirche des Landes.

(Abb. Seite 221)

Da dieses im 11. Jahrhundert von Salzburg errichtete Bistum einer befestigten Anlage bedurfte, erbaute Bischof Roman I., der dritte Gurker Bischof, die erste Festung. Diese Burg sollte nicht nur den Status des Bischofs deutlich machen, sondern auch der Sicherung des Umlandes dienen. Von der Festung aus wurden auch die ausgedehnten Ländereien verwaltet.

Über einen steilen Anfahrtsweg gelangt man in einer weiten Schleife um den Burgberg herum bis knapp unterhalb des Schlosses. Drei Tore verwehren den Zutritt zum eigentlichen Schloss.

Kernstück der Anlage ist der unregelmäßige Arkadenhof, der im Osten vom Palas und im Süden vom zweigeschoßigen Festsaaltrakt eingeschlossen wird.

Der bauliche Fortgang der Anlage kann heute sehr gut rekonstruiert werden. Unter Bischof Roman I. (1131–67) entstanden der quadratische Westbergfried und der rechteckige Bergfried an der Nordseite, ebenso der Palas mit der Hauskapelle. Diese kleine Hauskapelle verfügt über eine romanische Rundapsis. Im 14. Jahrhundert wurden die Fundamente für den Ausbau der Gesamtanlage gelegt.

In der zweiten Hälfte jenes Jahrhunderts fiel ein Großteil der Burg einem verheerenden Brand zum Opfer. Unter Bischof Ulrich III. von Sonnenberg, der zwischen 1453 und 1469 die Diözese leitete, konnte die Festung wieder aufgebaut werden. Aus dieser Zeit stammen der Ost- und ein Teil des Westflügels sowie der neben dem Westturm gegen Norden errichtete Vorbau.

Die Zeit der Renaissance belebte das Denken des Menschen und bedeutete für den Schlossbau eine Blütezeit, gewaltige Um- und Ausbaumaßnahmen wurden vorgenommen. Vor allem entstand in dieser Zeit die Ringmauer, die im Osten und Norden durch eine Bastei begrenzt ist. Einen weiteren Höhepunkt ihrer Vergrößerung erlebte die Straßburg in der Barockzeit. **Christoph Andreas Freiherr von Spaur** (1573–1603) beauftragte als Gurker Bischof den italienischen Baumeister **Johann Anton Verda**,

der auch für den Bau des Landhauses in Klagenfurt verantwortlich zeichnete, mit dem Umbau seiner Burg. Unter Einbeziehung der bestehenden Ringmauer schuf Verda die Stallungen im Nordwesten und Westen sowie den Verbindungstrakt zum Hauptgebäude. 1611 wurde der zweistöckige Südtrakt vollendet.
Ihre Glanzzeit erlebte die Straßburg unter Bischof **Johann VIII. Kardinal Goess** (1675–96). Unter seiner Ära nahm der Schlosshof seine heutige Form an. Für die Ausstattung seiner Kapelle beauftragte der Kardinal den Stuckateur Gabriel Wittini, während die Deckengemälde von Adam Claus stammen.
Wenige Jahre später sollte dieser Glanz verblassen, als Bischof Josef II. Franz Anton Graf von Auersperg (1772–83) seinen Sitz in Straßburg aufgab und sich durch den Salzburger Baumeister Johann Georg Hagenauer das Schloss Böckstein in Zwischenwässern errichten ließ. Die Straßburg fungierte künftig lediglich als Sitz einiger bischöflicher Ämter. Zusehends verfiel das Schloss. Ein Blitzschlag vernichtete 1858 das Dach. Zwar bemühte man sich in der Folge um die Rettung des Schlosses, allerdings war der Verfall nicht mehr aufzuhalten. Den letzten Versuch unternahm Fürstbischof Dr. Adam Hefter, der spätere Erzbischof von Salzburg, und unterbreitete den Vorschlag, im Schloss ein Invalidenheim zu errichten. Die hohen Wiederaufbaukosten ließen dieses Projekt schließlich scheitern.
Nach dem Zweiten Weltkrieg bildeten kunstsinnige Männer den Verein „Freunde der Straßburg“ und bemühten sich um eine Instandsetzung der Anlage. Bischof Dr. Egon Kapellari ergriff schließlich Ende des 20. Jahrhunderts die Initiative und leitete ein Sanierungsprogramm ein, das den Fortbestand der Straßburg sicherte. Zahlreiche **Ausstellungen** beleben das alte Gemäuer und sind ein Beispiel aktiver Kulturpflege in Kärnten. Im Inneren des Schlosses hat man sich um die Rekonstruktion der Gewölbe bemüht, aber auch bewusst einige moderne Akzente gesetzt, um das Zusammenwirken mehrerer Epochen deutlich zu machen.

Schloss Straßburg, 9341 Straßburg,
Tel. 04266/23 75, 28 04, 22 32
Fax: 04262/22 32-30; office@bistumgurk.at,
www.bistum.gurk.at

VIA IMPERIALIS
Burgen • Schlösser • Stifte Österreichs

1. Mai–26. Okt., täglich 9–17 Uhr

Schlossrestaurant, Tel. 04266/28 04

Ständige Ausstellungen, Konzerte, mittelalterliche Stadt Friesach, Burgenmuseum Petersberg

Burg Strechau

Steiermark

Auf einem dicht bewaldeten Felsplateau überragen die Mauern der Burg Strechau das mittlere Ennstal in der Steiermark. Die Dächer, Zinnen und Türme vermitteln den Eindruck einer „Stadt auf dem Berg", die gleichzeitig in ihrer Wehrhaftigkeit Geschichten vergangener Jahrhunderte erzählt. Schon der Name der Festung, der aus dem Slawischen stammt (strachow = Dach, Schutz), weist auf die herausragende Stellung des Festungsensembles hin, das auf eine tausendjährige Tradition zurückblicken kann.

Die Ursprünge gehen gewiss weiter zurück, denn bereits in prähistorischer Zeit und später unter den Römern wurde dieser Platz besiedelt. Am Fuße des Burgberges verläuft heute noch die Straße, die einst als wichtige Handelsroute dem Transport der Erze und des Salzes diente. Bis ins 14. Jahrhundert waren die Erzbischöfe von Salzburg die Herren dieser Gegend. Sie missionierten deren Bevölkerung und machten das Land urbar. Auf die Fürsterzbischöfe folgten die Habsburger, deren Ministerialen auf der Burg residierten. Zwischen 1360 und 1370 entstand der so genannte **Hungerturm**, das älteste Element der heutigen Burganlage. Dieser Hungerturm weist auf eine aktive Strafrechtspflege hin, die sogar das „Blutgericht" ausübte. Kaiser Friedrich III. lagerte hier den berühmten Reichsschatz, der allerdings in der Zeit der großen Türkengefahr verkauft werden musste, um Waffen und Kriegsgerät anzuschaffen.

1527 verkaufte Kaiser Ferdinand die Burg samt den umliegenden Gehöften, Besitzungen und Rechten an das Geschlecht **Hofman von Grünpichel.** Während dieser Zeit erlebte die Festung einen enormen Aufschwung, wurde baulich verändert und durch die Schaffung des Arkadenhofes in eine stattliche Residenz verwandelt. Die Stärkung der Mauern bedeutete für Strechau den Aufstieg zu einer der wehrhaftesten Anlagen der gesamten Steiermark. Friedrich Hofman, der Strechau zur Hochburg des Protestantismus in der Steiermark machte, wurde im Volksmund der „König des Ennstals" genannt. Sein Verdienst ist das 1579 erwirkte „Brucker Libell", das für die Steiermark die Glaubensfreiheit bestätigte. Sehr bald zogen die Schatten der Glaubenskriege über der Burg auf.

Im Zuge der Gegenreformation mussten die Nachkommen Hofmans, die nicht konvertierten, die Festung dem Stift Admont abtreten. Abt Urban Weber, der als einer der großen Barockäbte Admonts gilt, ließ neben dem Festsaal in Strechau auch das Schloss Rötelstein und den Frauenberg erbauen. In Strechau bemühte er sich um eine dem Zeitgeist entsprechende Ausgestaltung. Neben der protestantischen Kapelle errichtete der Abt eine katholische, und es ist wohl seinem künstlerischen und geistigen Horizont zuzuschreiben, dass er die Deckenmalereien dieser Kapelle, die mit protestantischen Texten versehen sind, nicht zerstörte. Besonders reizvoll ist der dreigeschoßige **Innenhof**, der zwischen 1629 und 1632 errichtet wurde. Auch die übrige Ausstattung der Burg war durchaus kunstvoll und qualitativ hochwertig. 1809, im Zuge der französischen Invasion, richteten die französischen Truppen in Strechau ein Feldlazarett ein. Nachdem in Österreich die Grundherrschaft aufgehoben wurde, stand die Anlage ohne wirtschaftlichen Rückhalt da und hatte über den Zeitraum von 50 Jahren keine Verwendung. Dr. Julius Hofmeyer erwarb die Burg und ließ sie in wenigen Jahren in neuem Glanz erstrahlen.

Im Zuge der Weltwirtschaftskrise war der Verkauf der Burg unausweichlich geworden und 1926 übernahm die Theresianische Akademie in Wien die Anlage und richtete in ihr eine vornehme Pension ein. Während der Zeit des nationalsozialistischen Regimes zog vorübergehend eine Nationalpolitische Lehranstalt (NAPOLA) in die historischen Gemäuer ein.

Nach dem Ende des Zweiten Weltkrieges erlebte die Festung ein trauriges Schicksal. Zusehends verfielen die Gebäude, bis schließlich aus einer privaten Initiative das Schloss übernommen und restauriert wurde. Heute ist es den interessierten Kulturreisenden möglich, sich innerhalb der 300 Meter langen Anlage auf Spurensuche zu begeben. Zahlreiche Aktivitäten im Bereich der bildenden Künste, Lesungen, Konzerte, Symposien und gesellschaftliche Events garantieren die Belebung einer der schönsten Burganlagen der Steiermark.

Burg Strechau, 8903 Lassing, Tel. 03614/20 164, Fax: 03614/20 161; burg-strechau-artes@vip.at

1. Mai–30. Sept., Sa, So, Fei 14–16 Uhr, Gruppen nach Voranmeldung

Gasthof-Hotel Kofler, Hauptstraße 4, 8786 Rottenmann, Tel. 03614/22 25-4
Gasthaus-Restaurant Kaiser, Hauptstraße 64, 8786 Rottenmann, Tel. 03614/22 51

Ständige Ausstellungen, Lesungen, Konzerte, Symposien, Reitställe, Badesee, Sport- und Tennisplätze, Golfplatz, Armbrust-Schützenstand, Wanderwege, Urlaub am Bauernhof

71

Schloss Stubenberg

Steiermark

Eingebettet in die liebliche Landschaft der Steiermark rund um den Stubenbergsee, erinnert heute das Schloss Stubenberg an eines der bedeutendsten steirischen Adelsgeschlechter.

Als sich 1268 der steirische Adel gegen Ottokar II. von Böhmen erhob, wurde Wulfing von Stubenberg gemeinsam mit anderen Abtrünnigen gefangen genommen. Seine Stammburg, die als Signum seiner Macht die steile Anhöhe über dem Ort Stubenberg überragte, fiel 1269 der totalen Zerstörung durch die böhmischen Truppen anheim. Selbst Jahrzehnte später erstand das Gebäude nicht wieder, sondern blieb Ruine.

Südöstlich des heutigen Ortes Stubenberg entstand an der Stelle des alten Meierhofes vor 1462 das neue Schloss. Wie schon den ersten Stubenbergern, so wurde auch zu dieser Zeit die Beteiligung an einem Aufstand gegen Friedrich III. dem Geschlecht zum Verhängnis. Nach dem Sieg des Kaisers wurde das Schloss eingezogen und den Burggrafen von Kapfenberg aus dem Geschlecht der Drachsler verliehen. Im 16. Jahrhundert erlebte das Gebäude einen neuerlichen Aufschwung und wurde von den Herren von Drachsler zu einem stattlichen Wohnsitz ausgebaut. Die bewegte Besitzgeschichte nennt 1655 die **Familie Herberstein** als Eigentümer. Damals dürfte, laut historischen Berichten, das Gut ziemlich abgewirtschaftet gewesen sein, denn zur Herrschaft zählten nur mehr 17 Untertanen. Ein beträchtlicher Teil der ehemaligen Herrschaft Stubenberg war schon im Verlauf des Mittelalters an die Familie Herberstein gelangt. Nahezu zwei Jahrhunderte besaßen die Herbersteiner Schloss Stubenberg, bevor es 1815 an den **Grafen von Wurmbrand** verkauft wurde. Zwischenzeitlich diente das Schloss dem Orden der Franziskanerinnen als Niederlassung, bis es schließlich 1980 in **Privatbesitz** überging.

Das schlichte, von Vierecktürmen flankierte Gebäude hatte niemals Repräsentationsfunktionen wahrzunehmen, sondern erfüllte in erster Linie den **Zweck eines Verwaltungshofes**. Herzstück der Anlage ist der rechteckige **Arkadenhof**, der in typischer Renaissancemanier an den Hof eines bürgerlichen Hauses in Norditalien erinnert. Weite Arkaden, die sich aus schlanken Säulen formen, umspannen den Hof und unterstreichen die Leichtigkeit der Architektur. Durch die der Front leicht vorgelagerten Arkadenbögen entsteht eine klassisch-dezente Gliederung der Fassade. Die zweigeschoßigen Wohnflügel beherbergen neben den schlichten Wohnräumen den so genannten Galeriesaal. An der Ost- und Südseite des Hofes befinden sich zwei aus dem 16. Jahrhundert stammende Rustikaportale, wobei eines über eine Grabenbrücke erreicht werden kann. Diese historisch belegbaren Elemente des Schlosses weisen auf den einstigen Wehrcharakter hin, sind jedoch heute beinahe gänzlich verschwunden. Um 1600 wurde ein vieleckiger Turm an der Südostecke abgetragen.

Diese Gegend der Steiermark war sehr reich an Adelsgeschlechtern, die sich hier ihre Familiensitze errichteten. So hat sich in der Stubenberger Pfarrkirche St. Nikolaus, der ehemaligen Burgkapelle, die zwischen 1760 und 1766 vom Grazer Baumeister Joseph Hueber errichtet wurde, eine große Anzahl von Grabsteinen erhalten.

A 2 Südautobahn, aus Richtung Graz, Exit 161 Gleisdorf-West; aus Richtung Wien, Exit 115 Hartberg; Wechsel-Bundesstraße B 54 von Gleisdorf bzw. Hartberg nach Kaibing; Abzweigung Richtung Herberstein, Stubenbergsee und Schielleiten
Schloss Stubenberg, 8223 Stubenberg, Tel. 03176/88 64, Fax: 03176/88 11-342

Das Schloss ist nicht zu besichtigen.

Apfelwirt „Peterhof", Stubenberg, Tel. 03176/88 01
Schlossschenke Herberstein, Nähe Tierpark, Tel. 03176/88 78
Schlosstaverne, Di–Sa 16–23 Uhr

Soireen, Galerie im Schloss, Hoftheater, Keramik kreativ, diverse Arrangements, z. B. Gesellschaftsabende, Renaissance-Abende oder Soireen für Gruppen; Stubenbergsee – Badesee mit Freizeitpark, Ballonfahrer-Mekka, Flugschule, Freilichtmuseum auf dem Kulm – Keltenmuseum, Haus des Apfels – Apfelmuseum, Feistritztalbahn, Bauernmuseum Kulm, Stutenmilchgestüt Töchterlehof, Rauchstubenhaus in Edelschocken, Tierpark und Schloss Herberstein, diverse Buschenschenken

Schloss Tirol

Südtirol

Weit über die Grenzen Europas hinaus ist Tirol zu einem Begriff geworden: als Fremdenverkehrsland, als prächtige Naturkulisse, als Heimat bedeutender Töchter und Söhne, als Land, das Geschichte schrieb. Im Mittelpunkt der Historie des Landes steht ein Schloss, das diesem Land nicht nur den Namen gab, sondern auch eine herausragende historische Rolle spielt.

Wer sich heute dem Schloss nähert, das imposant erhöht über der Landschaft thront, der wird verwundert sein, dass das Bauwerk nicht auf Felsen gebaut ist, sondern auf lockerem Moränenschutt steht. Dieser einigermaßen unbrauchbare Untergrund bewirkte 1640 den Absturz des Nordostteiles der Burg. Der Platz, an dem das mächtige Bauwerk errichtet wurde, sollte in erster Linie **repräsentativen Charakter** haben. Die **Grafen von Tirol**, die sich ab 1141 nach ihrer Burg nannten, bemühten sich um ihren Anteil an der Lehenshoheit der Bischöfe von Trient und Brixen. Als die Tiroler Grafen 1253 im Mannesstamm ausstarben, kam die Herrschaft an **Meinhard I. von Görz**. Sein Nachfolger Meinhard II. konnte nach der Niederlage seiner Konkurrenten, der Grafen von Eppan, dem Territorium das Ober- und Unterinntal hinzufügen, wodurch sich sein Machtbereich wesentlich ausdehnte. Im Machtkampf zwischen dem Habsburger Rudolf und dem Böhmen Ottokar ergriff Meinhard die Partei Rudolfs und wurde für die treuen Dienste und seine Loyalität mit dem Herzogtum Kärnten belohnt. Diese gewaltige Expansion des Territoriums führte im Schloss Tirol zu einer Machtkonzentration. Der Sohn Meinhards, der sogar den Titel eines Königs von Böhmen führen durfte, übernahm ein gewaltiges Erbe. Nachdem Heinrich keine männlichen Nachkommen hatte, fiel die Nachfolge auf Margareta, die später den Beinamen „Maultasch“ trug.

Um diese Gestalt der **Margareta Maultasch** ranken sich viele Legenden, und kein schriftliches Dokument ist in der Lage, den Beinamen richtig zu deuten. Mag er nun mit ihrem Aussehen zu tun haben, wie einige böswillige zeitgenössische Karikaturen es offensichtlich bezeugen, oder bloß auf den Namen ihrer Burg bei Terlan zurückzuführen sein – wir wissen es nicht.

Margareta muss eine kluge Frau gewesen sein, dürfte es allerdings im Machtspiel ihrer Zeitgenossen nicht leicht gehabt haben. Die Heiratspolitik der großen Fürsten ging auch an Margareta nicht spurlos vorüber.

Die Konkurrenz zwischen den Luxemburgern, Wittelsbachern und Habsburgern konnten die ersten für sich entscheiden. Heinrich, der sich in ständigen Geldnöten befand, erhielt durch die Luxemburger eine tatkräftige finanzielle Unterstützung, und so wurde schließlich die Heirat zwischen dem neunjährigen Luxemburger Johann und der zwölfjährigen Margareta festgelegt. Die beiden Kinder konnten sich allerdings nicht leiden. Als Margareta fünf Jahre später, 1335, nach dem Tod Heinrichs die Regierungsgeschäfte übernahm, war der Eklat perfekt. Anstatt den Handel der Väter zu akzeptieren, verlautete die selbstbewusste junge Dame, dass sie nicht gewillt sei, Johann von Luxemburg Kinder zu schenken. Allein das reichte aus, um Johann in der Öffentlichkeit unmöglich zu machen. Die höfischen Intrigen nahmen ihren Lauf. Nachdem eine Abordnung des Tiroler Adels in München mit Kaiser Ludwig dem Bayern über eine mögliche eheliche Verbindung zwischen Margareta und dessen Sohn Ludwig von Brandenburg verhandelt hatte, wurde Johann von Luxemburg aus dem Schloss ausgesperrt und musste fluchtartig das Land verlassen. Wenig später traf der Kaiser mit seinem Sohn ein. Die Neuvermählung fand in prunkvoller Weise statt, ohne dass die Ehe mit dem Luxemburger gelöst worden wäre. Daraufhin belegte der Papst das junge Paar mit dem Bann und das gesamte Land Tirol mit dem Interdikt.

Auch gegen den Kaiser brauten sich die Wolken am politischen Himmel zusammen. Die Allianz deutscher Fürsten erklärte den Kaiser für abgesetzt und wählte ausgerechnet den Bruder des aus Tirol vertriebenen Luxemburgers zum neuen Herrscher, der den Namen Karl IV. annahm. Dieser sammelte nun Truppen in Trient, um Tirol für das Haus Luxemburg zurückzuerobern. Während der Abwesenheit des Ehemannes Margaretas zogen die kaiserlichen Truppen vom Süden die Etsch aufwärts, brandschatzten Bozen und Meran und belagerten das Schloss Tirol. Mit einer kleinen Schar von Kriegsknechten gelang es, das Schloss so lange zu verteidigen, bis Ludwig von Brandenburg mit einem Entsatzheer eintraf und die kaiserlichen Truppen zurücktrieb. Nun galt es, Verhandlungen mit dem Papst aufzunehmen, um eine Legitimierung der Ehe zu erreichen. Inzwischen war der Erbe geboren: Meinhard III., Ludwig von Brandenburg und auch Meinhard III. konnten sich keines langen Lebens erfreuen. Kurze Zeit nach dem Tod Meinhards 1363 zieht sich Margareta Maultasch resigniert aus den Regierungsgeschäften zurück und übergibt Rudolf IV. die Regierungsgewalt in Tirol. Margareta selbst wird nach Wien gebracht und dort wie eine Gefangene behandelt. Mit der Übergabe der Herrschaft Tirols an die Habsburger erlosch die Bedeutung des Schlosses als Residenzmittelpunkt. Den Gipfelpunkt der dunkelsten Epoche des Schlosses leitete die Verlegung der Landeshauptstadt nach Innsbruck ein. Der Verfall trat ein und ein Betreten der Burg war nur mehr unter Lebensgefahr möglich.

Von der ehemals feudalen Ausstattung der Anlage ist nichts übrig geblieben. Doch ist ein Besuch des heute hervorragend restaurierten Schlosses unerlässlich. Sowohl das **Palas-** als auch das **Kapellenportal** sind zwei eindrucksvolle romanische Kunstwerke des Landes. Große, Furcht erregende Gestalten flankieren die Portale: Raubkatzen im Sprung, ein Kentaur, der mit Pfeil und Bogen nach dem Gekreuzigten zielt, ein Adler, der auf einen Höllendrachen einhackt, ein einen Menschen verschlingender Drache und ein Teufel, der mit einem aufgespießten Verdammten zur Hölle fährt. Reiches Flechtbandornament ziert die Portalgewände und Archivolten, wobei man auf eine frühe Entstehungszeit schließen kann. Nicht weniger interessant ist die doppelgeschoßige **Burgkapelle**. Zur Zeit der Margareta Maultasch ist sie vollständig freskiert worden. Der Name des Meisters, der diese großartigen Malereien schuf, ist nicht überliefert. Es ist allerdings anzunehmen, dass er aus der Bozener Schule stammt. Das Kreuzigungsbild des Obergeschoßes und auch die äußerst formenreichen Ornamentmalereien der Fensterleibungen und Bildumrahmungen gelten als besonders gelungen. Der gotische Schnitzaltar mit Skulpturen der Heiligen Martin, Barbara und Virgilius entsprang der schöpferischen Kreativität des Hans Klocker. Die Doppelgeschoßigkeit der Kapelle verweist auf ihre besondere Bedeutung. Ein ähnlicher Kapellenraum befindet sich im Schloss Bruck. Der untere Bereich des Gottesdienstraumes diente dem Gesinde, während auf der umlaufenden Empore die adelige Herrschaft den Gottesdienst mitfeiern konnte. Eine besondere Rarität innerhalb der Schlosskapelle von Tirol stellt das rechte Apsisfenster dar, dessen Madonnendarstellung aus 1350 als älteste bekannte Glasmalerei Tirols besonderen kunsthistorischen Wert besitzt.

Schloss Tirol
Ca. 5 km nördlich von Meran

Vom 23. März–16. Nov., 10–17 Uhr, Mo Ruhetag

Sandgruberhof, Dorf Tirol, Tel. 0473/92 35 13, Mo Ruhetag

Ausflug zur karolingischen Kirche St. Peter in Gratsch

Schloss Tratzberg

Tirol

Nahezu seltsam wirkt die Fassade des Schlosses Tratzberg vor dem Hintergrund der wuchtigen Bergwelt, die das Tiroler Inntal umschließt. Der Reisende, der auf der Autobahn von der bayrischen Grenze über Kufstein nach Innsbruck unterwegs ist, wird staunend auf der Höhe von Schwaz das Schloss Tratzberg erblicken. Gleich einem Nest scheint es aus der Landschaft herausgewachsen zu sein.

(Abb. Seite 222)

Schon im frühen Mittelalter befand sich hier eine Talsperre, die als Nordgrenze der Andechser Grafschaft galt. Der Inn war eine der wichtigsten Handelsadern, die von Schiffern für den Transport ihrer Waren benutzt wurden.

Am Ende des 13. Jahrhunderts scheinen die Grafen von Görz-Tirol als Besitzer der bereits 1288/99 erstmals urkundlich erwähnten Burg auf. 1346 übernahm die Familie Freunsberg den Besitz, wanderte allerdings bald nach Mindelheim aus. 1407 hatten die Herzöge von Österreich die Herrschaft Tratzberg inne. **Erzherzog Sigismund der Münzreiche** baute die Festung aus und ließ sie nach modernen Gesichtspunkten erweitern. 1499 schlugen Flammen aus den Dächern und äscherten das Bauwerk vollkommen ein. Zwischen 1499 und 1510 wurde die Anlage neu errichtet. Die treibenden Kräfte waren die neuen Besitzer, die Gewerkenfamilie Tänzl, die sich vor allem durch Kupfer- und Silberbergbau ihr Vermögen verschaffte. Dieser Familie verdankt Tratzberg sein stolzes Erscheinungsbild. Allerdings erfolgte 1554 ein neuerlicher Verkauf an Ritter Georg von Ilsung, der, scheinbar sehr reich, den Ausbau im Stil der Renaissance großzügig vorantrieb. Eine Besonderheit im Schloss Tratzberg ist der **geschlossene Hof**, der mit reizenden **Renaissancemalereien** ausgestattet ist. Nach dem Tod des Ritters erbten die reichen Fugger 1589 das Schloss. Ihr Interesse an der Anlage dürfte eher gering gewesen sein, denn bis 1667 änderte sich kaum etwas innerhalb des Schlosses. Ständig wechselnde Besitzverhältnisse lassen kaum merkliche Veränderungen verzeichnen.

Wahrscheinlich ist in einem gewissen Desinteresse der Besitzer an ihrem Schloss der Grund dafür zu suchen, dass Tratzberg heute in seiner Art zu den bedeutendsten Schlossbauten Österreichs zu zählen ist. Neben einer hervorragend erhaltenen Gebäudestruktur ist vor

allem das **Interieur** bemerkenswert, das zu einem Großteil noch aus dem **16. Jahrhundert** stammt. Kaum ein Herrschaftssitz in Österreich ist in der Lage, über eine derartige Vielfalt von **spätmittelalterlichem Mobiliar** zu verfügen.
In der ersten Hälfte des 19. Jahrhunderts gelangte Tratzberg in den Besitz der **Familie Enzensberg**, der das Schloss heute noch gehört. Graf Franz Enzensberg bemühte sich um die Mitte des 19. Jahrhunderts, das ziemlich heruntergekommene Schloss durch eine vollkommene Sanierung wieder instand zu setzen. Seit 1973 erstrahlen die bedeutenden Fresken des Innenhofes in neuem Glanz.
Im Wesentlichen geht das Schloss auf die Zeit der Gotik zurück, als das Bürgertum erstarkte und sich große Verdienste im Bauwesen erwarb. Reste der alten Burg sind heute nicht mehr sichtbar, möglicherweise aber können die runden Fundamente der Türme als Bauelemente der alten Anlage zu werten sein. Der Höhepunkt jedes Besuches in Tratzberg ist zweifellos der kunsthistorisch interessante **Hof**, der in seiner Komposition einzigartig ist. Die Kombination von gotischen und renaissancezeitlichen Elementen wirkt nicht aufgesetzt, sondern ist in sich harmonisch. Die Ost- und Südseite, die ältesten Teile des Hofs, lassen an die großzügigen und weiten Hoffassaden der reichen Bürgerhäuser in den Städten denken. In der Ecke zwischen den Arkadenwänden befindet sich der Stiegenturm, der als Zugang zu den Haupträumen des Schlosses dient. Ein Initial mit der Datierung 1600 bezeichnet den Baumeister Peter Donner. Der Hof mag zwar zunächst den Eindruck einer alpenländischen Architektur unterstreichen, dennoch aber kann er über die Tatsache nicht hinwegtäuschen, dass italienische Vorbilder eingeflossen sind. Der Wunsch nach Repräsentation und Hofhaltung klingt ständig durch. Auch die Größe der Räume und deren Weitläufigkeit spricht für dieses Interesse des durch die Renaissance geprägten Menschen. Nicht nur die Eleganz der Räume ist in Tratzberg bestechend, sondern auch die Qualität der verwendeten Materialien. Portale und Säulen formten sich aus gewaltigen Blöcken Kramsacher Marmors und Sandsteins aus Seefeld. Edle Hölzer wurden zu eindrucksvollen Wandschränken verarbeitet. Prachtvolle Türschlösser und Beschläge sind hochkarätige Zeugen Tiroler Kunsthandwerks.
Einer der ansprechendsten Räume ist die so genannte **Fuggerstube**, die durch ihre Ausstattung das Flair gotischer Wohnkultur wiedergibt. Durch ein prachtvoll gearbeitetes Marmorportal gelangt man in einen äußerst reizvollen Erker. Die Ausstattung des Saales stammt aus der Zeit der Tänzls, was aus der Anbringung eines Wappens abgeleitet

werden kann. Ebenso bemerkenswert ist die **Fuggerkammer**, die als Schlafgemach diente. Das reich mit Schnitzwerk verzierte Mobiliar wie Himmelbett, Truhen und Kasten ist ein hervorragendes Beispiel spätgotischer Schnitzkunst. Dem großen Kaiser Maximilian I. ist der Habsburgersaal gewidmet, der an den Wänden den äußerst qualitätvollen Stammbaum dieser Familie zeigt. Beginnend bei Rudolf I. (bestattet in Speyr) und Anna Gertrude von Hohenberg (bestattet im Stift St. Paul) enden die später nur noch skizzierten Bilder mit den Kindern Philipps des Schönen. Das **Königinnenzimmer** leitet sich von Königin Anna von Böhmen ab, die Tratzberg als Morgengabe Heinrichs von Tirol erhielt. Typisch für die Renaissance in Tirol ist das prächtige Musterwerk, das hier zu sehen ist.

Die Suche nach der Welt der „letzten Ritter“ erlebt in Schloss Tratzberg einen ungeahnten Höhepunkt. Nahezu authentisch hat sich das Umfeld der hier lebenden Menschen erhalten und der Hauch geschichtlicher Ereignisse wird in vielen Details spürbar. Ob nun die prachtvollen Portale, die Türme oder die Rüstkammer – in Tratzberg kommt die Originalität nicht zu kurz. Schon beim Betreten der Anlage atmet der Besucher Geschichte und fühlt sich hautnah versetzt in die Zeit der großen Feste, der klirrenden Waffen und des höfischen Lebens.

Und wer weiß, vielleicht hat er Gelegenheit, in einem der prunkvollen Räume zu verweilen und in der Stille eine Begegnung mit einer der Gestalten der Geschichte dieses Hauses zu erfahren.

Gräflich Enzenberg’sche Gutsverwaltung,
Schloss Tratzberg, 6135 Stans,
Tel. 05242/63 566-20, Fax: 05242/66 271-3;
tratzberg@tirol.com, www.schloss-tratzberg.at

Ende März–1. Nov., täglich 10–16 Uhr

Café zum Schlosswirt, Unterdorf 37, 6135 Stans, Tel. 05242/67 389
Hotel Schwarzbrunn, Vogelsang 208, 6135 Stans, Tel. 05242/69 09

Ständige Ausstellungen, Erlebnisführung auf Schloss Tratzberg, Besonderheit: Bummelzug „Tratzberg-Express“; Swarovski Kristallwelten, Schwazer Silberbergwerk, Zillertalbahn, Rofan-Seilbahn

74

Schloss Trautenfels

Steiermark

Abenteuerlich schildern Mantel- und Degenfilme das Zeitalter des Barock: prächtige Schlösser, ausgelassene Feste und tapfere Helden, die sich für die Sache des Guten einsetzen. Die Welt des Barock wird heute noch in vielen Schlössern Österreichs erahnbar.

(Abb. Seite 223)

Schon 1261 wird an der Stelle des heutigen Schlosses Trautenfels eine Burg erwähnt, die den Namen Neuhaus führte. Die wichtige Handelsader der Salzstraße und der Weg durch das Ennstal kreuzten sich hier und erforderten den Schutz einer Festung, denn die Zeiten waren unsicher. Noch im 13. Jahrhundert kam die landesfürstliche Burg in den Besitz des Erzbistums Salzburg. Bald schon kam es zu Auseinandersetzungen zwischen dem Bischof und dem steirischen Landesfürsten. Um Trautenfels tobte ein erbitterter Kampf, der schließlich am Ende des 13. Jahrhunderts zur Eroberung und restlosen Zerstörung der Festung führte. Bald schon wurde mit dem Wiederaufbau begonnen. Die neuen Besitzer, die Familien Praun und Hoffmann, verstärkten die wehrhafte Funktion der Anlage und führten sie zu neuer Blüte.

Die Familie Hoffmann von Grünbühel gehörte im 16. Jahrhundert zur Anhängerschaft Martin Luthers und seiner Lehre, so kam es 1579 auch zur Errichtung einer protestantischen Kirche, für die eigens zwei Prediger bestellt wurden. Wie zeitgenössische Quellen berichten, war der Ansturm sehr groß. Dass den Katholiken diese **„Hochburg" des Protestantismus** ein Dorn im Auge war, ist leicht verständlich. Im Zuge der Gegenreformation ließ die Reformkommission nicht lange auf sich warten. Mit starker militärischer Begleitung wurde die Herausgabe der Prädikanten gefordert und 1599 schließlich die Zerstörung des evangelischen Gotteshauses angeordnet. 1664 erwarb der steirische Landeshauptmann **Siegfried Graf Trauttmansdorff** die Burg und plante die Umgestaltung zu einem prächtigen Barockschloss. Vielleicht klang hier nicht nur der Wunsch nach einer Erneuerung durch, sondern auch das Bemühen, die Vergangenheit mit ihren Kriegen vergessen zu lassen. Trauttmansdorff war ein vornehmer und sehr gebildeter Mann und bemühte sich, das Schloss zu einem Zentrum des kulturellen und gesellschaftlichen Lebens zu machen. Auch die Pflege der Wissenschaften lag ihm am Herzen. Während dieser Zeit

erlebte das Schloss glanzvolle Feste, die den prachtvollen Räumen Leben einhauchten.
Innen ist der Palast wahrhaft prachtvoll ausgestattet. Der Rohbau des Schlosses dürfte um 1670 abgeschlossen gewesen sein, denn zwischen 1670 und 1673 datieren die Deckenmalereien. Die hervorragenden **Fresken** im ersten Stock schuf 1670 **Carpoforo Tencella**, während die **Stuckarbeiten** von **Allessandro Serenio** stammen.
An der Decke des **Marmorsaales** ist die Götterversammlung dargestellt: Hera und Zeus auf den Wolken thronend; Hephaistos mit dem Hammer, Apollo mit der Lyra, daneben die geharnischte Athene mit dem Speer. Vor der Göttermutter Hera kniet Rhea, die Mutter des Zeus, mit der Poloskrone der Kybele. Anschließend sind die Allegorien der Tugenden zu sehen: Prudentia mit Schlange und Spiegel, Temperantia mit dem Einhorn, Iustitia mit Waage und Schwert und Fortitudo mit Helm und Schild. Daran schließen die vier Jahreszeiten mit den jeweiligen Tierkreiszeichen an.
Besondere Beachtung verdient die **Schlosskapelle** östlich des Hauptgebäudes. Serenio schuf innerhalb des Sakralraumes die bemerkenswerte Stuckdecke, die im Mittelfeld ein Fresko mit der Darstellung der Verkündigung an Maria einschließt. Weitere Felder, ebenfalls von Carpoforo Tencella freskiert, widmen sich Szenen aus dem Leben Mariens.
1878 kaufte **Joseph Graf Lamberg** das Schloss und unterzog es einer umfassenden Renovierung. Damals dürfte das Anwesen ziemlich heruntergekommen gewesen sein, denn die Instandsetzungsarbeiten verschlangen Unsummen. Die Witwe Lambergs war schließlich nicht mehr in der Lage, das Gebäude zu erhalten und veräußerte es 1942. Einige Jahrzehnte war das steirische Jugendherbergswerk Besitzer des Hauses, bis es 1983 in den Besitz der öffentlichen Hand überging; zur gleichen Zeit entstand der Verein Schloss Trautenfels.
Ein **Landschaftsmuseum**, das sich 1998 hier etablierte, präsentiert die Geschichte des Ennstales und des Salzkammergutes.

Schloss Trautenfels, Trautenfels 1,
8951 Trautenfels/Ennstal, Tel. 03682/222 33,
Fax: 03682/22 233-44;
post@museumtrautenfels.at, www.museumtrautenfels.at

VIA IMPERIALIS
Burgen • Schlösser • Stifte Österreichs

Palmsonntag–31. Okt., täglich 9–17 Uhr

Landhaus Hubertushof, Puchen 86, 8992 Altaussee, Tel. 03622/71 280
Hotel Villa Falkenhof, Falkenhof 23, 8952 Irdning, Tel. 03682/26 112-0

Ständige Ausstellungen, diverse. Sonderausstellungen, Pürgg: „Das steirische Kripperl", Salzbergwerk Altaussee, Modellbahn-Paradies Ardning

75

Trostburg

Südtirol

Die mächtige Silhouette der Trostburg thront über dem linken Eisackufer und bildet einen bedeutenden Markstein der Südtiroler Kulturlandschaft. Schon 1173 wird hier eine Burg erwähnt, deren wehrhafter Charakter allein durch die imposante Lage grundgelegt ist.

1243 wurde eine neue Burg errichtet, die im letzten Drittel des 14. Jahrhunderts an die Familie der Wolkensteiner kam (diesem Geschlecht entstammte der berühmte Minnesänger Oswald von Wolkenstein). In dieser Zeit erfuhr die Festung mehrere Umbauten, die ihre Wehrhaftigkeit unterstrichen.
1595 fiel die Anlage im Zuge einer Erbteilung an **Engelhart Dietrich von Wolkenstein**. Dass dieser Wolkensteiner ein sehr kunstsinniger Mensch gewesen sein muss, verraten die Pläne eines großen Um- und Zubaus. Der Gedanke der Renaissance beflügelte Pläne, die letztlich in einer einzigartigen Residenz verwirklicht werden sollten. Dass die Vision aber niemals zur steinernen Realität wurde, belegen allein schon die kulissenartig konzipierten Mauern, die mehr den Zweck des Scheins denn den einer realen Verwendung erfüllten. Als amüsante historische Begebenheit mag wohl die Tatsache zu sehen sein, dass die Befestigungsanlagen niemals einer militärischen Anforderung gerecht wurden. Burgenexperten bezeichnen die Fortifikation der Trostburg als eine „theatralische Inszenierung" kriegstechnischer Romantik. Obwohl die Zeit des Dreißigjährigen Krieges eine militärische Aufrüstung der Burg durchaus gerechtfertigt hätte, ist die gesamte Verteidigungsanlage dennoch einem Potemkin'schen Dorf gleich. Dekorative Bemalung der Schießscharten, Geschützrondelle, Sperrmauern, Batterietürme und Zwinger münden in ein eindrucksvolles Scheinverteidigungsensemble.
Der Bauherr Engelhart Dietrich von Wolkenstein ist im Rampenlicht der historischen Betrachtung eine sonderliche Persönlichkeit, die, in einer Scheinwelt lebend, dennoch Großartiges geleistet hat. So erfand er die Bedrohung durch eine venezianische Armee, um sich ein zweites Schloss im Grödner Tal errichten zu können. Auch hier bemühte sich der Wolkensteiner um eine betont pathetische Wirkung nach außen.
Einer der schönsten Räume der Burg ist der so genannte **Große Saal** im Dachgeschoß der mittelalterlichen Burg, den man wohl als den ungewöhnlichsten profanen Renaissancesaal Südtirols bezeich-

nen kann. Eine prächtige Kassettendecke aus Holz überspannt den Raum und bietet in ihren Feldern einer Vielzahl von Wappen Platz. Die in Oktogone eingebetteten Wappenschilder dokumentieren die Ahnenreihe der Wolkensteiner und ihrer angeheirateten Verwandtschaft. Die Wände sind überreich gegliedert durch stuckierte Architekturelemente wie Giebel, Säulen und Nischen sowie ein prächtiges Triumphportal an der Eingangswand. Acht fast lebensgroße Statuen von bedeutenden Mitgliedern der Familie Wolkenstein finden sich in reich von Stuckwerk umrahmten Ausnehmungen der Wand. Der Saal repräsentiert das Bestreben des Renaissanceherrschers, der Bedeutung der Familie und der Ahnen einen wesentlichen Stellenwert einzuräumen. Neben diesem außergewöhnlichen Saal bietet die Trostburg noch einige festungsbautechnische, architektonische und künstlerische Details aus allen Bauphasen. Außer den gewölbten Räumen, den reich verzierten Decken, Portalen, Treppenanlagen und Fresken verdient besonders der **Innenhof** Beachtung. Die zweigeschoßige Arkadenfront unterstreicht die repräsentative Komponente. Ein Wappengemälde schildert die weit in die Vergangenheit zurückgreifende Ahnenreihe. Die innere Toranlage der Burg stammt noch aus romanischer Zeit und ist in ihrer architektonischen wie künstlerischen Fertigung ein Beispiel gediegenster Burgbaukunst. In die Zeit des ausklingenden Mittelalters entführt die so genannte **Gotische Stube**, die mit einer verzierten hölzernen Balkendecke aus drei parallelen flachen Tonnengewölben ausgestattet ist. Ein Kleinod ist die 1604 geweihte Kapelle.

Südlich von Klausen bei Waidbruck am Beginn des Grödner Tales

Besichtigung mit Führung stündlich zwischen 10 und 12 sowie 14 und 17 Uhr

Oberfinserhof, auf der Straße von Waidbruck nach Lajen, Tel. 0471/65 43 98, geöffnet 15. Sept.–15. Dez.

Wanderung zur Burg Niemandsfreund, Stadt Klausen

Schloss Weitra

Niederösterreich

Weit abseits der Zentren, mitten im Waldviertel gelegen, befindet sich eines der schönsten Baudenkmäler der österreichischen Schlösserlandschaft – Schloss Weitra. Schon im 13. Jahrhundert stand hier eine Burg, die lange Zeit Sitz der berühmten Kuenringer war, eines Ministerialengeschlechtes, das hier die Ländereien verwaltete. Ein mächtiger Hügel, der sich aus der Landschaft erhob, bot sich als idealer Standplatz einer Festung an.

(Abb. Seite 223, 224)

Zwischen 1201 und 1208 wurde eifrig am Bau der Festung gearbeitet. Das Geländeniveau wurde in den Bau einbezogen, sodass die Anlage vermutlich sehr unregelmäßig war. Verhängnisvoll für die Herrschaft war der Streit zwischen dem Böhmenkönig Ottokar und dem Habsburger Rudolf I., der zu Ungunsten des Böhmen ausging. Die Kuenringer, die der Partei Ottokars angehörten, mussten die Herrschaft an die Habsburger abtreten. Bis 1581 verblieb die Herrschaft Weitra im Besitz der Habsburger. Diese nützten sie geschickt in Form von Verpfändungen. So gelangte Weitra 1581 zunächst als Lehen an den Oberstkämmerer Rudolfs II., **Wolf Rumpf Freiherr zu Wielroß**, und ging schließlich 1592 in dessen Besitz über.

Für Weitra hatte eine neue Ära begonnen. Umfangreiche Umbauarbeiten unter der Leitung des italienischen Baumeisters **Pietro Ferrabosco** schufen eine der bemerkenswertesten Anlagen. Anfangs war man bemüht, möglichst viele Mauern der alten Kuenringerburg mit einzubeziehen, scheiterte schließlich aber an der Unregelmäßigkeit des Geländes. Außerdem hätte die Verwendung alter Bauelemente das geradlinige Ideal der Renaissance empfindlich gestört. An der Nordseite ist ein Turm positioniert, der dem Bau eine vertikale Ausrichtung gibt. Außen lockern die geschwungenen Giebel die Strenge des Bauwerkes etwas auf und verleihen ihm eine spielerische Note. Der Innenhof wird durch fünf schwere Pfeilerarkaden geprägt. Als Dekorelement sind hier Pilgermuscheln angebracht, die an die Funktion des Bauherrn als Mitglied des Santiago-Ritterordens erinnern. **Vierflügelige Kastellbauten** waren in Österreich durchaus üblich, doch wurde für den Bau einer solchen Anlage kaum ein derartiger Hügel verwendet. Dieses Modell des Schlossbaus ist zweifellos von Italien beeinflusst, wo solche Herrschaftssitze, deren Mauern einen Hof umschließen, beheimatet sind.

Die **Arkaden** des Hofes in Weitra sind schwer und lassen die Leichtigkeit der italienischen Arkadenstellung ein wenig vermissen. Dabei wäre aber nicht etwa die Unbeholfenheit des Baumeisters ausschlaggebend gewesen, sondern eine begründete Absicht: Pfeilerarkaden wurden vorwiegend für kaiserliche Bauwerke verwendet, wie etwa für die Stallburg oder den Schweizerhof in Wien. Daher scheint bewusst dieses Element verwendet worden zu sein, um die herausragende Stellung des Bauherrn auch nach außen hin sichtbar zu gestalten.

Der aufmerksame Betrachter wird in Weitra an der Südseite des Schlosses ein Tor erkennen, das sich ca. neun Meter über dem Boden befindet. Hier handelt es sich nicht um Reste eines alten Eingangs, der vielleicht über eine Treppe erreicht werden konnte. Einmal mehr greift der Gedanke der Symmetrie, den man streng verfolgte und durch derlei „kosmetische" Eingriffe bewahrte.

Innerhalb des Schlosses befindet sich heute ein **Museum**, das eindrucksvoll die Geschichte des Ortes, seines Schlosses und des Umlandes erzählt. In verschiedenen Exponaten wird das Leben im Schloss dokumentiert und die Geschichte der Familie Fürstenberg beleuchtet. Die Witwe Rumpfs zu Wielroß heiratete Graf **Siegfried V. von Fürstenberg**, der uraltem, schwäbischem Adel entstammte (1579). Später in den Fürstenstand erhoben, besitzt die Familie heute noch das Schloss und bemüht sich, das Haus für kulturelle Aktivitäten und Ausstellungen zu öffnen.

Eine Besonderheit in Weitra ist vor allem das **Schlosstheater**, das im Wesentlichen aus dem 18. Jahrhundert stammt. 1885 wurde es unter Eduard Landgraf zu Fürstenberg historisierend im Rokokostil umgebaut. Ebenso bedeutend ist die umfangreiche **Büchersammlung**, die etwa 30.000 Druckwerke umfasst und zu den größten Schlossbibliotheken Österreichs zu zählen ist.

VIA IMPERIALIS
Burgen • Schlösser • Stifte Österreichs

Schloss Weitra, 3970 Weitra,
Tel. 02856/33 11-0, Fax: 02856/33 11-4 (Mai–Okt.), sonst Tel. 02856/29 98,
Fax: 02856/31 50 (Gästeinformation Weitra); schloss.weitra@aon.at

Mai–Okt., täglich 10–12.30 und 14–17.30 Uhr, Di geschlossen

Schlossrestaurant Weitra, Tel. 02858/52 55-0
Gasthof-Hotel Karl Waschka, Rathausplatz 8, 3970 Weitra, Tel. 02856/22 96

Rokoko-Theater, Open-Air-Bühne, Kunst- und Antiquitätenmesse, Adventmarkt, Theateraufführungen, Konzerte etc.; historische Altstadt Weitra, nostalgische Dampfsonderzüge, Museum „Alte Textilfabrik", Bleikristallschleiferei Ruß, Golfplatz

77

Schloss Wernberg

Kärnten

Die mächtige Bamberger Stadt Villach ist die zweitgrößte Ansiedlung in Kärnten. In der Nähe dieser Stadt, die große Kulturgeschichte schrieb, liegt auf einem Plateau oberhalb der Drau das imposante Schloss Wernberg, das erstmals 1227 als „Werdenberch" genannt wird.

Ursprünglich stand an dieser Stelle das Gut Werdenbruch, das dem Benediktinerstift St. Paul gehörte. Bis in die zweite Hälfte des 16. Jahrhunderts war Wernberg eine Befestigungsanlage, die allen militärischen Überlegungen entsprach. Nach dem Erwerb durch **Georg Khevenhüller** nach 1560 hatte sie ihre Bedeutung als wehrhaftes Zentrum des Drautales verloren und wurde in ein Renaissanceschloss umgebaut. Dass Teile der alten Anlage integriert wurden, ist wahrscheinlich, lässt sich aber heute nicht mehr feststellen.

Drei mächtige zweigeschoßige Trakte umschließen einen Hof, der nach Süden durch eine einfache Mauer abgeschlossen wird. Zwölf Bögen auf Kragsteinen stützen das Mauerwerk. Über zwei Stockwerke reichen die Arkaden, die an zwei Seiten des Hofes zu sehen sind. In einem Bogenzwickel befindet sich das marmorne Bild des Erbauers, der als Geharnischter dargestellt wird. An der Südmauer, die zwischen den beiden Flügeln im Westen und im Osten als Verbindungstrakt genutzt wurde, befanden sich die in Stein gearbeiteten Büsten Christi und der zwölf Apostel, die 1929 nach Wien veräußert wurden. Der eindrucksvolle Brunnentrog, der 1575 aus einem Block gearbeitet wurde, besticht durch besonders schöne Verzierungen. An der Nordseite öffnet ein **Portal** den Zugang zum Hof. Künstlerisch ist dieser Eingang eine der großartigsten Schöpfungen des 16. Jahrhunderts in Kärnten. Der Schlussstein zeigt das Wappen des Erbauers, darüber die Büsten des Bauherrn und seiner Gemahlinnen: Sybilla Weidmoser und Anna Thurzo von Pethlem Falva, beide aus reichen Goldgräbergeschlechtern. Interessant ist die zeitgenössische Tracht, in der die Edelfrauen gezeigt werden. Über der dazugehörigen Schriftzone befindet sich ein gekuppeltes Renaissancefenster. In den Torzwickeln sind die Wappen der beiden Damen angebracht. Die Jahreszahl 1575 gibt Auskunft über den Errichtungszeitpunkt. Bemerkenswert ist der originale Eisenbeschlag des Tores mit dem Mannsloch.

Da die Khevenhüller eingefleischte Protestanten waren, musste das

Schloss 1629 im Zuge der Gegenreformation verkauft werden. 1672 erwarb das **Stift Ossiach** das Schloss und nützte es fortan als Sitz der Äbte. Abt Kaponig von Ossiach gestaltete das Schloss in ein Kloster um. Der ebenerdige **Engelssaal** wurde mit hervorragenden Stuckarbeiten geziert, ebenso der prächtige Prälatensaal mit reichen Deckenmalereien. Auch im Refektorium und im Turmzimmer haben sich herausragenden **Stuckarbeiten** erhalten. Abt Virgil Gleißenberger ließ an der Nordwestecke eine **Kirche** anbauen und mit Stuckaturen der Wessobrunner Schule versehen. Innen ist die Kirche mit Fresken des bedeutenden Kärntner Barockmalers Joseph Ferdinand Fromiller ausgestattet. Die in Illusionsmalerei gestaltete Kuppel, die Heiligen Margaretha und Barbara, die vier Evangelisten und vier abendländische Kirchenväter. Während dieser Zeit erlebte Wernberg seine Blüte. Die Benediktiner von Ossiach nützten das Schloss, um hier während der Wintermonate zu wohnen, währenddessen Ossiach im Nebel versank. Als Ende des 18. Jahrhunderts die Klosteraufhebung unter Joseph II. zu greifen begann, blieb auch Ossiach nicht verschont. Das Schloss verwahrloste und der einst herrschaftliche Sitz wurde im Volksmund nur noch als „Brennnessl-Schloss“ bezeichnet. Bis 1935 wechselten die Besitzer mehrmals, bis es schließlich von der Kongregation der „Missionsschwestern vom Kostbaren Blut“ erworben wurde.

Zwischen 1962 und 1964 wurde die Kirche gründlich renoviert und nach der einstigen Profanierung ihren ursprünglichen Bestimmungen zugeführt. Heute wird im Schloss von den Schwestern eine **Pension** geführt. Ein reichhaltiges Bildungsangebot und kulturelle Aktivitäten machen das Anwesen zu einem Mittelpunkt in Kärnten. Die Schwestern führen neben einer Paramentenstickerei eine Hostienbäckerei und eine große Landwirtschaft.

Schloss Wernberg, 9241 Wernberg, Tel. 04252/22 16-0, Fax: 04252/22 16-19

Pension April–Oktober, Kurse März–Jänner

Restaurant Kaufmann & Kaufmann, Dietrichsteing. 5, 9500 Villach, Tel. 04242/25 871

Umfangreiches Kursangebot und div. kulturelle Veranstaltungen Ossiacher See – Carinthischer Sommer, Stadt Villach mit diverse Sehenswürdigkeiten, Warmbad Villach

78

Schloss Wolfsberg

Kärnten

Kärnten ist reich an Burgen und Schlössern, die von der einstigen Bedeutung und vom Reichtum dieses Landes zeugen. Aus der Riege dieser historisch wertvollen Baudenkmäler ragt Schloss Wolfsberg allein schon durch seine Größe hervor. Inmitten des Lavanttales, des östlichsten Tales Kärntens, gelegen, ist das Schloss Wahrzeichen und Mittelpunkt der gleichnamigen Bezirksstadt.

Ursprünglich hausten hier Wölfe, so berichtet die Legende – und tatsächlich wurde erst 1914 der letzte Wolf erlegt. Heute hat das Aussehen des feudalen Gebäudes wenig mit jenem der mittelalterlichen Burg zu tun, von der aus ein großer Landstrich verwaltet wurde. Vielmehr erinnert der heutige Bau an die großen Schlossanlagen Englands, die von einer jahrhundertealten Tradition des aristokratischen Lebens berichten.

Die Anfänge der Burg liegen im Dunkel der Legenden. Seit 1007 befindet sich das Anwesen im Besitz der **Bischöfe von Bamberg**. Der Erbauer der damals schon großartigen Festung ist uns leider nicht bekannt. Erstmals wird die Burg 1178 in einer Urkunde des Stiftes St. Paul erwähnt, in der es um einen Streit zwischen dem Kloster und einem Ministerialen der bambergischen Herrschaft ging.

Ursprünglich bestand die Burg aus zwei durch einen unregelmäßigen Wohntrakt verbundenen, sehr wehrhaft wirkenden Türmen und einem im Norden angeschlossenen Hof. In diesem Bereich der Festung wurden später die Stallungen, die Unterkünfte für die Mannschaft und schließlich die Beamtenwohnungen errichtet. Im 16. Jahrhundert lag die Türkengefahr über dem Land und aus Angst vor den plündernden Reiterhorden erfolgte der massive Ausbau der Verteidigungsanlagen.

Die Baugeschichte der Burg Wolfsberg lässt sich heute nahezu lückenlos durch eine Vielzahl erhaltener Gedenksteine rekonstruieren. Am Westturm befindet sich ein solcher Gedenkstein des Vizedoms Georg von Streitberg aus 1532, der an die Errichtung des Turmes erinnert. An der Südseite ließ Bischof Weigand von Bamberg einen neuen Torbau errichten, der 1542 vollendet war und durch einen Wappenstein des Bischofs zeitlich eindeutig lokalisiert werden kann. Bischof Ernst von Mengersdorff leitete den Ausbau des Vorwerkes ein und setzte sich ebenfalls einen Gedenkstein. Dieser sowie jener des Vizedoms Johann von Redtwit datieren mit

1585. 1561 erfolgte die Errichtung des Glockenturms, der einen Gedenkstein von 1565 mit dem Wappen des Bischofs Veit und des Vizedoms Simon von Berg trägt. Schon ab dem 11. Jahrhundert kann eine bedeutende Vergrößerung der Burg angenommen werden, wobei der Höhepunkt der Entwicklung gewiss im 16. Jahrhundert anzusetzen ist. Auch in der folgenden Zeit waren immer wieder Arbeiten zur Erhaltung des ausgedehnten Areals notwendig. Bis 1759 blieb Wolfsberg im Besitz des Bistums Bamberg und gelangte schließlich durch Kauf an Maria Theresia, die damals den gesamten umliegenden Besitz erwarb. Kaiser Joseph II. überließ Wolfsberg dem Religionsfonds, aus dem 1825 die Brüder Rosthorn das Schloss erwarben und in den Folgejahren durch umfangreiche Renovierungsarbeiten wieder vollständig instand setzten.

1846 kaufte **Hugo Graf Henckel von Donnersmarck** das Schloss. Die Architekten Johann Julius Romano von Ring und August Schwendtenwein von Launaberg erdachten das Konzept für einen **Gesamtumbau**, der sich streng **nach englischen Vorbildern** zu orientieren hatte. Diesem Umbau fiel leider die Renaissanceanlage vollkommen zum Opfer, sodass heute kaum noch Bauteile an das einstige Juwel renaissancezeitlicher Architektur erinnern.

VIA IMPERIALIS
Burgen • Schlösser • Stifte Österreichs

A 2 Südautobahn, Abfahrt Wolfsberg
Schloss Wolfsberg, Eventmanagement der Kärntner Montanindustrie GmbH, 9400 Wolfsberg, Tel. 04352/23 65-0, Fax: 04352/23 65-21; events@kmi.at, www.schloss-wolfsberg.at

Juni–Sept., 9–17 Uhr, sonst Führungen auf Anfrage

Schlossrestaurant Reinisch, Tel. 04352/30 346

Ausstellungen und Konzerte in den Sommermonaten, Altstadt, Hoher Platz – Pestsäule, Markuskirche, Schloss Bayerhofen, Stift St. Paul; Wandermöglichkeiten, Reiten, Golf, diverse Buschenschanken, Almhütten

Literatur

Aichelburg Wladimir, Erzherzog Franz Ferdinand von Österreich-Este und Artstetten, Wien 2000.

Arco-Zinneberg Ulrich Graf, Schloss Rohrau, Graf Harrach'sche Familiensammlung, 2000[2].

Autorengemeinschaft, Renaissanceschloss Schallaburg, Wien 1989.

Bibersteiner, Anna H., Prinz-Eugen-Schlösser im Marchfeld, Schloßhof-Niederweiden 1989.

Bollwerk Forchtenstein, Katalog zur Burgenländischen Landesausstellung, Eisenstadt 1993.

Brauneis Walther, Die Schlösser im Marchfeld, St. Pölten/Wien 1981.

Chorherr Thomas (Hrsg.), Große Österreicher. 100 Porträts von bekannten Österreichern, Wien 1985.

Clam Martinic Georg, Burgen und Schlösser in Österreich, Linz 1991.

Dehio Kärnten, Wien 1981.

Dehio Oberösterreich, Wien 1956.

Dehio Steiermark, Wien 1982.

Dumont, Reiseführer Wien, Wien 1998.

Dumont, Wien, Köln[8] 2000.

Ebner Lois, Schloss Bruck, Lienz 1998.

Eltz Erwin, Schloss Weitra, Artstetten 1996.

Festschrift Josefsburg. Die Josefsburg – einst und jetzt, Kufstein 1999.

Gappmair Wernfried, Die Burg Mauterndorf im Lungau, Salzburg o. J. (Heimat in Wort und Bild 1).

Hamann Brigitte / Hassmann Elisabeth, Elisabeth. Stationen ihres Lebens, Wien 1998.

Hamann Brigitte (Hrsg.), Die Habsburger. Ein biographisches Lexikon, Wien 1988.

Helminger Bernhard, Hellbrunn. Ein Führer durch Wasserspiele, Park und Schloss, Salzburg o. J.

Henckel-Donnersmarck Hugo, Burgen und Schlösser in Kärnten, Klagenfurt 1964.

Holzschuh-Hofer Renate, Renaissance-Schloß Rosenburg, Ried im Innkreis 1990.

Kirsch Karl, Schloss Rosenburg, Wien 1998.

Krywalski Diether, Die Welt des Mittelalters, Münster 1990.

Kugler Georg, Franz Joseph und Elisabeth, Graz 1999.

Lorenz Martina / Portele Karl, Burgen, Schlösser Österreich, Graz 1997.

Lust und Leid. Barocke Kunst und barocker Alltag. Katalog zur Steirischen Landesausstellung, Graz 1992.

Mehling Franz N., Knaurs Kulturführer in Farbe, Österreich, Augsburg 1988.

Melot Michel, Schlösser an der Loire, Köln 1997.

Menara Hanspaul, Südtiroler Burgen, Schlösser und Adelssitze, Bozen 1999.

Montgomery-Massingberd Hugh, Schlösser und Adelssitze in England und Wales, Köln 1998.

Morelli Marcello, Schlösser und Paläste, Erlangen 1999.

Müllner Franz, Barockschloß Riegersburg, Horn 1990.

Müllner Franz, Barockschloß Rosenburg, ein ehemaliger Wehrbau, Fronsburg 1990.

Piper Otto, Burgenkunde, Augsburg 1996.

Praschl-Bichler Gabriele, So lebten die Habsburger. Schlösser – Villen – Landsitze, Wien 2000.

Die Riegersburg und das Hexenmuseum, Graz 1989.

Schmitt Hilmar / Spitta Wilkin, Österreich. Schlösser, Burgen, Klöster, Erlangen o. J.

Sitar Gerfried, Via Imperialis. Die schönsten Schlösser, Stifte und Burgen Österreichs, Wien 2000.

Stenzel Gerhard, Von Schloß zu Schloß in Österreich, Wien 1976. (Kunstführer Nr. 289).

Tauschitz Johann, Kärnten, Ein Kulturbegleiter, Klagenfurt 1989.

Toman Rolf (Hrsg.), Die Kunst des Barock. Architektur – Skulptur – Malerei, Köln 1997.

Toman Rolf (Hrsg.), Die Kunst der Gotik. Architektur – Skulptur – Malerei, Köln 1998.

Vacha Brigitte (Hrsg.), Die Habsburger. Eine europäische Familiengeschichte, Graz 1992.

Vacha Brigitte / Pohl Walter, Die Welt der Babenberger. Schleier, Kreuz und Schwert, Graz 1995.

Vogler Günter (Hrsg.), Europäische Herrscher, Weimar 1988.

Weingartner Josef, Die Kunstdenkmäler Südtirols, Band 1 und 2, Bozen 1991.

Wendel Albrecht, Die Straßburg, in: Hemma von Gurk. Ausstellungskatalog, Klagenfurt 1988.

Objekt- und Ortsregister

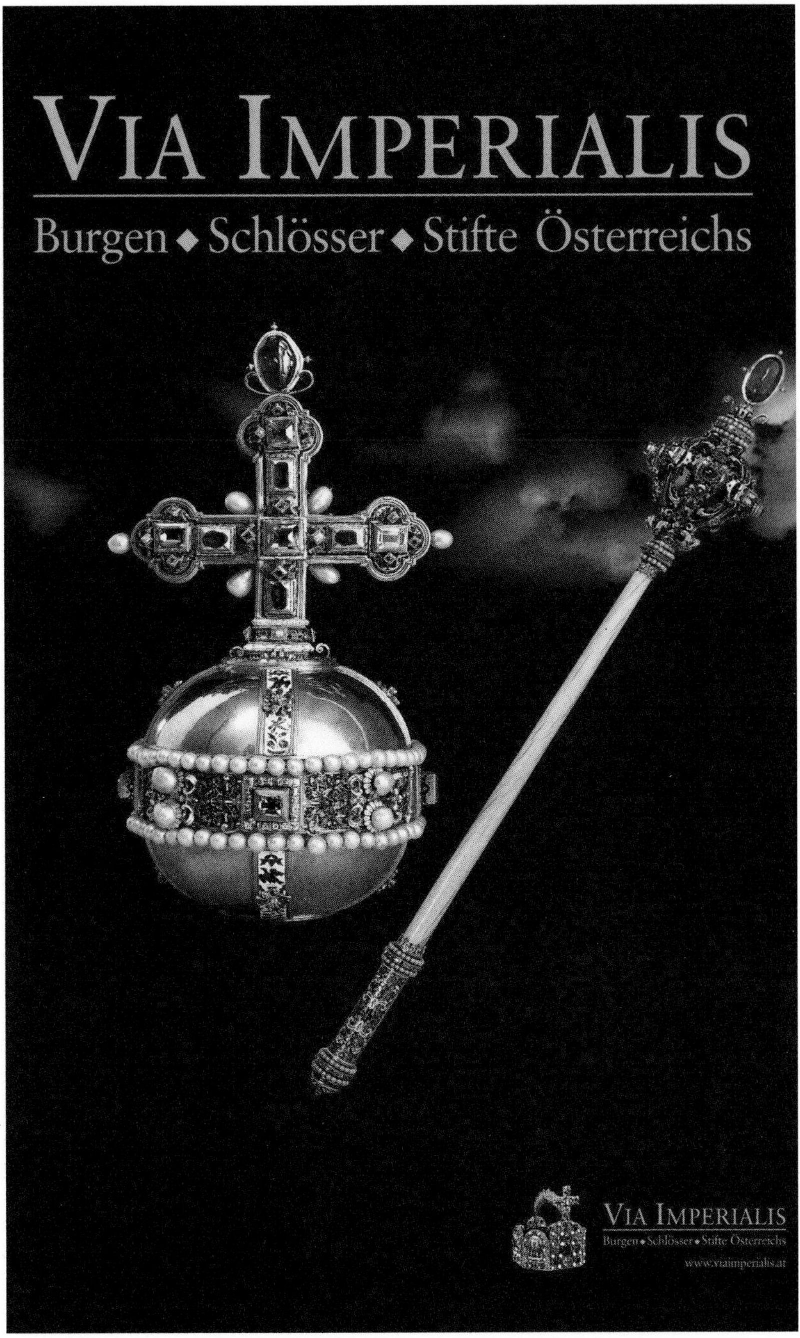

VIA IMPERIALIS
Burgen ◆ Schlösser ◆ Stifte Österreichs
VIA IMPERIALIS
Burgen • Schlösser • Stifte Österreichs
www.viaimperialis.at

Die schönsten Klöster und Kirchen in Österreich und Südtirol

Klösterreisen
Ausflüge zu Klöstern und Kirchen
in Österreich und Südtirol

Herausgegeben von
Joachim Angerer
Texte von Andrea Riegl

256 Seiten, 70 Farbabbildungen
ISBN 3-85326-178-7

Diese Buch
- *zeigt die beeindruckendsten sakralen Bau- und Kunstwerke Österreichs und Südtirols,*
- *stellt die Bedingungen dar, die diese prachtvollen Anlagen ermöglichten und bis heute am Leben erhalten,*
- *gibt Tipps zu Gastronomie, Natur, Kultur sowie Aktivitäten mit Kindern im Umkreis der beschriebenen Ziele.*